本书为中国法学会部级法学研究自选课题"新《预算法》语境下我国地方政府债务面临的困境与疏解"［项目号：CLS（2017）D102］的成果。

李 帅 著

新《预算法》语境下
我国地方政府债务面临的困境与疏解

XIN YUSUANFA YUJINGXIA

WOGUO DIFANG ZHENGFU ZAIWU MIANLIN DE

KUNJING YU SHUJIE

中国政法大学出版社

2019·北京

图书在版编目（ＣＩＰ）数据

新《预算法》语境下我国地方政府债务面临的困境与疏解/李帅著. —北京:中国政法大学出版社, 2019. 10

ISBN 978-7-5620-9232-2

Ⅰ.①新… Ⅱ.①李… Ⅲ.①地方政府－债务管理－研究－中国 Ⅳ.①F812.7

中国版本图书馆 CIP 数据核字(2019)第 228288 号

出　版　者	中国政法大学出版社
地　　　址	北京市海淀区西土城路 25 号
邮寄地址	北京 100088 信箱 8034 分箱　邮编 100088
网　　　址	http://www.cuplpress.com（网络实名：中国政法大学出版社）
电　　　话	010-58908586(编辑部)　58908334(邮购部)
编辑邮箱	zhengfadch@126.com
承　　印	北京中科印刷有限公司
开　　本	720mm×960mm　1/16
印　　张	18.5
字　　数	320 千字
版　　次	2019 年 10 月第 1 版
印　　次	2019 年 10 月第 1 次印刷
定　　价	59.00 元

前言

我国地方政府债务（以下简称"地方债"）问题是一个看似老问题的新问题。之所以说它看似老问题，是因为学者们从很早之前就开始了对地方债问题的研究，并积累了大量的文献。但从既有文献的梳理来看，以经济管理为视角的研究成果很多，以法学为视角的研究则成果较少，且为数不多的地方债法学研究成果，多数也都具有"时事评论"的倾向，例如，呼吁开放地方债券发行权、规制地方融资平台债务等。但随着2015年《中华人民共和国预算法》[1]的实施，许多既有的地方债文献都失去了时效性，新的法律法规赋予了地方债问题新的内涵。现在面临的地方债问题是允许地方债券发行之后所面临的新问题，例如：债务置换中的强制摊派、省内部政府债资金的管理和分配、地方债券预算审批程序不合理、预算监督不力、地方债违约情况下的处置机制不完善等。因此，本书旨在立足中国国情，针对实践中出现的新问题，结合2015年《预算法》在本问题上的修改，提出规制地方债问题的具体建议。

我国于2011年、2013年对地方债进行了两次摸底，以最近一次地方债审计结果来看，我国地方债规模高达17.89万亿（截至2013年6月），而同年我国地方财政收入是16.57万亿元，即我国地方债总额已经达到了当年度地方财政收入的108%。从审计结果来看，我国地方债分布呈橄榄球形，上下小，中间大。我国地方政府分为省、市（地级市）、县（含区、县级市）、乡

---

〔1〕 基于行文方便，本书所涉及我国法律名称，均省略"中华人民共和国"。

镇四级，其中市级政府显性债务达到 48 434.61 亿，占地方显性债务的 44.5%，县级地方显性债务占比达到 36.35%，与之形成鲜明对比的是省级、乡镇级债务所占的比重仅有 16.3% 和 2.8%。随着《预算法》的修改，当今仅有省级政府享有发债权，省级以下政府被《预算法》明确禁止举债，且地方债券是今后唯一合法的地方债形式。因此，在债务替换的过程中必然涉及不同级别的债务主体以及不同种类的地方债之间的替换，而在债务替换过程中出现的新问题需要予以重点关注。此外，目前我国《预算法》虽然允许省级政府发债，但总体而言，国家的制度供给和执行力度都还存在不足，具体的流程和管控措施规定不明确，一级市场、二级市场的运行与监督规范缺失，现行的规定中也还存在一些瑕疵，需要进一步予以补充与完善。

地方债对于一个国家的社会、政治、经济平稳发展有着极其重要的意义，尤其是对于当下正处在财政改革关键时期的中国，其意义尤甚。一旦地方债的风险积累到不可控的程度，不但会直接影响到地方债债权人的利益，还会引发地方财政危机和金融危机，对财政的稳健运行造成冲击，进而对地方政府的公信力造成负面影响。尤其是在我国地方债制度改革、完善的过程中，历史累积的问题、转型期的置换衔接问题、地方债券运行经验不足等问题都会放大这些风险，需要加以系统研究。中共中央政治局于 2014 年 6 月 30 日审议通过的《深化财税体制改革总体方案》以中国共产党最高效力文件的形式，赋予了本轮财税体制改革明晰的定位。《中共中央关于全面推进依法治国若干重大问题的决定》为我国未来的改革路径指明了大方向：全面深化改革首先必须依法有序推进。在此背景下，本书力图通过对我国现阶段存在的地方债问题进行梳理，结合我国目前的财税改革实践，为未来我国地方债券相关法律制度的构建和完善提供路径选择和制度建议。具体而言，本书分七部分来论述我国地方债的法律规制问题。

第一部分为导论，主要介绍本书的选题意义、既有研究成果和本书的基本框架观点。地方债是指地方政府以信用为担保向社会借款并承诺到期还本付息的一种公债，是地方政府进行融资的重要手段。政府的融资举债行为应当具有公共性和服务性，不能以营利为目的。本部分对地方债既有文献进行了梳理，列举出了本书采用的研究方法，并对本书的研究思路、基本框架、主要观点和创新之处做了概括性说明。

第二部分是我国地方债问题的基本原理，主要包括地方债的概念廓清、分析我国地方债的理论工具、我国地方债的历史沿革和我国目前财政现状四个方面。在分析我国地方债问题时，本书将使用公共产品理论、项目区分理论、财政分权理论、公共选择理论及公共池塘理论等分析模型。我国自清末开始公债尝试，革命战争时期即有地方债的发行实践，新中国成立之后，我国地方债经历了允许发债、禁止发债、有条件开放地方发债、允许省级政府发债等阶段。现行分税制下央地财政分权不明确，加之地方党政领导在"政绩"刺激下难以遏制发债冲动，导致我国地方债问题突出。

第三部分为存量地方债的转化和管理。过去，我国各级政府通过各种形式进行了举债，而在现行规定下只有省级政府债券才是唯一合法的地方债形式。这就涉及存量债务的置换问题，包括将预算外债务置换为预算内债务，将省级以下债务转化为省级债务，将其他形式的债务转化为债券类债务。在债务置换的过程中，应当注意三个方面的问题：一是要以市场为导向，避免出现地方债券的强制摊派；二是本着禁止反言原则，应当禁止地方政府自我免除担保责任；三是完善省及其以下各级政府内部的债务管理规定，建立风险预警机制，并改革官员政绩考核标准防止其懒政或滥用权力。

第四部分是地方债券发行制度的构建，即地方债券一级市场的构建。地方债券的发行应当本着代际公平、临时财源、民主监督、社会福利最大化等原则进行。在具体制度构建方面，在现阶段，我国可以以省级政府为试点，待时机成熟后逐渐扩大发债主体范围；增加专项债券的比例；设定法定的发债上限。在地方债券发行时，由发债机关选取评级机构可能导致二者的利益关联，且采用不同的标准可能导致不同的评级结果，建议确定统一的评级标准，改革评级机构选任程序，采取多选抽签制，建立评级机构准入门槛和行业监督制度，以完善地方政府评级制度。

第五部分是地方政府债券二级市场的构建。所谓地方债券二级市场，是指在地方债券发行之后，进入流通环节而形成的市场。完善二级市场，对于畅通中长期地方债的运行意义重大。地方债券在发行之后，就进入了新的流通环节，首次投资认购的债权人可以决定持有至到期，也应当允许其在特定的情况下提前变现，因此，可以通过二次转让的形式实现地方债券的流动性。在地方债券二级市场的监管中，应当坚持行业自律与外部管制相结合的原则。对于交易所二级市场中的地方债券买卖，应当以证监会监管为主，交易所监管及行业自律监管为辅；对于银行间市场，监管主体应该为中国人民银行，辅之以中国银行保险监督管理委员会等机关。此外，对于非专业机构的地方证券投资人，应当明确其金融消费者的资格，并建立相应的金融申诉专员（FOS）制度保护其合法权利。

第六部分是地方债券的预算监督。我国预算法治还存在诸多问题，预算刚性也严重不足，在现行的具体预算规定中，地方债券的预算不能被列入年度预算草案，而是作为预算调整方案，这样的管理模式设置不但与《预算法》中关于预算调整的本质相违背，而且不利于地方债券设计的科学性和合理性。对此，应采用区别对待制，对于常态性地方债券的发行，原则上应当由省政府编入年度预算草案中，并提交省人大审批；在紧急情况下确有及时发债必要时，才采用预算调整的方式进行。同时，应加大人大预算监督力度，采用事前、事中、事后监督相结合的制度，将预算编制改为权责发生制，保证预算信息公开，并赋予人大预算修正权。此外，我国现行地方债实践中一个突出的问题就是政策治理，其治理依据大部分立法位阶都很低，这样的做法不但违背了立法保留原则，而且也无法让人民对国家的地方债券制度产生准确而合理的预期。因此，应当尽快制定一部与《预算法》等相关法律相衔接的《公债法》。

第七部分的主要内容是地方政府破产制度的构建。地方政府破产制度是为了应对地方债失控问题而设置的，而该制度的缺失也是自发自还模式下地方债退出机制不完善的体现。政府破产并不意味着政府被消灭，而是进入债务重组程序，通过司法手段解决政府债问题，一般涉及利息减免和展期等内容。没有破产风险的政府不是好的政府，构建我国地方政府破产制度，应当遵循破产主体不消灭原则、地方政府破产而不清算原则、地方政府财政破产与事权运行相分离三大原则。对于申请破产的地方政府，建议由本级政府、本级政府财政部门、国资委、税务部门、审计部门、上级政府财政部门与国资委代表等共同组建财政重建工作组。该工作组除了作为债务人代表与债权人会议协商达成债务调整协议及还款协议之外，还有义务对破产的地方政府之财政状况、资信状况进行全方位的核查，拟定相关的协议草案并提交债权人会议讨论通过，对于通过债权人会议表决的债务调整协议和还款协议，应当监督其执行。

目 录

目　录

第一章 | 绪 论

第一节　选题背景和意义

　　地方政府债（以下简称"地方债"）是地方政府作为债务人向社会进行融资形成的债务，也是地方财政资金的来源之一。由于地方政府有着相对稳定的财政收入作为债务担保，所以，该债务的风险较小，为公众提供了一种相对安全的投资渠道，也为地方政府提供了一种相对方便的融资途径。当前，地方政府出于种种原因而在资本市场举债成了世界范围内的通例，对此，许多国家都通过明确的立法加以规制。然而，在自由资本主义时期，地方债并不被社会所接受，以亚当·斯密、大卫·休谟为代表的自由资本主义经济学家崇尚市场之超然地位，认为政府并非是参与经济活动之适格主体。该学派认为社会成员都应当在市场之手的调节下安排自己的行为，且市场有足够的能力对经济秩序做最优安排，因此政府不该以举债的形式对市场加以扭曲；另一方面，政府的举债行为增加了政府的收入，进而使政府的财权与事权都有所扩大，会使其脱离"守夜人"的角色设定。因此，斯密等人皆认为政府不应当举债，否则就无法实现对市场资源之最优配置，还可能使政府公权凌驾于市场自由之上。在此后的几百年时间，亚当·斯密的理论被西方经济学界奉为圭臬，其对政府债务的态度也一直影响着资本主义国家。直到20世纪30年代的大萧条时期，纯粹自由市场导致了市场失灵的恶果，学者们开始对政府与市场的关系、政府的职能以及政府债务问题进行新的思考，其中最具代表性的人物就是凯恩斯。凯恩斯对公债的态度与亚当·斯密截然相反。凯恩斯认为，市场本身并没有完善的自我调节能力，市场内生的供需失衡是导致经济危机和萧条的主要原因。为了弥补市场这一缺陷，防止产生大规模的经济萧条，政府必须增加支出以平衡市场供需，而一般性税收收入无法完全满足这种需求，因此需要通过举债的形式实行赤字财政。凯恩斯同时认为，政府举债虽然有使社会致富之效果，却也难免会造成资源的浪费，[1]然而，两害相权取其轻，当政府负债对经济的刺激与促进作用大于所造成资源的浪费时，政府债务就应当被允许存在。当然，政府公债的举债额度也不能是无限的，因此，凯恩斯认为应当鼓励政府有限举债。美国经济学家阿尔文·汉森、塞穆尔·哈里斯都对政府债做了相同的论断，即政府公债可以防止萧条，应当在经济繁荣时消减公债，在经济危机时增加公债，[2]从而"熨平"经济周期对国民经济的影响。

我国直到 2015 年才通过修法正式认可了地方政府以债券形式进行举债的做法，但在此之前，地方政府早已通过各种途径在法律的空白地带开展了举债活动。例如，多数地方政府都通过建立融资平台发行"城投债"等隐性举债的方式影响着国家经济的运行。我国的地方债问题由来已久，不但我国学者对其多有关注，随着我国经济实力的增强，越来越多的国外学者也加入了对其的研究。[3]由于长期以来地方债并不是我国《预算法》所认可的地方财政收入来源，所以，过去我国的地方债额度并不体现在政府预算文件中并被公众所知，对于我国地方债的规模许多学者有着不同的推测，直到 2011 年、2013 年我国两次对地方债进行了审计，才大体摸清了我国地方债的体量。2013 年 6 月底，我国地方债务余额总计 178 908.66 亿元，相比前次审计结果增加了 66.93%。其中，地方政府的直接债务额度高达 108 859.17 亿元，或有债务亦高达 70 049.49 亿元，且无任何一级政府没有负债。在政府或有债务中，省级地方政府债务所占的比例最大；在直接债务中，市级、县级债务所占比重最大，分别达到了直接债务总额的 44.5% 和 36.35%。[4]

加剧我国地方债问题的历史拐点是 2008 年的世界金融海啸，其契机当属

〔1〕 参见胡光辉："地方政府性债务危机预警及控制研究"，吉林大学 2008 年博士学位论文，第 7 页。

〔2〕 参见张海星编著：《公共债务》，东北财经大学出版社 2008 年版，第 23 页。

〔3〕 Li Shiyu and Shuang Lin lin, "The Size and Structure of China's Government Debt", 3 *Fuel & Energy Abstract* (2011), pp. 527~542.

〔4〕 参见财政部《关于 2013 年中央和地方预算执行情况与 2014 年中央和地方预算草案的报告》。另外，自 2013 年之后，我国官方没有再对地方债存量公布过准确数字。2014 年、2015 年，国家统计局分别公布了当年度地方债本息的偿还金额，分别为 983.10 亿元和 681.68 亿元。

"4万亿计划"。2008年，金融海啸对世界经济产生了冲击，身处世界经济大潮中的中国也难免受到了波及。为了保障国民经济的总量均衡及健康发展，我国政府对市场采取了干预措施，国家通过4万亿元的"一揽子"计划拉动内需，但其中70%的资金需要地方政府来配套提供。客观地说，"4万亿计划"充分体现了"国家之手"在应对经济不景气过程中的积极作用，对社会资源做了最大限度的整合，使"国家之手"与市场"看不见的手"结合了起来，促进了地方经济的发展，许多基础设施、工业设施都在这一阶段被投入建设。[1]然而，我国自1994年分税制改革以来，"财权上移、事权下降"的特征十分明显，地方政府正常的预算收入难以负担2.8万亿元的支出需求。处于压力下的地方政府面临两种选择：其一，派专门人员进京向中央寻求资金帮助。以法经济学的视角观之，中央资金虽然有剩余，但不是无限的，不能满足所有的地方政府之需求。因此，中央资金可以被视作是一个公共池塘，地方政府对池塘中的"鱼"的竞逐是一个总量均衡的博弈，在总量有限的情况下，某一主体"多分得一块蛋糕"意味着有另一方将失去得到该笔资金的机会，于是，参与这场分配的地方政府就会陷入一种竞争状态。在这场资金争夺战中，既增加了交易的成本，又产生了寻租的现象。"规范是降低交易成本的关键"，[2]要降低地方债成本，必须对其加以系统规范。其二，地方政府自行融资。地方政府融资的途径多种多样，例如贷款、发行债券、发行"城投债"、政府和社会资本合作（PPP）、"建设-经营-转让"（BOT）等方式，但具体采用哪些方式，还要看法律授权地方政府可以采用哪些方式。然而，在"4万亿计划"推行之时，我国当时的《预算法》仍严禁地方政府举债，但地方政府却依然纷纷借贷，产生了显性债务，又通过地方融资平台进行融资。在这一过程中，地方政府为城投公司等融资平台之债务进行担保，产生了大量的或有债务。从法律视角审视，地方政府的担保存在法律上的失洽性。[3]

政府的投融资行为皆属于财政收支范畴，而公共财政之收支皆应以公共

〔1〕 参见卞志村、杨源源："结构性财政调控与新常态下财政工具选择"，载《经济研究》2016年第3期。

〔2〕 ［美］弗朗西斯·福山：《大断裂：人类本性与社会秩序的重建》，唐磊译，广西师范大学出版社2015年版，第206页。

〔3〕 参见詹向阳："辩证地看待地方政府融资平台发展"，载《中国金融》2010年第7期。

服务的提供为出发点，不能以营利为目的。当然，在具体的资本运行过程中可能会出现客观赢利的情况，但只要投资主体并不以取得红利为直接目的，仍可以视之为不具有营利性。[1]地方政府为达到提升本地公共基础服务水平等目的而需要大量资金，而这些公共设施的折旧周期与替换周期很长，可以重复、循环使用，因此，法经济学上一般认为政府为了公共基础设施的建设而进行举债的行为既符合法律上的公平观念，又符合经济学上的效率要求。[2]然而，在我国政府举债问题上，却产生了与"政绩"挂钩的"准营利性"趋向。由于现行行政岗位升迁的指标中，国内生产总值（GDP）所占的比重甚大，而财政支出对于拉动本地需求、刺激 GDP 的增长有着巨大作用。对于官员来说，增加政府融资以满足支出之需与谋求行政级别的晋升在很大程度上具有重合性。与 2013 年 6 月相比，2015 年地方债总量又增长了 42.6%，比 2011 年增长了 120%，达到了 15.4 万亿元。目前，仍有许多学者认为应当继续鼓励地方债，以发行新债的方式来解决旧债的问题。例如，有学者提出："政策鼓励地方债，尤其是发展专项债创新品种和提高发行额度，有助于化解地方政府债务问题。2017 年以来地方政府债务管理明显趋严，而地方债作为政策鼓励的融资渠道近年得到了快速发展。比如，首先，经过近三年债务置换后，城投企业的非政府债券债务陆陆续续被置换成政府债券，因此城投企业的流动性压力和财务成本压力得到一定缓解。其次，政府在地方债中专项债额度内，创设出土地储备专项债券、收费公路专项债券和轨道交通专项债券等创新品种。最后，此前市场对各类创新品种留有一定顾虑，主要是因为创新品种都属于专项债额度内，除非专项债额度有所上升，否则难以发挥更大的作用。而 2018 年专项债净发行额度将达到 1.35 万亿元，较 2017 年增加 5500 亿元，相较于 2015~2017 年 1000 亿元、4000 亿元和 8000 亿元的额度，2018 年专项债发行额度进一步上升。如果乐观估计的话，根据 2017 年 8 月财政部发布的《关于试点发展项目收益与融资自求平衡的地方政府专项债券品种的通知》，'专项债券规模应当在国务院批准的本地区专项债务限额内统筹安排，包括当年新增专项债务限额、上年末专项债务余额低于限额的部分'，也为今年专项债提供更大的额度空间。因此，未来地方债尤其是专项债的发展，将在化解

---

〔1〕 参见史际春："论营利性"，载《法学家》2013 年第 3 期。

〔2〕 See Blane D. Lewis, "Local Government Borrowing and Repayment in Indonesia: Dose Fisical Capacity Matter?", 6 *World Development* (2003), pp. 1047~1063.

地方政府债务问题中发挥更大的作用。"〔1〕

　　地方政府缺乏系统性法律规制的融资活动所引发的问题已经引起了国家和领导人的关注。早在 2010 年，国务院时任总理温家宝就曾把制定相关措施以规范地方政府融资平台列为当年工作的重点；2012 年，温总理又在 1 月的金融会议与 3 月的人大会议上，两次提出要区别对待地方政府的债务问题，采取不同措施分别化解，尤其是要防止出现地方性债务危机或系统性金融风险；〔2〕2013 年 3 月 5 日，在十二届人大政府工作报告中，温总理再次指出要继续加强对地方债务的管理。〔3〕地方债之隐忧不仅引起了中央政府及其领导的关注，亦引发了全国人大的关切。2012 年，全国人大常委会时任委员长吴邦国在人大常委会工作报告中提出要通过预算约束来防范地方政府债务风险，并将地方债列入预算管理以接受同级人大的审查和监督。这也为后来《预算法》的修改和全口径预算管理原则的确立奠定了基调。同时，吴邦国委员长还提出要分类清理地方债，尤其是要严格执法，禁止地方政府违反《担保法》之规定为地方隐性债务提供违规担保等。〔4〕

　　学术界对相关问题也开启了多角度的研究，自 2011 年起每年都有与地方债、预算监督与完善等主题相关的课题立项或有相关的著述出版。然而，与地方政府债务问题相关度最大的课题都集中在经济学与管理学领域，以国家社科基金项目为例，法学课题中只在公共财政监督（2011 年法学课题）、全口径预算管理（2013 年法学课题）中对地方政府债务问题进行了"捎带性"的研究。因此，总体而言，相对于经管学科中对地方债研究成果所呈的汗牛充栋之状，从法学角度对该问题展开研究并寻求对地方政府财政权力的法治化规训的成果并不多。为了增强国家的理财治国能力，完善分税制下的地方政府的财权与发债权，防范和化解地方性债务危机，推动我国财税法治进程，仍需要从法学角度对这一问题进行系统、综合的研究。2015 年 1 月 1 日起，新修改的《预算法》正式开始施行，其中最重要的改动之一就是打破了中央

---

〔1〕　屈庆、李俊江："地方债与地方政府债务化解"，载《中国金融》2018 年第 8 期。

〔2〕　参见林小婷："浅谈地方政府融资平台存在的问题及对策"，载《商场现代化》2012 年第 20 期。

〔3〕　参见温家宝：《2013 年国务院政府工作报告》，2013 年 3 月 5 日在第十二届全国人民代表大会第一次会议上。

〔4〕　参见钱中兵："全国人大常委会委员长吴邦国：加强财政预算监督"，载 http://www.gov.cn/ldhd/2012-03/10/content_ 2088155. htm，2016 年 6 月 6 日最后访问。

政府对政府发债权的垄断，省级政府正式有了可以发行债券的法律授权，我国政府债券市场正式形成了中央国债与地方债的二元局面。地方债的开放是分税制的必然要求，也为我国地方政府提供了更多的融资渠道，为缓解地方财政资金的压力、提供更多优质的公共服务设置了更便利的条件。新的法律法规使许多既有文献都失去了时效性，现行的规定赋予了地方债问题新的内涵。在肯定我国预算法制进步的同时，我们也要承认我国预算法治状况并不令人满意，国家的理财治国能力仍需要进一步提高。2015年《预算法》对地方债券的规定过于原则和笼统，作为现行法制框架下地方政府唯一获得授权的举债融资方式，有关地方债券的规定可操作性有待提高，在实践中仍需要对更加完善的制度规定予以细化，而2015年《预算法》的实施条例却迟迟没有出台。在实践中，我国也出台了一系列应急性的管控规定，如《国务院关于加强地方政府性债务管理的意见》（国发〔2014〕43号，以下称《债务管理意见》）、《地方政府一般债券发行管理暂行办法》（财库〔2015〕64号，以下称《一般债券管理办法》）、《地方政府专项债券发行管理暂行办法》（财库〔2015〕83号，以下称《专项债券管理办法》）等，但这些规范位阶都不高，由其供给的规则难以应对当今地方债的管控需求，且其内容体现了权力的傲慢，对于权力的监督和制约不足。此外，在开放地方政府发债权的同时，如何处理地方政府融资平台债务，如何决策并偿还地方政府债，以及违规发债、滥发债如何进行监督和追责，仍然缺乏配套的规定。因此，本书具有如下理论和实践方面的意义：

首先，弥补在地方债问题的研究中"重经管、轻法律"的研究现状所造成的法学研究成果之不足。本书将对地方政府债的相关理论进行梳理，从财政立宪与财政监督的角度对该问题的背景逻辑进行廓清。在既有文献中，对地方债问题的探析并不侧重于规则，更多的是从经济学或管理学的视角对其加以理论分析，而从法学理论之公平、限制公权力、财政立宪、民主监督、程序正义等理论层面对地方债问题进行探赜的文献很少，或曰对此问题缺失了法学理论上的分析。本书旨在既有理论研究的基础上，对地方政府债问题背后的法治理论进行深入探讨，并对地方债的现实运行提出具体的改革建议。

其次，本书旨在立足中国国情，针对实践中出现的具体问题，结合2015年《预算法》对地方债问题的修改，提出规制地方债问题的具体路径建议与规则设想。一方面，要推动地方政府依法举债；另一方面，可以使国家分税制体制和预算管理机制更加完善，缩小地方事权与财权要求之间的差距，从而为将来《预算法》之修改及地方债券发行、转让、监督环节的进一步完善提供参考。

最后，本书涉及财政法与金融法的交叉地带，其研究对象是地方债，本质上是地方政府以发债、融资平台等方式进行的资金融通行为，因此，也要涉及金融领域的行为规范与监管规范的研究。本书拟通过财政法与金融法的不同视角对同一个研究对象进行探析，在研究过程中还要消弭不同视角所带来的冲突与抵牾，以促进、引导或强制实现地方政府财政行为与地方政府金融行为的平衡与协调。

第二节　文献综述

一、国内文献综述

对于地方政府债的存在是否会对经济的发展产生正向激励效果的问题，不同的学者持有不同观点。以程宇丹和龚六堂为代表的学者认为政府举债的行为对于经济的发展并没有明显的促进作用，他们通过 1960 年到 2010 年的 113 个经济体的面板数据模型对发达经济体和发展中经济体的政府债务与经济增长的非线性关系进行了论证，发现发达经济体与发展中经济体两个组别的差异是显著的。发达经济体的政府债务水平对于经济增长、投资和全要素生产率没有显著影响；而发展中经济体在一个宽松的临界区间内政府债对于投资率具有边际效应，但是会引起金融脆弱性的提升。[1]但与之相对的，大多数学者还是认为政府举债是在利用资本市场杠杆促进经济增长，只要政府债在合理的规模范围内，就会对经济发展产生促进作用。刘洪等建立了 61 个经济体从 1980 年到 2009 年的面板数据模型，经过检验论证，政府债务与经济增长之间存在"倒 U"形关系。但是，发达经济体和发展中经济体的最优债务阈值存在差异。尤其值得注意的是，政府债务最优阈值不是固定不变的，其随着利率水平、通货膨胀程度、经常账户和金融发展水平等宏观经济因素

---

〔1〕 参见程宇丹、龚六堂："政府债务对经济增长的影响及作用渠道"，载《数量经济技术经济研究》2014 年第 12 期。

的变化而动态变化。这一发现同样适用于一个具体地方政府的债务与地区经济增长的关系。[1]张启迪研究了1970年至2012年欧元区16个国家政府债务对于经济增长的影响，同样论证了政府债务对经济增长的阈值效应。在债务水平低于阈值时，政府债务对经济增长起促进作用；而当债务水平高于阈值时，则对经济增长有阻碍作用。其研究表明，债务阈值水平位于54%～78%之间。值得注意的是，该文强调债务阈值具有长期意义，而不是短期调整的依据。它通过欧元区控制主权债务危机的案例具体说明，在债务水平高于阈值的情况下不顾宏观经济条件而在短期内大幅削减债务可能带来严重的负面效应。[2]范小云和郭步超对包括21个新兴市场经济体和30个OECD经济体从1970年到2011年的政府债务数据建立了面板数据模型，在控制了人口因素、储蓄率、利率水平、金融发挥水平和中等教育水平之后实证发现新兴经济体与发达经济体两组政府债务对于经济增长的"门槛效应"。该文得出了新兴的适度政府债务高于发达经济体10%的结论。他们从社会发展水平与福利制度上给出了理由：发达经济体要维持高福利，而新兴经济体没有福利负担，因此，可以通过举债增加资本形成和提升全要素生产率，作者基于此赞成中国发挥债务的投资智能，通过适度债务助推经济增长模式的转型。[3]

易珏曾撰文用"凶猛"二字形容我国地方债的高位运行现状。2008年世界金融海啸之后，在"4万亿计划"的刺激之下，地方政府都或多或少地上马了一些配套工程，而在缺失中央财政资金支持的情况下，城市投资公司（以下简称"城投公司"）就成了地方政府规避限制条款的最佳选择。且由于城投公司与地方政府、人大之间的密切联系，以城投债这种企业债的形式发行的地方政府债，往往突破了企业自主发债的限制而上升到本地人大的审批程序之中，使得这种地方"企业债"至少在形式上符合了要求。例如，2013年5月30日，湖南省浏阳市人大常委会批准了该市城建集团发行20亿债券的申请，期限7年，并明确以此筹措之资金需被用于工商局、水建投等

---

〔1〕 参见刘洪、杨玫研、尹雷："政府债务、经济增长与非线性效应"，载《统计研究》2014年第4期。

〔2〕 参见张启迪："政府债务对经济增长的影响存在阈值效应吗——来自欧元区的证据"，载《南开经济研究》2015年第3期。

〔3〕 参见范小云、郭步超："政府债务适度规模与增长模式转型"，载《南开学报（哲学社会科学版）》2014年第1期。

11 个单位、6 大项目、25 个具体项目之中。从各地公布的数据来看：2013 年全国地方政府之固定资产投资计划涉及的资金已经超过 20 万亿，这些资金主要是依靠地方债来筹集的。各地发改委对当地城投公司发行的债券，审批周期明显短于其受理的一般企业债券的审批周期。国家发改委亦曾发声支持过城镇化对融资的需求，鼓励进一步创新债券的类型。[1]可见，对于地方政府债的滥觞，发改委也是其助推力之一。

而地方债的高位运行的现状，在一定程度上被隐形地方债所遮掩了。地方政府债务可被分为显性负债和隐性负债。2015 年，在地方政府债券市场化发行以后，地方政府的显性债务与隐性债务被区分开来。显性债务是指建立在某一法律或者合同基础上的政府负债，即由《预算法》等法律明确规定的必须由政府承担还本付息的债务。由于无法确定统一的衡量标准，目前行业内尚未形成对于隐性债务的统一定义和认定标准。而在政府项目融资过程中所有或有性、非公开或不规范的地方债务均被划分为地方政府债务的隐性部分。[2]这些负债的违约缺乏统一、规范的风险管理和有效的防范机制，但是有可能通过商业银行体系转化为重要金融风险，导致地方政府的信任危机，成为金融稳定与经济安全的重大隐患。2017 年 7 月，中央政治局会议强调了地方政府隐性债务问题的严重性，指出要"积极稳妥化解累积的地方政府债务风险，有效规范地方政府举债融资，坚决遏制隐性债务增量"。管理层对于地方政府债务的关注经历了从 2014 年之前的"政府性债务"到 2015 年的"地方政府债务"，再到 2017 年的"隐性债务"的变化。黄志勇认为，各级地方政府为了发展当地经济都进行了不同程度的负债，大部分都属于隐性负债。[3]目前，业界一致认为显性债务压力尚在可控范围内，隐忧与风险主要来自地方隐性债务，其体量可能并不亚于现存显性债务。马建堂等指出，中国政府债务不仅要考虑当前宏观经济运行中发生的直接债务，还要考虑各类折算率不同的隐性债务，政府债务的实际总杠杆率可能高于 40%。[4]

---

〔1〕 参见易珏："地方债凶猛"，载《中国经济信息》2013 年第 12 期。

〔2〕 参见刘少波、黄文青："我国地方政府隐形债务状况研究"，载《财政研究》2008 年第 9 期。

〔3〕 参见黄志勇："地方政府债会成为我国金融危机的导火索吗?"，载《经济体制改革》2014 年第 2 期。

〔4〕 参见马建堂等："中国杠杆率与系统性金融风险防范"，载《财贸经济》2016 年第 1 期。

夏欣认为，长期以来，由于我国地方政府没有法律许可的发行债券的权力，因此以城投债等其他形式举债就成了其不得已的选择。多种形式的地方债在监管上呈现出了一种"政出多门""九龙治水"的情况。具体而言，它涉及财政部门、国家发展和改革委员会（以下简称"发改委"）、银行保险监督管理委员会（以下简称"银监会"）等多个部门。首先，地方债的发行是为了满足地方政府对财政资金的需求，财政部门对其具有天然的监管权力。其次，城投公司等地方政府融资平台的发债行为，按照相关法律规定应当由发改委进行审批，且此种程序包括实质意义上的"审"与"批"，而非形式意义上的审查，所以其审批过程也就蕴含着监管的内容。再次，由于地方债规模较大，银行往往是其最大的目标债权人。许多城投债在发行时就会由当地领导出面给本地银行分配"指标"，以行政影响力或行政命令的形式强制、半强制地要求银行购买。此外，地方政府本身也会通过信贷的方式直接向银行贷款，虽然这种做法被《商业银行法》明令禁止，但是，截至2013年仍有9.7万亿元的银行信贷形式的地方债。最后，除了以上传统的地方债形式，信托等新型的金融工具也成了地方政府的融资手段。从这个意义上来讲，银监会之监督也是地方债监管的重要方式。〔1〕

刘尚希认为，我国地方债问题之所以突出，其根源在于央地权力边界划分的模糊性。在中共中央作出"市场在资源配置中起决定性作用"的论断之后，经济法学界曾经展开了一场关于市场与政府权力边界的探讨热潮，相关研究成果也在短期内呈现井喷之势。〔2〕然而，在汗牛充栋的成果中，大多数都是大而化之地勾勒出政府的权力蓝图，而对于权力的具体划分方法却往往语之不详。在这样的背景下，中央与地方事权划分也处于不甚明晰的状态，地方事权不断扩张，相应地，地方政府的支出也随着地方政府职能的扩大而增长。事多钱少，必然导致地方政府需要扩大财源，举借公债也成了其必然的选择。〔3〕

胡克训认为，政府债券是指政府财政部门以政府名义发行的国债和地方

---

〔1〕 参见夏欣："遏制地方发债冲动 多部委力推信用评级"，载《时代金融》2013年第31期。

〔2〕 参见李帅："经济法视野下'市场之手'与'国家之手'关系的重构——兼论权力清单下的'剩余权力归市场'制度"，载王雨本主编：《转轨社会中经济法的定位——政府与市场的法律关系》，法律出版社2015年版，第293~294页。

〔3〕 参见刘尚希："地方政府性债务的法治之举"，载《中国财政》2015年第1期。

政府债券。政府债券按其归还期的时间长短分为短期政府债券和长期政府债券；按债券资金的用途分为一般债券和专项债券。《财政总预算会计制度》创新性地增加了政府债券业务的核算规定。为了分类反映政府债券的发行、计息和还本付息情况，总预算会计制度规定，设置"应付短期政府债券"和"应付长期政府债券"两个总账科目，并分别在总账科目下设置"应付国债""应付地方政府一般债券""应付地方政府专项债券"三个二级明细科目，在二级科目下设置"应付本金""应付利息"两个三级明细科目。同时，还要求设置辅助账，用于记录每期政府债券金额、种类、期限、发行日、到期日、票面利率、偿还本金、付息等。政府债券的会计核算主要分为债券发行收款、按期计息付息和到期还本等三个环节：在债券发行收款环节，既要按收付实现制反映债务收入，又要按权责发生制反映长短期债务；在计息环节，只需按权责发生制反映债务（应付利息）增加；在每期实际付息环节，既要按收付实现制度反映有关支出增加，又要按权责发生制反映债务（应付利息）减少；在到期还款环节，既要按收付实现制反映债务还本支出，又要按权责发生制反映债务偿还。[1]

刘星、刘谊认为，我国预算编制选取的会计方法不当是造成地方债问题的原因之一。目前，我国预算编制采取的是收付实现制，这种方法的优点是操作方便、便于理解，但其缺点也十分明显。从我国目前总预算会计反映的情况来看，由于采用收付实现制，以前年度的大量举债没有能在债务发生的时候就确认其应当承担的责任，也没有将应付账款在各会计期间进行合理的分摊，致使越来越大的债务负担成了制约地方财政可持续运转的一个重要因素。[2]所以，地方政府债务核算应当逐步由收付实现制过渡到权责发生制。持有这种观点的还有学者李靠队等人。他们认为："我国政府会计以往只重视预算会计信息，主要提供现金流量的相关信息，而进行国际信用评级则需要接轨世界标准，进一步需提供有关资产存量的信息，这就需要政府编制资产负债表。我国传统也有编制资产负债表，对预算单位，如行政单位、事业单位都在期末编制资产负债表，而财政总会计也有资产负债表。在我国的实践中，预算会计下的资产负债表编制程序是先编制一个动态的资产负债表，然后待收入

---

[1] 参见胡克训："财政总预算会计政府债券会计处理解析"，载《中国农业会计》2017年第4期。
[2] 参见刘星、刘谊：《中国地方财政风险及其控制与防范》，中国财政经济出版社2006年版，第220页。

与支出对比后，也就是预算完成后再编制一个静态的资产负债表。行政事业单位完成预算会计后，对形成的相应资产进行'顺带'的确认，这种资产是收付实现制下形成的资产，对于资产存量的核算并不确认其增值。也就是纯粹把行政事业单位作为一个资金的消耗主体，而不是价值的创造主体，因此也不进行财务会计。对于财政会计更是如此，财政会计并不核算实物资产，从其资产负债表来看也不体现存量资产。"[1]如此一来，政府投资形成的资产一般在财政总会计的资产负债表中得不到真实反映，而在行政事业单位反映的则只是预算会计结果形成的那一部分有形资产，从会计处理来看，主要是资产消耗的反映，财政会计则根本没有反映。所以，政府会计在预算会计模式下，缺乏对政府存量资产的确认和计量，大量的政府资产反映在账外。所以，收付实现制仅仅是反映了政府的预算收入和投入，而没有反映投入后形成的国有资产以及日后的增值，比如，数量巨大的基础设施投资资产、公共设施投资资产，甚至自然资源资产。以树木为例，随着投资后种植树木的生长，非但不需计提折旧，而且价值还在不断地增值，这是生物资产的特殊属性，而国家拥有诸多类似资产，这很不同于一般企业所拥有的资产。[2]

　　刘人玮博士认为，在分税制下，地方政府的举债权可能具有"自我决定"的倾向，地方人大对举债的决定作用和监督作用难以满足制度设置的初衷。首先，虽然按照国家的预算法治原则，人大应当对政府财政收支的决断权进行垄断，但由于在我国的权力运行范式中，地方党政领导往往身兼人大代表身份，使得其在表决时会对人大决策产生影响。而法治理念要求当领导意志与法律发生冲突时，必须以法律意志为主。[3]正如萨缪尔·汤普森所说的那样："法律的权威不需要正当性论证。"[4]其次，地方政府与地方人大都是地方利益的天然代表，在筹集财政资金以发展本地经济或促进地方城镇化等方面具有利益趋同的倾向。所以，在地方政府是否举债的决策上，人大更倾向

---

〔1〕 李靠队等："政府债务、PPP 与权责发生制综合财务报告"，载《地方财政研究》2016 年第 4 期。

〔2〕 参见李靠队等："政府债务、PPP 与权责发生制综合财务报告"，载《地方财政研究》2016 年第 4 期。

〔3〕 参见李帅："经济法治中的权威决断：诠释、问题、检讨——以卡尔·施密特法学思维三种方法为视角"，载《经济法学评论》2015 年第 2 期。

〔4〕 Samuel Thompson，"The Authority of Law"，1 *Ethics*（1964），p. 16.

于作出与政府相同的决断。最后，我国人大系统的构成缺乏专业性，因为地方债的问题涉及财政、金融、法律、市场规划、科技创新支持、可持续发展等多方面的内容，人大对政府发债与否的决断不仅仅关系到是否发债筹措资金，更涉及该资金如何使用、如何偿还、如何管理等问题，而现行人大缺少这样的专业人才或专门委员会。由于其专业知识的限制，人大代表难以在此问题上发现隐患、防范风险或是提出有建设性、针对性的意见，难以超越"一府两院"的提案本身。[1]

张留禄教授在总结美、日地方债的经验与教训的基础上，提出了我国地方债法治化治理的思路。张留禄教授指出，美国的地方债发行主体为地方政府或其政府机构，亦包括债券资金使用机构，虽然在美国历史上地方政府违约、破产的案例时有发生，但总体而言，地方政府债券的风险还是比企业债券要低很多，因此其利率略高于国债。[2]国债与地方债的利率不同，体现了其背后所蕴含的风险不同，美国地方政府是独立的财政主体，亦是可以独立承担民事责任（甚至可以进行破产）的主体，所以，在财政联邦理念之下，央地政府之财权、事权不会发生混淆。日本各级政府（上至中央下至市町村）都可以举债，且存在双重偿还义务人。第一偿还义务人是发债的地方政府，第二偿还义务人是中央政府（此为出于道义与行政管理上的偿还人）。由于设计了这种中央兜底的偿还程序，使日本之地方债相对安全，日本也逐渐发展出了世界上最大的地方债券市场。但为了防止地方政府的道德风险，2006 年之前，日本对地方债采取层层审批制，最终的审批权在总务省；2006 年之后，日本采取了"层层审批制"与"自主协商制"并行的双轨制举债模式，地方政府不经总务省审批也可以自由发债，因此，审批并不是发债的必经程序。但若地方政府选择了审批制，总务省可以根据具体情况对该地方政府采取增加转移支付或提供优惠借款的方式给予财政刺激，目前，大多数地方债仍由总务省进行审批。无论是美国还是日本，都有对地方债进行严格监管的制度措施，并设置有专门的监管机关，在美国为证券交易委员会与地方债办公室，在日本为地方监督委员会。我国应当明晰政府责任，完善相关法规，多管齐

---

〔1〕 参见刘人玮："分税制下地方政府债券发行风险控制"，载《中国证券期货》2013 年第 2 期。

〔2〕 严格来讲，国债分为中央国债和地方国债，由于我国长期以来对地方国债的压制，许多学者都用"国债"的概念来代指"中央国债"，在张留禄教授的论述中亦是如此。

下地进行监管。[1]

苏英博士认为，在以往实践中出现的通过城投债方式和中央代发的方式举借的地方债，虽然在信用基础上存在一定的差异，但是其共同的特征都是没有把地方政府列为真正的还款义务人。对于城投债本身而言，还款义务人是代政府进行融资的平台公司。然而，这些平台是独立的法人，首先应以公司财产对城投债承担责任。城投公司一般不得与民争利，只能从事公益性或非经营性的项目，因此其自有资产往往不多，不能完全偿还城投债本息。而对城投债进行担保的地方信用主要是抵押的土地使用权，为了使同样的土地多担保、多偿还地方债，地方政府会倾向于推高房地产的价格。在代理发行制下，地方政府只是第一还款义务人，真正进行兜底的还是中央政府。因此，在这种模式下，地方债与国债的信用基础与风险别无二致。无论采取哪种模式，地方政府的责任都比较模糊，这使得地方政府并不会过多地关注资金的使用效率，也不愿意公布地方财政状况。[2]

要将地方债问题的解决纳入到法治化的轨道上来，首先必须明确地方债风险的防控目的。作为世界多数国家通行且在大多数情况下行之有效的财政手段，地方债不是凭空出现的，而是服务于一定的财政目的。管控地方债风险的做法必须与地方债举借的目的相契合。如果管控地方债的目的是为了阻碍地方债制度设立初衷的实现，那管控风险的做法就成了消除地方债制度的做法。在过去的研究中，对于地方债风险所采用的提法多是"消除"，而目前所采用的提法多为"管控"。韩增华就认为，规制地方债的风险，不是为了尽力"消除"地方债的风险，而是为了将这种风险"管控"起来，通过管控风险来管理地方债所带来的收益或损失，从而使地方债风险囿于财政所能承担的范围之内，不至于引起地方性金融风险。管理学认为，风险和收益是一对共生体，风险无处不在，而损失或收益与之呈正相关关系。对于未来的风险而言，无论是损失还是收益都处于一种不确定的状态。风险到底是与收益相关度更大，还是与损失的相关度更大，既取决于项目本身的科学性、合理性，也取决于风险管理的水平。当风险被放大之后，潜在的收益也可能更多，

---

[1] 参见张留禄、朱宇："美、日地方债发行经验对中国的启示"，载《南方金融》2013年第5期。

[2] 参见苏英："不同融资模式下的地方政府债比较研究"，载《中央财经大学学报》2011年第11期。

但若风险处于不可控状态，则会造成更大的损失。因此，在既有文献中时常出现的"消除系统性金融风险"的说法并不正确，因为风险只能控制，不能消除，一旦消除了风险，就意味着风险管控的对象没有了任何潜在的收益。[1]管控地方债风险的目的是管控其风险背后的损失或收益，若有损失，则将损失尽可能减小，使之不对地方财政及金融市场造成过大的冲击；若有收益，则通过财政手段的运作使地方政府收益最大化。

地方政府可以[2]通过直接贷款、发行债券、BOT等手段进行举债，也可以通过影子银行通道进行信托、融资租赁等方式进行融资，但是不同举债方式的成本并不相同。中国社会科学院的蔡书凯、倪鹏飞对地方政府不同的融资通道进行了统筹分析和比较，得出了以下数据：

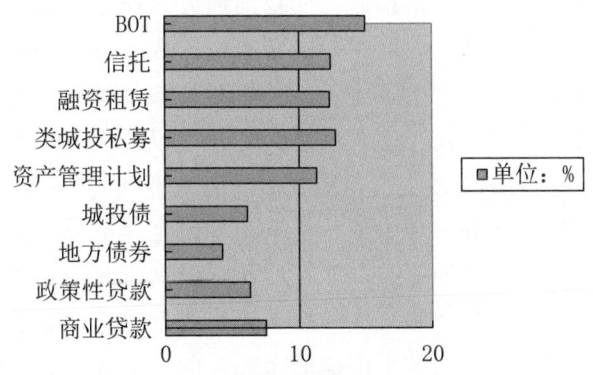

图1-1　地方政府各融资方式成本对比图

根据官方公布的审计公告，银行贷款是2015年《预算法》修改前已披露的地方政府性债务中所占比重最大的，截至2013年，已超过地方债总量的一半，而地方政府作为贷款人会将利率进一步拉升，其利率会从基准利率上升至7.2%~7.8%。三大政策性银行对地方政府提供政策性贷款时，往往也会在基准利率之上进行上浮，但是不同于商业贷款那样上浮20%~30%，政策性贷款利率上浮区间一般在0%~10%之间。因此，地方政府通过政策性贷款举债

---

[1]　参见韩增华："地方政府债务风险治理：以资源税改革为契机"，载《税务与经济》2010年第6期。

[2]　这里所列举的地方政府融资模式，是理论上以及实践中存在的方式，但是现行法律有可能对其中的某些方式进行限制。因此，这里所说的"可以"，只代表地方政府使用这种方式的话可以在事实上进行举债，不意味着法律允许其采用这种方式。

与通过商业贷款举债相比，成本稍低，在 6%～6.6% 之间。2011 年，我国开放地方自主发债试点之后，根据中国证券信息网所披露的信息，2013 年，我国地方债券的平均利率为 4.15%，加上 0.1% 的发行费用，使得地方债券成本为 4.25%。城投债方式的融资成本相对较高，2013 年第 4 季度发行的城投公司企业债券平均成本为 9.24%，而国有平台公司所发行的中期、短期债券的平均利息成本分别为 5.56% 和 6.67%。在所有的地方融资方式中，影子银行与 BOT 方式的融资成本最高，分别达到了 11.3%（资产管理计划）、12.75%（类城投私募方式）、12.3%（融资租赁方式）、12.38%（信托方式）和 15%（BOT 方式）。因此，地方政府债券是成本最低的举债方式。目前，我国的地方政府债券无法满足城镇化背景下的资金缺口，加之国家整顿、清理城投债、收缩对地方的贷款等大力度的措施，使我国地方政府原本就十分匮乏的融资渠道进一步收窄。许多地方政府不得已转向融资成本最高的影子银行模式和 BOT 模式。[1] 对此，应当严格控制高成本的地方政府融资，合理构建地方债券的发行、偿还、管理模式，建立融资"成本-行为"双控管理机制。

在针对 PPP 项目的态度上，不同专家的态度不同。按照目前的预算管理机制，PPP 项目不再被列入地方债统计系统，但是其本质上还是地方政府需要承担的一种债。对于这种特殊的"地方债"，以温来成教授为代表的学者认为应当与地方债一视同仁。温来成教授认为：地方政府债务总体形势还是比较严峻的。地方债的余额，加上国债的余额在向警戒线靠近。地方政府隐性债务的趋势不是得到了遏制，而是在继续蔓延。尤其是 PPP 项目出现的新问题对地方政府债务的影响需要引起重视。一是 PPP 项目对财政运行的冲击和地方政府债务是相同的，按照现行的财政制度，PPP 项目的政府承诺支出不在地方政府债务统计之列。但是，如果从地方政府运行的角度来讲，PPP 对于地方政府财政运行的冲击和地方政府债务是一模一样的，其模式是还本付息。PPP 项目政府承诺不是地方政府债务，但是视同债务来进行监管。二是在现阶段，搞 PPP 要排除国企和央企是不可能的，但是国企央企比例过高的局面还是要尽快地改变。三是在 PPP 发展的过程中出现了财政承受能力论证"走过场"等问题。四是规范地方政府债务管理的政策选择。首先还是要继续

---

〔1〕 参见蔡书凯、倪鹏飞："地方政府债务融资成本：现状与对策"，载《中央财经大学学报》2014 年第 11 期。

加强对地方政府债务隐性部分的管控，债券已经很透明，所有的信息都向社会披露了，但是，隐性债务实际上是在继续蔓延，最大的就是投融资平台的债务，还有 PPP 项目。[1]但华夏新供给经济学研究院首席经济学家贾康认为，PPP 是化解地方债的良方。他认为："地方债制度上按照 2015 年《预算法》已经得到规范，我们原来所说的开前门、关后门、筑围墙，这些要领在新法中得到体现。所谓开前门就是地方债怎么借，怎么用，怎么还，开了前门了。关后门是原来所说的隐性负债门路被堵住，筑围墙就是把其他各种各样的打擦边球、钻空子或者暗度陈仓的办法统统杜绝掉。还有治存量：过去已经形成的十几万亿地方隐性债的存量怎么加以治理，怎么消化呢？把它置换到银行与金融机构所掌握的中期债券上。就 2015 年《预算法》的框架而言，应该充分肯定，是符合现代法治国家发展要求的，体现了一种修法的进步。有法律规范以后，管理部门一系列文件精神体现为卡住两头，一头就是地方债总体规模每年非常清晰，中央牵头把总规模切块到各个省级行政区，各个省级行政区拿到自己那个份额以后，由省级预算做全套安排接受阳光化的规范的制约和监督，由省级牵头切块到下面市县来运用地方债资金。归还的时候又是在协调之下体现在省级预算里。这一头，应该讲是有较大把握的，不会出现较多的偏差。预算是要对人民代表大会报告、要接受多重审计监督的，大家都可以知道这一年地方债是多大的规模。除了一般地方债以外，地方专项债也是非常清楚的。另一头是什么呢？就是融资平台。明确地说，地方融资平台要市场化转制，应该有更多细则做进一步的指导。笔者理解这个市场化的转制就是不能再简单地让它由地方政府操纵着以公司、企业法人的面目在市场上运作，要更多地符合市场基本规律，特别强调已有的全国至少一万家的地方融资平台，再也不能为地方政府变相借债，要卡死。这两头都卡住以后，文件精神非常清楚：要鼓励以 PPP 的方式，政府和社会资本、企业合作来做投资。开始阶段文件也非常明确地说了，原来一些地方融资平台所做的项目，如果成功转化为 PPP 项目，可以不再计入地方政府的实际债务规模；而新的投资项目，能够做成 PPP 的，首选 PPP。污水处理、垃圾处理等，后来又硬性规定必须做成 PPP。这就是卡住两头以后，放开中间，鼓励 PPP 的

---

[1] 参见龙小燕、孙家希："地方政府投融资创新与债务管理研讨会主要观点综述"，载《财政科学》2018 年第 3 期。

发展。"[1]但是，正如温来成教授所言，即使将 PPP 以技术性处理的形式排除在地方债的体量之外，却无法在事实上解决地方政府还本付息的压力。因此，PPP 的发展也应当以财税法、预算法的视角加以审视，避免盲目扩张和野蛮生长。

在总结前人经验的基础上，笔者认为，随着中国经济发展进入新常态，宏观调控重点由"稳增长"向"防风险"转变，防范地方政府债务风险是牢牢守住不发生系统性风险底线的必然要求与重中之重，地方政府债务风险再次被推到了经济安全的高度。2018 年以来，在监管严格的背景下，作为主体债务形式的地方债发行节奏明显放缓。与此同时，2015 年的第一批地方政府债务置换也即将进入收官之年，地方政府隐性担保的存量资产面临重新定价的过程，地方政府债的供给压力与日俱增。从与地方政府债务有着紧密联系的商业银行的视角来看，潜在的信用风险暴露，呈现出地区性特征。在加强政府债务融资管理平台管理"开正门、堵后门"的思路下，商业银行参与地方政府债市场将面临形势更加严峻、复杂的危机与挑战，同时也将面临更多机遇。因此，未来需要研究的问题包括以下内容："第一，微观层面的违约风险与信用风险度量。目前，文献集中在宏观层面的债务余额占比，但是不能从市场层面识别投资主体的风险，因而不能形成有针对性的风险管理手段。微观层面与宏观层面的违约分析结合将构成一个宏观管理层与商业银行体系相结合的系统性风险控制机制。第二，地方政府债务的法律建设。目前的《预算法》和国务院相关行政法规还不能涵盖违约发生后的法律事件，特别是债务主体的法人地位、债务重组与清偿问题。第三，财政软约束环境下地方政府信用膨胀的治理机制与调控手段。第四，支撑地方政府债务偿还的政府可支配的综合收入与资产计量。这涉及地方国有企业税后收入、企业净资产可用于担保的比例等。第五，商业银行持有地方政府债权资产的风险预警、不良资产处置等。第六，地方政府债券的资本市场运作。第七，如何实现投资主体化、分散化，从根本上改变商业银行系统性风险和地方政府债务关联过于紧密的问题。第八，地方政府信用风险和商业银行住房信贷的违约风险与当地房地产市场关联程度问题，以及平稳消除泡沫的策略。"[2]

---

〔1〕 贾康："PPP 是化解地方政府债的良方"，载《中国招标》2018 年第 3 期。
〔2〕 韩立岩、丁丁："地方政府债务风险研究综述"，载《中国金融学》2018 年第 3 期。

二、国外文献综述

大卫·休谟与亚当·斯密是反对公债的代表性人物。休谟认为，如果国家不消灭公债，则公债必然消灭国家，是为"公债亡国论"。亚当·斯密继承了这一学说并在此基础上有所发展。斯密反对公债主要是基于以下两点理由：第一，公债的存在会催生战争，也使当政者不知节俭。斯密承认举借公债是战时筹措军费的行之有效的方法，因为战时所需的费用及资金投入是正常状态下的 3 倍~4 倍，这笔费用不能通过增加新税种慢慢收税来筹集，除了借债，政府别无他法。[1]但在肯定公债对筹集战争军费作用的同时，亚当·斯密又认为正是由于公债的存在才使得当权者更容易发动战争，也助长了当权者的奢靡之风。第二，斯密指出："当国家费用，由起债开支时，则该国既存某部分资本，必年有破坏；从来用以维持生产劳动之若干部分年生产物，必会转而用以维持不生产性劳动。"[2]因此，他认为，公债所筹集的资金会被用于非生产性用途，使原本的生产性支出减少，其必然结果就是阻碍国家的经济发展。这一理论后来被法国的萨伊所继受。萨伊认为，如果公债数额不大，所收到的债款很好地或适当地花费在有益的事业上，那就是给那些不懂得好好利用资本的少数人提供投资的机会。[3]而斯密从意大利、西班牙、荷兰等过去的强国兴衰败亡的教训中，得出了"公债之积累必然导致国家的破产"的结论。[4]

大卫·李嘉图的公债学说主要集中于其著作《公债论》中。他认为，公债除了使原本的生产性支出被用于非生产性支出之外，还使实际情况被巧妙地掩盖了起来（后世布坎南将之归入"财政幻觉"[5]）。李嘉图认为，公债使人民只需要支付少量的税收作为公债的利息，便可以享受到未来的税收所带来的收益：一方面，税痛感不强，使人民误以为自己仍旧生活富足，从而

〔1〕参见［英］亚当·斯密：《国富论》（下），郭大力、王亚南译，译林出版社 2011 年版，第 441 页。

〔2〕参见［英］亚当·斯密：《国富论》（下），郭大力、王亚南译，译林出版社 2011 年版，第 457 页。

〔3〕参见［法］萨伊：《政治经济学概论》，陈福生、陈振骅译，商务印书馆 1982 年版，第 541~542 页。

〔4〕参见卢文莹：《中国公债学说精要》，复旦大学出版社 2004 年版，第 71 页。

〔5〕参见［美］詹姆斯·M. 布坎南：《民主财政论》，穆怀鹏译，商务印书馆 2015 年版，第 150 页。

不知节俭；[1]另一方面，政府本身是不事生产的，并不增加社会总产出，其收入主要来自税收、费用，还债资金最终的来源还是人民，如果不加限制，国家和人民都会不堪重负。李嘉图还认为，虽然公债有迅速筹集军费的作用，但不应成为主要财政手段。他以英法战争（1793 年至 1813 年）的公债实践举例，认为战争期间为了满足军费需要开设了新税，仍未满足差额时则由公债补之。但战争结束后，新税应立即废止，战争期间所借之公债也应该尽快偿还。按照古典经济学家威廉·配第在英国创立的减债基金制度，主要有三种方式用于偿还公债：一为赋税；二为以新公债偿还旧公债之本金及利息；三为以新公债偿还旧公债，并兼以赋税偿还利息。而三者之中，第一种方式最优。[2]同时，李嘉图以为，在和平时期，国家就应该不断努力减少战时所借之公债。

与亚当·斯密、大卫·李嘉图等持相似意见的还包括英国经济学家约翰·穆勒（现译作"密尔"，本书采用引注中的译法）。穆勒认为，公债源自资本，是"战争或其他非生产性支出"[3]的手段。纵观这些反对公债的经济学家，基本上都是古典经济学一脉，其理论的内核是自由资本主义，即排斥国家之手对市场运行的干预。在这样的理念之下，政府所做的一切有关财富分配之事宜都会扭曲市场之力，因此，作为政府积极财政手段的公债必然会被其理论所弃。然而，随着国家财政功能的发展和财政法理论的演进，政府早已不再是古典经济学家笔下的"守夜人"。公债作为一种积极的财政工具，对于国家收入的分配和再分配起到了调节作用，这一点已经被当代理论界与实务界所公认。因此，古典经济学对公债的排斥理论已成为明日黄花，被新兴的理论所代替。

德国学者瓦格纳在探讨公债问题时，按照公债资金的来源不同将公债分为了三类：①来自本国闲散资金状态下的资本公债；②来自外国的资本公债，又可以被称为外债；③由来自国内其他生产部门的资本而形成的公债。相对而言，第三种来源的公债是从国内其他生产部门处夺取而来的，会减少生产

---

〔1〕 参见卢文莹：《中国公债学说精要》，复旦大学出版社 2004 年版，第 72 页。

〔2〕 参见 ［英］李嘉图："公债论"，载 ［英］彼罗·斯拉法：《李嘉图著作和通信集》（第 4卷），寿勉成译，商务印书馆 1980 年版，第 175 页。

〔3〕 ［英］约翰·穆勒：《政治经济学原理及在社会哲学上的应若干用》（上卷），朱泱、赵荣潜、桑炳彦译，商务印书馆 1991 年版，第 74 页。

支出。因此，前两种形式的公债优于第三种形式，尤其是在为了满足临时性、应急性的支出时，前两种公债的优势更加明显。"资本浪费在投机事业时，能以公债来避免危机，在繁荣之后的停滞时期以公债吸收资本是胜过课税的手段。"[1]瓦格纳的理论已经具有了凯恩斯主义的雏形，主张以政府的作为来调整不同时期下的资金流向。他针对德国战后的萧条提出了政府征借方案，以调动社会闲置资源、增加就业。而针对当时曾有人主张的"外债会使政府对外支付利息造成不利影响"的观点，瓦格纳针锋相对地指出，引进外资投入生产会产生巨大利益，从"投入-产出比"与"成本-收益比"来看，利用外资发展本国经济所带来的经济增长及财富增加，将大于对外所支付的利息成本。但在支持公债的同时，瓦格纳也认为，公债应该是国家筹措资金的一种次要的、辅助的手段，应当根据财政支出项目的性质不同来区别对待，凡属于经常性财政支出的，则仍应该通过税捐来筹措资金。

英国学者道尔顿在其出版于 1922 年的著作《财政学原理》中，根据资本来源于本国还是他国将公债分为国内公债与国外公债，又根据公债与共有财产的关系将其分为再生产公债与沉重公债。若政府举债时背后有等值的资产，则为再生产公债，反之则为沉重公债。再生产公债背后因为有共有资产支持，其偿还必须依赖于税。[2]对于采用调换的方式偿还的（现在一般称这种方法为"借新还旧"）公债，势必会造成新债利息比旧债利息高，政府信用和债务规模会不断膨胀，国库负担会越来越重。但政府又不能拒偿公债，否则对内会导致政府信用崩溃，也可能导致社会革命；外债违约则可能引发国家之间的贸易纠纷，甚至引发战争。

与古典经济学派相比，新兴经济学流派中影响最大的是凯恩斯学派。凯恩斯学派之主张缘起于凯恩斯，后被许多经济学家所继承并发展。最初，凯恩斯在其名作《就业、信息与货币通论》中指出，资本主义经过发展已经由自由资本主义进入垄断资本主义时期，经济危机呈周期性爆发，而经济危机产生后最大的表象特征就是大规模的失业。资本主义会发展产生经济危机，主要原因就是社会上的有效需求不足。可以说，有效需求的减退是产生经济危机并阻碍经济复苏的最主要原因。国家通过发行公债来补充投资，通过乘

---

[1] ［日］坂入长太郎：《欧美财政思想史》，张淳译，中国财政经济出版社 1987 年版，第 310 页。

[2] 参见［英］道尔顿：《财政学原理》，杜俊东译，正中书局 1954 年版，第 162 页。

数效果刺激有效需求，可以创造新的就业机会，从而通过"国家干预"来实现经济复兴。因此，在凯恩斯主义下，公债的正当性与国家干预之正当性是相伴相生的。同时，凯恩斯还坚持在必要的情况下可以实行赤字公债。正如美国学者福山所总结的那样："政府在受到约束之前，必须要有实际做事的能力。"[1]

凯恩斯之后，凯恩斯主义又被汉森、萨缪尔森等人继承和发扬。现代凯恩斯主义公债观主要有以下几个特征：①认为公债有益无害，这一点明显区别于亚当·斯密等人。在凯恩斯主义视角下，公债虽然是政府通过非税手段或曰非常态手段筹措的，但是却是一种有益于社会的积极措施，除非在举借公债的同时使政府及私人资本受损，或举借外债之利息超过了本国的生产力。②公债不是"债"。这一理论仅仅适用于内债，而不适用于外债。因为内债对政府而言无非是欠"自己"的钱。政府一方面负有偿还公债的义务，另一方面又享有对国民收税的"债权"，二者正好可以相互抵免。因此，对于政府而言，内债不是一种负担。③公债无需偿还。"公债无需偿还论"与"公债非债论"是紧密相关的，国家作为一种抽象存在，只要存在一天，就享有收税的期权，同时还可以采用"借新还旧"的方法创造新债以消灭旧债，国家在特定的时间点上总是处于负债状态，无非是用人民未来的钱还过去的债，对于政府本身而言，并没有承担偿还义务。④国家经济的发展会提升其可承担的公债规模。凯恩斯主义认为，虽然资本主义国家公债的数额越来越大，但是国家的国民生产总值（GNP）也在不断上涨。总体而言，公债上涨的速度不及 GNP 上涨的速度，因此，虽然公债数额不断攀升，但在 GNP 中所占的比例却日渐减小。⑤公债不会对未来造成负担。凯恩斯之前的许多经济学家都认为公债虽然解决了当前的资金问题，但却是一种"剜肉补疮"似的做法，最终会给下一代人造成负担。而凯恩斯主义认为，虽然下一代要承担当今公债的本金及利息，但也同时享受当今公债投入所产生的收益，二者相互抵消。[2]

凯恩斯主义与古典自由主义公债观相比，认识到了国家、政府运用公债手段调节经济运行的好处，使公债作为宏观调控的有效手段具有理论上的支

---

[1] See Francis Fukuyama, "Political Order and Political Decay: from the Industrial Revolution to the Globalization of Democracy", *New York*: *International Creative Management*, Inc., 2014, p.53.

[2] 参见卢文莹：《中国公债学说精要》，复旦大学出版社 2004 年版，第 79~80 页。

点。但与此同时，其"公债非债论"等观点也存在值得商榷之处，它囿于以政府的视角看公债，进而得出"公债无需偿还论"，没有考虑公债涉及的法律关系中作为债权人一方的立场，显得过于"国家主义"，与现代财税法理论中的"财政信托论""财政合伙论"相冲突，因此在借鉴时仍需扬弃。

金融风险尤其是银行业信贷风险的冲击与溢出效应直接把矛头指向了政府债务。备受关注的欧洲主权债务危机从表面上看，是主权信用评级遭到调降产生债务违约，继而对银行业、资产价格、货币通胀、实体经济带来冲击和连锁风险传播。然而，债务风险与银行风险的因果关系并非如此简单，有越来越多的深层研究关注到主权风险、债务风险与银行风险之间的反馈回路。威肯斯认为，2008年国际金融危机爆发的一个主要原因是，未能正确评估和定价违约风险以及在危机发生后由违约风险产生的溢出效应，预测在国际金融危机爆发后，金融中介机构会大幅增加利差并施加借贷限制，从而加剧经济衰退的深刻性和持久性。[1]在政策方面，布伦纳迈尔等主张创建欧洲安全债券，以打破这种反馈循环。此外，一些研究关注到了主权债务与银行脆弱性之间的联系，研究了主权债务风险如何影响借贷和违约政策。[2]真纳约利等构建了国内外主权债务的程序化模型，其中，国内债务为了能够吸引更多、更廉价的外国贷款不得不削弱银行的资产负债表。[3]博科拉在一个银行体系与政府债务的模型中，研究了主权债务风险的增加对宏观经济的负面影响，展示了违约的预期是如何导致经济衰退的。[4]基什内尔和维金伯格研究了当公共债务被限制杠杆的国内银行持有时，使用债务融资刺激财务的有效性。[5]这些复杂的因果关系研究凸显着违约风险、银行信贷危机和经济活动之间的关系。

巴杨·格雷瓦尔、程恩江和布鲁斯·拉斯穆森对中国地方债的问题进行

〔1〕　See M. Wichens, "A DSGE Model of Banks and Financial Intermediation with Default Risk", 3 *Research in Economics* (2017), pp. 636~642.

〔2〕　See M. Brunnermeier, L. Garicano and P. Lane, "European Safe Bonds (ESBies)", 2011, available at http://euro-nomics.com/wp-content/uploads/2011/10/06e-Esbies_ document.pdf, last visited November 4, 2016.

〔3〕　See N. Gennaioli, A. Martin and S. Rossi, "Sovereign Default, Domestic Banks, and Financial Institution", 2 *Journal of Finance* (2014), pp. 819~866.

〔4〕　See L. Bocola, "The Pass-through of Sovereign Risk", 4 *Political Econ* (2016), pp. 879~926.

〔5〕　See M. Kircher and S. V. Wijnbergen, "Fisical Deficits, Financial Fragility, and the Effectiveness of Government Policies", 2 *Journal of Monetary Economics* (2016), pp. 51~68.

研究后认为，自从 2008 年至 2009 年财政刺激后，中国的地方债务总体规模快速增长。由于实施财政刺激政策产生出了这样一种环境：地方政府为支持中央政府的债务融资式的经济增长模式而匆忙借贷。为完成中央政府的以新式投资应对经济危机的目标，中国的银行成为地方政府最大的贷款来源，也成为其特殊的融资平台。在县乡层级中，近 90% 的地方政府已经举债，乡镇政府也存在小规模的借贷（即便乡镇没有自己的预算）。地方债务高度集中在排名前十的借款省份中，合计占总债务的 55%，但这些省份并非都有快速增长、收入丰厚的经济实力。一些相对落后的省份（例如贵州、四川和湖北）也在其中。这些省份债务的负担很大，因为他们自身收入低，其收入和支出之间有较大的财政赤字，且大多属于中部或西部地区，同其他省份相比经济增长较慢。在债务期限届满时，让这些省份能够依靠自身必要的财政盈余来偿还债务将会十分困难。地方债务融资的投资状况也使上述情况变得更加严重，因为大部分的资金已被投资在城市基础设施和道路建设上，产生收入需要很长的时间。针对这一问题中央政府出台了多项措施意图控制局势，包括根据 2015 年《预算法》，允许省级地方政府以自己的名义借款，2015 年中央政府已将地方借款上限增加了 6000 亿元人民币。但是，这些举措若要获得成效需要在多方面进一步改革，比如实行刚性预算、风险管理和财务报告等。鉴于目前省级的预算和债务管理状态不如人意，这些变革对中央和地方政府来讲都将是一个巨大挑战。其中，将地方借贷透明化是至关重要的一步，以此可以减少软预算约束所产生的道德风险。若要把道德风险全部消除，必须要实行进一步的改革。[1]

　　吉列和斯基尔针对美国地方债违约导致的地方政府破产展开了系统论述，论证了司法机关在地方政府破产过程中所起的重要作用，即可以制衡行政权、规训政府，遏制其发债冲动，还可以通过司法程序解决债权人的利益保护问题。而在这个过程中，破产法官的作用至关重要。二人对于有些学者提出的破产法院只在政府破产时有消减地方债金额的作用之说法提出了驳斥，并提出政府破产时进行的行政改革应当在法律的框架之下进行。[2]

---

　　[1] See Bhajan Grewal, Enjiang Cheng and Bruce Rasmussen, "Local Government Debt in China: Implications for Reform", 4 *Public Finance and Management* (2015), pp. 359~377.

　　[2] Clayton Gillette and David Skeel, "Governance Reform and the Judicial Role in Municipal Bankruptcy", 125 *Yale Law Journal* (2015), pp. 1150~1219.

日本学者稻田直之、津田博史对日本地方债券之现状进行了介绍性总结，阐释了其特征。在日本，地方债券是指地方公共团体超越普通会计年度借债而发行的公募债券。地方债券根据其国内资金筹措来源不同可以被分为政府资金债券和民间资金债券。前者是指财政贷款资金或者公有企业金融公库基金形成的地方债，后者是指银行等私人主体收购地方债券形成的地方债。2014 年，日本地方债存量约为 58 万亿日元，年发行地方债的项目数为 407 次，而日本普通公司债券年发行约 439 次，总量约为 59 万亿日元。也就是说，日本的地方债券市场与公司债券市场几乎是等量齐观的。此外，2014 年日本采用公开市场公募方式筹集的地方政府债金额大约为 6.9 万亿日元，且发行数额在随后几年中不断扩大。[1]

日本学者津田博史提出，评定地方政府债券的价格必须基于地方公共团体在财政上的必要资金。他在此基础上提出了评估地方债券价格的模型，并通过该模型预测各地方公共团体的信用风险，即现有的地方自治团体的财政破产风险。[2]

大东辰起提出，在地方自治体运行之时，不能仅依靠该年度的税收，应从不同世代负担的公平性出发，让不同的世代公平地负担地方公债。例如，在基础设施事业与公共事业上，如果通过该年度税收或国家补助金进行建设，那么地方自治体的负担马上会加重，可能还会对其他事业的发展造成障碍。为了提供更好的行政服务，需要修建将来也可以应用的设施，如果是基础设施事业，则会有益于产业活动与物流的活性化。如果是公共事业，市民则会长期使用该设施，这样便有可能实现所实施措施的原有目的。如果考虑上述几点，那么活用地方公债便是有意义的。在选择合适的事业与事业规模方面，在决定地方自治体的资金需求可多大限度地被允许的过程中，需要通过地方公债计划与协商制度（公债发行批准制度，2005 年之前）体现中央集权的权限。通过活用地方公债，可以将事业负担平均化，并易于推进符合措施目的的事业。地方公债在之后年度必须偿还本息，虽然过度运用地方公债可能会导致地方自治体的财政运营陷入窘境，但是公债费用并不是立即膨胀，所以，

〔1〕 稻田直之、津田博史，『地方債市場の流動性リスクを考慮した地方自治体の信用リスク評価』，同志社大学ハリス理化学研究報告，2016 年第 4 号。

〔2〕 津田博史，『社債価格モデルによる信用リスク情報の推定−倒産確率の期間構造と回収率の推定』，ジャフィー・ジャーナル，2006 年第 6 号。

为了避免风险，需要看清并判断应以何种程度发行地方公债，以及将来的财政收支等。日本的公共投资与欧美各国相比，所占比重较高，在大多数情况下由地方自治体实施。其中，地方公债在投资经费总量中占据了重要位置。在这种状况之下，与依据该地方自治体的财政力与经济力相比，更应该根据公共投资的必要性与地区需求进行借款。此外，大东辰起还提出了地方债人才培养方面的问题。地方公务员的人才培养以全能型为导向，所以几乎会以 3 年至 5 年为一个期间进行人事变动，这样不会促使在某个领域内产生专家，学习机会不足、没能提供有组织的学习机会都是非常大的问题。[1]

稻生信男通过对美国收入债券的研究，为日本地方债券的改革提出了建议。收入债券是不以发行主体的信用为担保，而是以从事业中产生的使用费收入等作为偿还资金来源所发行的一种债券，其偿还本息的资金被限定在特定的收入来源。在对美国支撑收入债券的司法制度、发行及贩卖流程、信用力与其特征做了详尽介绍之后，稻生信男认为，在日本没有类似美国的收入债券这样的结构。日本的地方债券，除了一部分的外币结算债券外，中央政府并没有给予明确的保证，地方公共团体的征税权才是实质担保，日本的地方债券与美国的一般财源保证债券概念相通。考虑到今后日本的地方财政，不能寄希望于依赖地方税的大幅增加或地方援助税等政府财政资助，加之社会基础公共设施的更新刚需，与伴随着社会老龄化程度增加带来的社保负担等未来负担，意味着对地方公共团体来说地方债券的资金募集很重要，必须摸索出收入债券的多样化、高效的资金募集手段才能有助于提高地方公共团体的财政运营效率。例如，通过向 PFI（Private Finance Initiative）领域内引进收入债券那样的结构，使参加 PFI 的民间团体的资金募集手段催生出多样性、扩大风险容许度范围，进而有可能扩大可以利用 PFI 的事业的范围。要在日本引进收入债券那样的地方债类型，需要从多角度进行外部机制建设。类似收入债券的资金募集结构，不同于将征税权作为实际的偿还担保的地方债券，所以，其结构的组成和管理的专业性也很必要。在美国，地方债券法律顾问或者经济顾问等外部机构被持续运用。对日本而言，在提高地方公共团体等的金融素养与立法上的应对能力之外，外部机制的建设也变得十分必

---

[1] 参见大东辰起，『地方債の課題と対応−地方債マネジメントの検討について』，商大ビジネスレビュ，2015 年第 1 号。

要。此外，美国的收入债券虽然有诸如《联邦破产法》第928条（a）中规定的一般债权人的优先偿债权之类的规定，但是，在日本的地方债券中却没有相关的规定，也没有对地方公共团体的债务的优先顺位关系的阐述。若要引入类似收入债券的资金募集方式，就有必要对破产法规等进行修正和变更。[1]

作为发展中国家，中国经济发展具有区域性特征，也就是说，不同地理区域的经济发展水平不均衡。这一特征与欧元区各国家经济发展差异大，由于区域内经济失衡引发欧洲债务问题高度相似。越是发展不均衡、不发达的区域，政府便越迫切地扩大投资规模，刺激该区域经济发展的兴奋点，比如，大举地方融资，投入较为长远的市政设施建设、道路交通等。因此，地方投融资平台债务在地方政府债务中占有相当高的比例，该区域的地方商业银行成了埋单地方政府债务的主力。从GDP水准的维度来看，中国不同经济区域内地方政府债务和赤字情况是高度正相关的。珍研究了收入不平等在政府借贷和违约决策中的作用，通过分析基尼系数、主权债券评级以及人均GDP的面板数据来解释地区收入不平等不均衡，以及与地方经济产出冲击相结合会加剧风险违约的发生概率。虽然中国地方政府债务总体风险水平低于国际标准，但是地方政府的隐性债务以及区域经济发展的不均衡，极有可能造成该区域银行信贷冲击的风险暴露。[2]我国地方政府债务是在中国经济高速增长过程中，不断被推动、积聚、扩张和调整而形成的，"行政约束+市场约束"的双重举债特征使地方政府债务中的隐性债务界限不明晰，无法被精确测算，与商业银行贷款、债券基金及其他非标融资项目错综而又紧密地连接在一起。在中国地方政府债务问题的初级累积阶段，地方投融资平台的数量和融资规模需求迅速增长。2008年的1万多亿元的地方政府投融资规模迅速增长了近5倍，上升至2009年的5万亿元负债规模，地方政府实现快速融资最主要的方式就是商业银行贷款。随着地方债成为全市场规模最大的债券品种，商业银行也随之成了地方债市场的最大投资者。如此快速的信贷增长，不仅令地方政府的债务负担岌岌可危，同时也对商业银行的运营造成了巨大威胁。并

---

[1] 参见稻生信男，『米国地方债における情報開示（ディスクロージャー）制度』，The Journal of the Tokyo Institute for Municipal Research，2003-12，94（12），67-87.

[2] K. Jeon，"Income Inequality and Sovereign Default"，95 *Journal of Economic Dynamic & Control* (2018)，pp. 211~232.

且，在与地方政府的互动中，商业银行显然处于弱势地位，无论是从微观的风险管理角度还是从宏观经济运行的视角，地方政府的过度融资行为都极易成为银行金融体系系统性风险爆发的导火索。

第三节　研究方法

本书在围绕地方政府债开展研究的过程中将用到以下研究方法：①规范分析法。即在对《预算法》及有关地方政府举债、融资的相关规定进行分析，在对不同立法主体出台的不同规范进行梳理的基础上，确定不同规范之间是否存在竞合、抵牾或者漏洞，分析这些问题存在的原因并提出对策。②历史研究法。分析我国地方政府债的历史，尤其是立法机关对地方政府债的态度转变历史，把握该问题的发展规律及历史走向。③比较研究法。通过对美、日、澳等国的地方政府债务问题进行借鉴，在充分分析的基础上，结合我国的国情进行选择，有扬弃地进行移植。④实证分析法。本书在研究的过程中会针对研究对象，选取个别地方政府债问题进行实证分析，结合从审计部门、财政部门进行实证调研获取的数据和素材，为本书的研究提供实证支持。⑤价值分析法。在对地方政府债进行法律规制和机制构建的过程中，应当贯彻对所选之规定进行价值判断的原则，重点结合地方债存在的价值、权力限制、程序规制的构建等问题，确保理论上的支持和制度的构建符合经济法的基本理念，符合社会本位的需求，符合实质正义的标尺。

第四节　研究的基本思路及框架、主要观点

一、基本思路及框架

本书以我国地方政府债务问题的现状、发展历程等实际情况为基础，对实践中存在的弊端与不足及其原因进行归纳和总结，并结合相关理论分析范式及域外立法实践提出对策及制度建议。具体而言，本书采用了以下逻辑框架对地方债问题展开研究：首先，归纳我国目前地方债问题中的既有弊端，并分析其产生的原因。其次，以我国相关立法对地方债的态度转变为线索，考据当代中国政府债务之源流与变迁。再次，分析地方债背后蕴含的价值内

核及脱离该价值追求所产生的弊端，如运用公共产品理论、财政分权理论、财政信托理论及社会交换理论等分析工具对地方政府债问题之规制确定价值与理论标尺，并为后文提出相关制度建议奠定理论基础。复次，在研究过程中，结合域外地区对地方政府债（有些国家将之称为市政之债）的立法经验，为我国地方政府的财政规制引入他山之石。当然在借鉴他国经验之时，要尽量避免简单的复制与稗贩，[1]应当结合我国具体的制度，以免科学的借鉴沦为制度的拷贝，导致破碎的规则与整体的规范体系之间产生排异反应。最后，在实践分析、规范分析与理论分析的基础之上，针对研究开始时提出的具体问题，采用程序规制、决断控制、事前事后监督、问责制等方式对其加以处理，并形成相应的制度建议。

本书的基本写作框架采用"总-分"结构，共分为7章。第一章属于本书绪论。第二章属于基础理论研究，重点对地方债的概念进行界定，介绍我国地方债的历史演进，提出分析地方债问题的理论工具，并指明我国地方财政所面临的问题，从而为后文对问题的分析提供理论支撑。第三至六章按照地方债运行的流程进行分类研究，分别为一级市场发行（其中发行部分又细分为第三章的存量债置换和管理与第四章的增量新债发行的漏洞弥补）、二级市场流通（第五章）、预算监督（第六章）及地方债违约后的处置机制（第七章地方政府破产制度的构建），并针对以上不同流程和环节中存在的问题、原因和完善措施展开系统研究。

二、主要观点

第一，应充分认识到地方债在国家经济调控及市场资源配置中的作用，通过制度化的设计使政府的发债行为被纳入法治化的轨道。法律的本质是通过规则进行社会控制，政府作为社会生活中的一员，作为社会关系的参加者，也必然应当接受法律的社会控制。从国家治理的权威性角度出发，政府举债行为的法治化一方面可以使人民通过集体决议形成对地方政府债的抽象规制依据，另一方面可以使人民在地方债的决议、执行与监督过程中都发挥动态的作用。这种参与本身会提升人民对政府行为的支持性，这种支持性的民主

---

〔1〕 参见李帅："经济法治中的权威决断：诠释、问题、检讨——以卡尔·施密特法学思维三种方法为视角"，载《经济法学评论》2015年第2期。

参与会提升国家治理活动的权威性。[1]目前，我国有关地方债的规定过于原则和笼统，只是在《预算法》中规定了省级政府债券的存在，至于如何决策、如何执行、如何监督、如何进行总量控制、发债规模应当如何、如何偿还、如何问责等问题都没有具体规定，因此需要进一步加以细化。

第二，在确定由省级政府债券作为地方政府唯一的举债方式的基础上，要根据共同但有区别原则及禁止反言原则，对违规担保债务、城投债等法律上难以自洽的融资方式进行置换和清理。尤其是在我国财政改革的过程中，有关地方债的存量债务转换与新债发行、一级市场及二级市场的构建等方面都没有细致规定，需要针对不同的问题进行有针对性的立法。根据相关学者的研究，与地方政府向银行贷款、开办城投公司、融资租赁等方式相比，发行地方债券是成本最低的融资方式。过去，我国法律明确禁止地方政府采用这种成本最低的举债手段，因此成本高的替代方法成了地方政府的无奈之选。现如今，法律已经有条件地放开了这一禁令，且发行债券成了地方政府唯一合法之举债手段，因此应当区别先期的不同地方政府债务分别进行置换和清理，在置换过程中要注意以市场为导向、杜绝行政摊派。同时，当前的禁止性规定不得向前产生溯及力，以免地方政府对在先的违规担保债务、城投债等进行反言。尤其是在地方债置换的过程中，如何用地方政府发债的方式置换原来多种形式并存的地方政府债务，需要构建具体的操作规范。

第三，设置地方债的内部总量控制机制，遏制其发债冲动。对于地方政府而言，财政收入越多越好，然而，其债务规模却并非越大越好。每一个地方政府的信用都不是无限的，因此，其举债有着最大承载量的限制。我国作为共产党领导下的单一制国家，虽然过去经常发生"中央替地方兜底埋单"的情况，但现行《国务院关于加强地方政府性债务管理的意见》明确了"谁举债、谁偿还""中央不兜底"的原则。这意味着，当地方政府所负债务数额过大、难以偿还时，难免会陷入破产危局。对于地方债的控制，应当引入最高负债率的概念，将地方政府发债总量控制在标准线之下。我国目前只规定了由国务院分配各省发债的限额，但这个限额如何确定，既没有法定的标准，亦没有明确依据。根据全口径预算管理原则，发债取得的收入应当被列为预算收入，而偿还本金及利息的支出也属于预算支出之列。当然，由于地方政

---

〔1〕 参见李帅："论财税法对权威化治理的支持性参与功能"，载《现代经济探讨》2016 年第 5 期。

府债券具有一定的期限性，因此其引起的收入与支出预算可能不在同一预算年度内予以体现。对此，应当建立跨年度预算，在编制发债预算的同时还应当编制还债预算草案，并一同报批报备，还债预算草案应体现在债务到期年份的政府预算中。

第四，地方债券的发行应当由本地人大审批并监督，以民主决议的形式进行程序控制。民主政治是现代财税法治的应有之义。[1]在全口径预算管理原则实施之前，许多地方政府债务都是以隐性债务的形式游离于预算监督之外的。全口径预算要求不能存在预算之外的财政收支，这使得政府的发债收入与还债支出都应当在预算管理之下由人民进行民主决断。在地方政府发行债务时，必须考虑偿还的成本，偿还债务时的支出也应当由地方财政收入负担并最终转移成为地方税负负担，因此，由地方人大进行发债决断比之由政府进行决断更具有谦抑性。按我国现行权力构架和体制，地方政府由同级人大选举产生并对其负责，所以，由人大对政府的收支活动进行监督也符合现行的规定，也是预算民主原则的当然引申和必然要求。当前，法律只允许省人大常委会以预算调整的形式对地方债进行监督，不允许通过年度预算的方式由省人大进行审批，这样的规则设置不利于预算民主的实现。

第五，完善问责机制，使政府债券之发行以必要性为限度。责权利效相统一是经济法的基本原则之一，也是经济法规体系构建过程中必须要贯彻的理念，[2]尤其是在涉及公权力对市场的干预或资源的配置时，政府在享有权力的同时，也应当负相应的责任。这里的责任可以从两个层面来加以解读：①政府的发债权力是一种角色设置要求的责任，这种责任要求政府应当忠实、勤勉地行使该权力；②当政府不正当地行使发债权时，就会引起法律的制裁，引发相关的法律责任。在地方政府债问题上，即使人大作为最后的决断机关，但地方党政领导的作用也不能忽视，如果在地方政府发债问题上违背了相关的程序，或者产生了滥发债券无法清偿的后果，那么就应当启动追责机制。而且，这种责任应当是终身制的，不因领导人的升迁、调离、退休而产生责任阻断的效果。此外，应当完善地方公务员升迁的考核机制，将发债率、还债率等分别作为地方领导考核中的负面影响因素与正面影响因素加以考量，

[1] 参见刘剑文：《重塑半壁财产法：财税法的新思维》，法律出版社2009年版，第12~15页。
[2] 参见高桂林、李帅："责权利效相统一是经济法的总原则——论刘文华教授为代表的人大经济法学派对经济法基本原则的理论贡献"，载《广西社会科学》2013年第4期。

以避免其在"政绩"的驱动下盲目发债。

第五节　创新之处与不足

本书在以下几方面有所创新：

第一，省级地方债券的发行涉及省内部的责任分配。在地方债的置换过程中，不但涉及将非债券类地方债置换为债券类地方债，即地方债种类的置换，还涉及将省以下地方债置换为省级地方债，即债务主体的置换。但是，对于存量地方债而言，债务主体与资金使用主体是省以下地方政府，这些债务由省级政府代为偿还显失公平。因此，地方债的置换实际上是债务的分离和重组，新地方债券代替原地方债，使原地方债债权人、债务人退出债权债务关系，新的持券人和省级政府成了债的相对人。但在省内部，省级政府代替省以下政府偿还了债务，对此，省以下政府应当通过财政途径予以返还。对于非置换的新地方债券亦是如此。虽然目前只有省级政府才有地方债券发行权，但从财政分权角度来讲，省级政府不可能代替市、县政府来提供公共服务。因此，地方债券筹集的资金仍然会下放到市、县予以使用，省以下政府仍是地方债券资金的使用者，省与以下政府之间形成了一种"准代理"关系。相应地在省内部就形成了二次转借或者资金拆借的关系，这就需要省以下政府在向省政府请求使用债券资金时，同时配备偿还计划，明确债券偿还的内部责任分配。

第二，现行《预算法》对于地方债券的预算程序规定存在瑕疵。根据《预算法》的规定，地方债券的发行只能以预算调整的形式进行，这就使地方债券的决断权被省人大常委会垄断。虽然省人大常委会是省人大的常设机构，但是其成员构成与当地党政机关有着更紧密的联系，更容易作出与政府相同的决断。预算调整程序本身是为了应对预算执行过程中的突发情况设置的，而地方债券的发行完全可以在预算编制的过程中预先筹划，将其囿于预算调整程序实际上是剥夺了人民代表的监督权。对此，应当进行区别对待，一般情况下（例如使用地方债券收入进行教育投入、道路建设、管道维修等常规项目时）应当将地方债券的发行编入省年度预算草案，由省人大审批，只有在紧急情况下（例如战争、金融危机）才可以通过预算调整程序发行地方债券。

　　第三，应当建立地方政府破产制度作为违约情况下地方债券的退出机制。我国中央政府已经明确了"谁举债、谁偿还"的原则，中央政府不会为地方债券进行兜底。在这种自发自还的范式下，若地方政府无力偿还债券本息就应当触发地方政府破产机制。地方政府破产不意味着地方政府的消灭或清算，而是采用破产重整、债务重组的方式使地方政府恢复财政稳健运行的能力。同时，地方政府破产不得作为免除其提供基本公共服务的理由。对于现阶段地方政府的破产，可由省级政府提出申请，省高级人民法院进行司法调解，由债权人会议和财政重建工作组共同协商达成债务调整协议和还款协议，并通过该协议的执行使破产的地方政府复权。

　　在本书的写作过程中，由于水平所限，难免会出现疏漏之处。首先，文章的行文过程恰好处在地方债的改革过程中，针对地方债券的新文献相对不多，导致对于实践资料的占有具有一定的片面性。尤其是在地方债的置换中，随着文章的写作过程，相关数据还在不断变动，仍需要进行实时更新。

　　其次，本书参考的外国地方债发展沿革及最新改革动向的资料，部分来自于国内翻译的二手资料。受本人精力及外语能力的限制，对于地方债一手外文资料的收集及理解工作还做得不够。

　　再次，在进行制度构建的过程中，由于地方债问题涉及的一级市场、二级市场、预算监督、地方政府破产等内容，涉及面很广，体系繁杂，研究无法做到面面俱到，在对地方债流程的规控上还需要进一步雕琢。

　　最后，由于地方债券在我国刚刚开始施行，相关的数据和经验积累都不足，对于笔者所设想的预算控制、省内构架、破产规制等无法进行定量分析和数据检验。在地方债券的运行过程中，可能会产生一系列新的问题，笔者会对其继续予以关注，在今后的研究中继续探赜。

第二章 我国地方债问题的基本原理

自 1994 年财政改革以来，我国中央财政一直处于强势地位，而地方政府（包括省、市、县政府）的公共财政却一直处于收支压力之下。这是因为，在我国，地方政府要为基本经济和社会服务、为城镇基础设施建设负责，但由于财政收入渠道有限，地方政府既没有权力开征新税或提高现有的税率，也没有借款的权利，这导致其收入无法匹配支出之需。现在，地方政府借款的规模已经引起人们对地方公共财政的可持续性和我国银行体系稳定性的担忧。这种情况将会引发许多政策问题，迫切需要政策干预措施和其他中长期政策管控。[1] 因此，国家有必要扩大省级财政权力，改革政府间财政转移形式，并正式承认省政府的借款权力。

我国有着发达的政府等级划分，其中，与中央政府相对应的主体是地方政府，它指的是除了中央政府外所有等级的政府及其单位、部门、机构的集合。截至 2014 年，我国有 31 个省级单位、333 个市、2854 个县、40 381 个乡镇。[2] 地方政府在我国的公共财政中发挥着重要作用，负责教育、医疗和社会服务等各方面（这些领域的支出由政府负担的部分高达 70%），地方支出占全国总支出的 90%。由于地方政府在国家公共财政中的重要性，保证地方政府的财政稳健和可持续发展对我国经济和社会的稳定至关重要。1994 年财政改革以来，我国中央财政处于强势地位，但地方政府的公共财政却处于不断积累的压力之下，这在很大程度上是由地方财政支出责任和地方"自身收入"之间的不匹配造成的。

---

〔1〕 参见李玉虎：《经济法律制度与中国经济发展关系研究》，法律出版社 2015 年版，第 23 页。

〔2〕 参见中华人民共和国国家统计局：《2015 中国统计年鉴》，中国统计出版社 2015 年版。

分税制改革后，地方政府被禁止举债融资（这一禁令在 2014 年底通过的《预算法》中被解除）。然而，实践中一直存在着一个公开的秘密：地方政府不但可以直接贷款，还可以通过各种专门成立的公司或其他实体以非预算借款的形式进行间接借款。这些借贷在《预算法》的授权之外，也没有体现在地方政府预算报告中，虽然经过了两次审计，但这些借款的确切数额至今尚有争议。现如今，国家正在改革财政体制，地方债制度也处于变动之中，原来积累的问题尚未得到完全解决，新制度带来的问题就需要进行展望。例如，由于各省经济各不相同，地方债可能会给不同的省份带来不同的风险和挑战，地方债券的解禁也将影响不同的省份，收入贫困的省份（主要是在中西部地区）将很难获得优惠条件所需的高信用评级。对此，我们有必要对于地方债的本质和我国现存的问题进行系统整理和重述，并对我国财政改革过程中所特有的债务置换等问题进行分析，才可以对我国未来的地方债市场之构建提供理论支撑。

第一节　地方政府债的逻辑廓清

一、地方债的概念及特征

由于我国长期以来一直明文禁止地方政府进行举债，而地方政府自分税制改革之后又长期面临着财权无法满足事权的窘境。因此，地方政府才会以贷款、创立城市建设投资公司等地方融资平台并提供担保、融资租赁、PPP 等方式成为负债主体，形成了地方政府债务。国际会计师联合会公共部门委员会在其发布的《2006 公共部门会计准则第 1 号——财务报告》的表述中，对政府债务做了如下定义：政府债务是指政府由于过去事项引发的现时义务，该义务的履行预期会导致政府资源的流出，这种流出既可以体现为经济利益，也可以体现为服务的形式，而地方政府债务是指地方政府作为债务人承担的债务，包括显性直接债务、隐性直接债务、显性或有债务和隐性或有债务四种。[1]财政部、央行、银监会制定的《2010 年 1 月-6 月份地方政府性债务

---

[1]　参见李萍主编：《地方政府债务管理：国际比较与借鉴》，中央财政经济出版社 2009 年版，第 7 页。

报告》的说明中指出，地方政府性债务是指地方政府（含大政府部门和机构）、经费补助事业单位、融资平台公司等直接借入、拖欠或因提供担保、回购等信用支持，因公益性项目（指为社会公共利益服务，不以营利为目的，且不能或不宜通过市场化方式运作的政府投资项目，如市政道路、公共交通等基础设施项目，以及公共卫生、基础科研、义务教育、保障性安居工程等基本建设项目）建设而形成的债务。有学者据此将地方政府性债务总结为"为提供基础性、公益性服务，地方机关事业单位及专门成立的基础设施性企业，直接借入的债务和提供担保形成的债务"。[1]同时，该学者进一步阐述道："地方政府性债务"的表述实际上拓宽了对地方政府性债务的认知，将原来由地方政府及其部门负担的债务扩展到了与政府公共管理职能相关的公共事业单位的债务上来。[2]然而，该概念在逻辑上并不十分准确。一方面，从语义学角度来讲，在债之前冠之以债务主体之名，是指明债务主体指向性的方式，例如公司债务、私人债务等表述方式；而"××性债务"的表述则更强调其性质而非债务主体，例如公益性债务等。因此，其表述在语义学角度来讲略显牵强。另一方面，该概念将融资平台的城投债也纳入进来，但是，城投公司本身是具有独立法人资格的主体，其债务应当由其自身承担，只有地方政府为其担保的那一部分债务才是地方政府需要承担责任的。因此，真正的地方债包括地方政府提供担保的或有债务，但是不包括所有的融资平台债务，将这些债务与地方政府名下的债务混为一谈存在逻辑上的不周延。本书在研究中，将摒弃官方原来采用的概念，而以地方政府债（简称"地方债"）作为表述，对于其中以发行债券形式募集的，为了以示区别称之为地方债券。

　　本书所称的地方债，是指由地方政府承担偿还责任的公债，它以地方政府的信用为基石，以地方政府财政资金为保障，承担着一定的经济调控职能。换句话说，并不是所有的地方政府负担的债务都是本书要讨论的地方债。例如，2017年江西省奉新县人民政府因拖欠工程款3.2亿余元而被人民法院列入失信被执行人名单。此案例中，3.2亿的债务是奉新县政府的债务，但这并不是地方政府以经济调控为目的融资举债形成的公债，而是在市场交易中形

---

〔1〕刘西友：《地方政府性债务风险分析及管理机制创新研究》，兰州大学出版社2014年版，第8页。

〔2〕参见刘西友：《地方政府性债务风险分析及管理机制创新研究》，兰州大学出版社2014年版，第8页。

成的普通债务，这些债务的负担并不形成地方政府的财政收入。地方债仅指地方政府为了提供公共产品筹集财政收入而举借的公债。地方债具有如下特征：

首先，地方债是金钱之债，非金钱之债不在地方政府债的范畴之内。债是平等主体之间的法律关系，根据债的指向对象划分，又可以将债分为金钱之债和行为之债。前者是指债权人要求债务人给付特定数额的金钱的债权债务关系，后者是指债权人仅有权要求债务人为或者不为一定行为的债，例如在劳务合同中给付金钱的一方有权要求另一方按照合同的约定提供劳务或者服务。单纯从"债"的定义上看，其内容不一定必然包括金钱给付。但是地方债的债权人，同时具备公民或者纳税人的身份，从这个角度讲，债权人也有权要求作为债务人的地方政府提供必要的公共设施或者服务，然而，这种要求地方政府为特定行为或者提供特定服务的请求权所指向的关系与依据，并不是与政府之间存在的债务关系，而是民主代议制政体下政府作为社会代表与公民的牧者所必须履行的义务。同时，这种要求政府为特定行为的请求权也不同于法律上所说的"法定之债"，因为债最大的特征之一就是债的相对性，地方债由于在债权人与债务人之间形成了金钱借贷、给付的对应关系，因此在特定的主体之间形成了债之纽带，债权人可因此向地方政府请求清偿，负债政府也仅对特定的债权人承担义务。地方政府对本地居民、企业所承担的维持本地基本公共产品与服务的义务不是相对义务，而是绝对义务，其对应的权利主体不具有相对性。另外，地方政府提供基本公共服务的义务不可免除，不能因为当地纳税人等主体放弃权利或者不主张权利而消灭，这也不符合债务法律关系中债务因债权人的免除而消灭的特征。综上，地方政府提供公共产品或服务的义务不是债务观念上的义务，因此，不能被纳入到地方政府债之中。当然，二者之间也具有十分紧密的联系，地方债的收入是提供公共服务的财力保证之一。

其次，地方债之债务人一方必然是地方财政支出单位，不仅仅包括地方政府及其部门，也包括使用财政资金的地方事业单位等。严格来讲，城投债不是地方政府债，而是城投公司的债务，但却由于地方政府对城投债的担保而成了地方或有债务。从这个角度来说，城投债与地方政府担保债务高度重合，可以算作是广义上的地方债，城投债经过担保转化成为地方债之后，债务主体就从公司换成了政府。由于城投债与政府担保债务之间具有千丝万缕的联系，虽然笔者不认为二者是同一事物，但在分析过程中仍要提及城投债。我国《预算法》把所有财政支出单位的预算统称为"政府预算"，因此可以在"大政府"的概念下将地方政府部门和事业单位囊括到地方政府的概念之中。从国家权力体系构成的角度来看，地方政府不仅仅是地方行政机关、掌握着地方事权，也掌握着与事权相对应的财权。具体而言，地方政府可以通过税收等方式取得固定的国帑收入，而在特定情况下，地方政府也可以跳脱行政管理者、地方牧者的身份，以平等主体的身份加入到资本市场或者借贷市场之中，与债权人形成金钱上的借贷。既然是借贷，那在法律关系上政府与债权人就是平等的，其隐藏含义就是地方债应该是意定之债，债权人是否购买地方政府债券、是否愿意对其提供贷款或者借款，应当听任当事人的自愿。换句话说，地方债虽然受到许多法律的规制，但并非是法定之债。资本市场上的主体是否成为债权人应当由其自主决定，地方政府不得以任何方式强制缔约，不得违背债权人的意愿强行确定债权债务关系。因此，债权人一方应当有更自由的选择权，享有根据"投资-收益比"理性确定是否成为地方债的债权人，以及未来可能成为哪一级地方政府债务之债权人的自由。

复次，地方债应当为有偿债务。债可以被分为有偿之债和无偿之债，我国相关司法解释规定自然人之间的借款，若未约定利息则视为无利息，这就是典型的无偿债务。因为地方政府虽然在金融借贷关系中、在法律关系上被视为是与债权人平等的主体，但在信息力、谈判力、执行力、强制力等方面都居于优势地位，一旦允许无息地方债出现，地方政府便更有举借债务的冲动。而从债权人角度来讲，将特定资本出借给地方政府必然有其收益方面的考量，在正常情况下，资本都具有逐利性，将特定数额的资本投入到其他收益项目中的回报可能更大，但相应的风险也就更大。若地方债无息，则意味着资金的投入没有收益，在市场机制的作用下，闲置资金会流入有收益的行业，在意思自治的前提下，政府的资金通融能力便会受到影响，地方债的发行与流通就会陷入困境。国家参与社会分配的过程形成的分配关系，必须受到经济规律的支配。[1]从经济学角度而言，地方政府举借债务，相当于对未来的地方税收收入进行贴现，因此应当支付相应的贴现成本才符合现代市场理念。因此，目前几乎不存在无息公债。当然，地方债的有偿性也不是绝

---

〔1〕 参见侯梦蟾：《税收概论》，中国人民大学出版社1986年版，第2页。

对的，在特定的历史条件下，为了达到抵御侵略、保家卫国等目的，政府也发行过无息公债，许多爱国人士也通过无息借贷的方式支援过国家独立斗争或建设，但此非地方债之正常形态。

最后，地方债的存在基础是地方政府之信用。人民是基于对政府的信任才将资金拆借给政府的，若政府没有这种信用基础，那即使发行债券也不会得到响应。信用越高的主体融资越容易，相应的融资成本也越低，地方债作为公债的一种，也符合这一规律。地方债的利率就是地方政府的信用体现，只是其利息与信用是反比例关系，信用越高，风险越低，相应的收益也就越小。当然，地方发债能力也存在"马太效应"，越是经济发展好的地区还债越容易，而越是需要举债弥补赤字的欠发达地区信用越差、举债越难。值得注意的是，国家公债与地方公债的信用基础不同。前者是建立在国家信用之上的，后者是建立在地方政府信用之上的，这将导致二者的债务利息不同。当然，虽然地方政府公债是风险最低的投资之一，但也不是毫无风险的。美国底特律市和橘县政府就曾经陷入过债务危机并最终导致了政府破产。因此，以地方政府信用作为基础的地方债也有一定的风险，地方政府信用并非固若金汤，在无法偿还债务的情况下，地方政府也可能破产。

二、地方债的分类

地方债根据不同的标准，可以被分为不同的类型，区分不同类型的地方债可以帮助我们了解其不同的运行模式、风险和管理要求。

1. 一般地方债与专项地方债

根据地方债偿债资金来源不同，我们可以将其分为一般地方债与专项地方债。所谓一般地方债，是指由地方政府一般收入保障偿还的地方债，即在发行时并不指定还债收入的项目来源，由政府的一般税收收入等常规财源予以偿还，此种地方债所筹集之资金往往会被投入无收益公益项目中。专项地方债是指在发行时就明确其偿债来源的地方债，此种地方债收入被投入收益性公益项目的建设，用该项目的收益或者其他政府性基金予以专门保障。在我国，专项债券中还有一类地方政府土地储备专项债券。地方政府土地储备专项债券（以下简称"土地储备专项债券"）是地方政府专项债券的一个品种，是指地方政府为土地储备发行的，以项目对应并纳入政府性基金预算管理的国有土地使用权出让收入或国有土地收益基金收入（以下统称"土地出让收入"）偿还的地方政府专项债券。相对而言，专项地方债由于有固定的财源保障，其风险较一般地方债而言更小。但由于专项地方债的资金投向是收益性项目，因此在保障该收益性项目之收入可以偿还地方债本息的同时，还要确保地方政府不以此为手段与民争利。如今，我国政府在实践中对地方债券也做了一般债券与专项债券的区分，但在具体的发行程序中，根据《一般债券管理办法》和《专项债券管理办法》的规定，专项债券除了在债券期限上增加了 2 年期债券之外，[1]在信息公开、信用评级、承销、招标、投资者范围、托管、上市交易、税收优惠等程序性规定上别无二致。因此，笔者在下文中对于地方债券发行程序的探讨，如无特殊说明则不做专项债券与一般债券的区分。就目前情况而言，国家对于一般债券更加倚重，相应的一般债券限额及实际发行额在总债券限额及发行额中所占比重也更大，具体比例见图2-1、图 2-2。

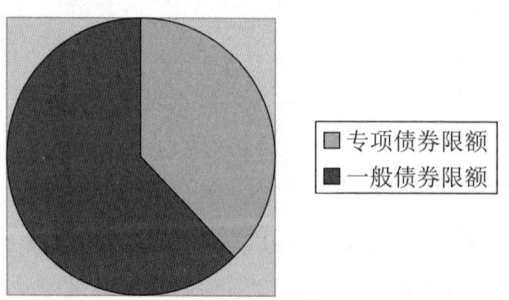

图 2-1　2016 年地方政府债券限额比例

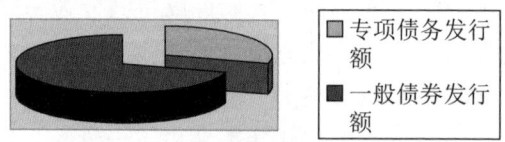

图 2-2　2016 年地方债券发行比例图

对此，朱娜博士提出，我国在未来的地方债改革过程中，要逐步打破专项债券限额管理，实行发行主体与偿债主体统一。"当前唯一合法的地方政府

---

〔1〕　参见《地方政府专项债券发行管理暂行办法》第 5 条。

债务形式只有地方政府债券。在地方政府项目建设融资需求仍然较大的情况下，专项债券应成为满足地方政府重点领域融资需求、开好前门的有效措施。由于专项债券是基于项目发债，能否发债与省级政府财力关系不密切，而与项目本身的收益和特点密切相关。因而，建议让专项债券回归'专项'的本质，逐步打破传统限额管理这种行政管制措施，在能否发债、能否发行成功、利率多少等方面更好地发挥市场作用，在完善信用评级、信息披露的基础上由市场投资者基于对项目本身的判断来进行市场投票。同级政府可以在债务可持续性分析（Debt Sustainability Analysis，DSA）的基础上，编制中期财政规划（Medium Term Debt Fiscal Framework，MTFF）和中期债务管理战略（Medium Term Debt Management Strategy，MTDMS），未来建立复式预算制度，编制资本预算（Capital Budget），用于控制本级所有一般与专项债券总额，确保财政可持续。同时，省级政府代发专项债券虽然要披露具体项目信息，但用的仍主要是省级政府信用。建议赋予市县政府和相关授权单位专项债券发行权，让项目主体作为发行主体，与其承担还本付息、信息披露、资金管理等主体责任相统一。发行主体与偿债主体的统一，有利于避免道德风险和搭便车现象。在具体实行上，不宜一步放开，可由同级政府或省级政府审批授权。美国市政收益债的发行主体就是州及以下地方政府和政府授权机构，如水务局、电力局等。"[1]

2. 地方债券与非债券地方债

根据地方政府举债的方式是否是以债券方式募集，可以将地方债分为地方债券与非债券地方债两种。所谓地方债券，是指地方政府向不特定的多数主体发行公共债券，承诺到期还本付息而进行融资的一种方式。简而言之，地方债券就是地方政府发行的融资债券。过去长久以来我国存在的地方政府性债务，主要是非债券类地方债，包括银行贷款、担保债务等多种形式。这主要是因为 2015 年前我国法律禁止债券类地方债，而分税制之后地方政府的财政收入不断下降，难以满足事权需求，因此，地方政府采取诸多手段筹集收入，包括"土地财政"、城投公司在内的许多模式都是由此产生的。但是，根据学者测算，发行债券是地方政府融资方式中成本最低的一种，这也是我

---

〔1〕 朱娜、胡振华、马林："美国市政债券与中国地方政府专项债券的比较研究"，载《经济地理》2018 年第 8 期。

国大力推行地方债券的原因。根据《预算法》的规定，地方债券是今后唯一法定的地方债存在形式。

3. 直接之债与间接之债

根据地方政府是直接承担偿还义务还是承担连带保证责任，我们可以将地方债分为直接之债与间接之债。所谓直接之债，又称显性之债，是指政府作为明确的债务人承担相关责任的债务，地方政府为借贷方的银行贷款就是其最典型的模式。所谓间接之债，是指地方政府并不是明确的债务承担者，但却作为债务的担保人，在第一债务人不承担责任或者无法完全承担责任时，地方政府就会成为最终的义务人。这种债务在到期之前名义上无法确认是否需要由地方政府来承担担保责任，地方政府是否需要偿还本息处于不确定的状态，所以又被称为或有债务。或有债务意味着地方政府理论上未必需要承担债务，只有在先的责任主体无法承担时地方政府才负有责任，间接债务的代表也是占比最大的就是城投债。城投债的债务人是以公司法人的形式存在的融资公司，因此应当以自有财产独立对其所举之债承担义务，但由于城投债所要投资的基础设施耗费金额巨大，单靠城投公司信用无法举借，因此地方政府以其信用作为担保，承诺在城投公司无法偿付债务时承担保证责任，以起到信用补强的作用。而城投公司的自有资产一般情况下是无法偿还全部债务的，因此城投债往往都会在到期之后转化为地方债。换句话说，或有债务中的大部分最终都会转化成直接债务，使地方政府成为最终兜底偿还的责任人。

4. 到期债务与未到期债务

地方债都是有期限的，根据其是否已届清偿期，我们可以将之分为到期债务和未到期债务。对于显性地方债而言，不可能存在即期债务，不会在债权债务形成之后立刻需要偿还。地方债存在的意义就在于用将来的收入来办理当下之事，因此，借款和还款之间存在一个时间差，短则数月、半年，多则数年、数十年。未到期的地方债是不需要偿还的，加之政府的会计记账方式采用收付实现制，未到期的债务是不需要被列入地方政府会计记账的应付账款的。但是，在特定情况下，也有些地方债的发生与到期是同时的。例如，担保债务。城投债到期而城投公司未偿还的，担保债务发生，而该债务发生的同时即到清偿期。

5. 内债与外债

根据地方政府债务的资金来自于国内还是国外，我们可以将其分为内债型地方债与外债型地方债。前者是指债务资金来自本国的地方债，后者是指利用外资的地方债。我国在清末时期就已经开始利用外债，但是新中国成立后的特定时期内，我国政府对于外债采取了抵制的态度，直到改革开放后才逐渐放开。在全球经济一体化的今天，资本的世界性流动已经成为常态，且中央和地方政府到底有多少外债与政权的地位并没有太大的关联。例如，我国是美国国债最大的债权人，但是美国依然是世界上最发达而强大的国家，因此，地方债是内债型或外债型并不必与所谓的民族情结挂钩。尤其是在开放地方债券之后，即使在地方债券一级市场募集时全部是内债，也可能在二级市场形成外债，所以，当前区分内债型地方债与外债型地方债并对其进行区别对待已没有太大意义。合理利用外资可以对我国经济发展起到促进作用，应当对外债型地方债抱有宽容、鼓励的态度。

第二节　我国地方债源流考

一、清末我国地方债的实践及主要学说

清末，随着西学在我国影响愈来愈大，以及西方列强的坚船利炮打开了清朝闭关锁国之樊笼，西方经济学、财政学理论也传入中国。自光绪二十七年（1901 年）至五四运动之间，国人翻译或自撰的财政学术作品就达到了 15 本，而有关西方经济学的著作更是多达 40 余种。[1]梁启超曾言："东西各国财政之著作汗牛充栋，其中必有一大部分论公债。"[2]而清末国人论述公债较为有代表性的，是严复与梁启超。

严复作为亚当·斯密《国富论》的首位中文译者而被人所知。该书于光绪二十七年（1901 年）出版于南洋公学译书院时被取名为《原富》，且一经问世就取得了极大反响。严复大体接受了亚当·斯密的公债观，认为战争是公债产生的主要原因，此类公债往往是周期性的，是"灾难性的权宜之计"。

---

〔1〕　参见李竞能："论清末西方资产阶级经济学的传入中国"，载《经济研究》1979 年第 2 期。
〔2〕　（清）梁启超：《饮冰室合集·文集》之二一。

但严复也承认在英国公债规模不断扩大的同时，英国国力也在不断增强，其财富日积。这使严复感叹："顾英债虽重，而国终以富强者……凡物皆有其所以然之故……英国自斯密氏之世以来，其所以富强之政策众矣。"而之所以英国举债却国力日盛，清国举债国力日衰，在于西方国家公债用于"拓国攘利之饶"或"便民通商之益"，故"国债虽重，国财日休，此尤斥田以来赢息耳"。而清国之公债、外债多用于赔款，盖因其"息利既不在民，于国又无所增益……是中西之负债同，其所以负债者大异"。[1]可见，严复也大体承认公债手段运用得当也会使国家得到发展，但仍要看公债被具体用于何处。

清末对公债论著最多的中国学者当属梁启超。他在《饮冰室合集》中用了多篇文章讨论公债问题。梁启超对于公债的观点主要包括：①公债是一种有价证券。梁启超认为，无论是中国还是外国，公债的出现也只是最近三百年的事情。近代国家政务日增，花销也日增，因此才会通过公债这种有价证券的方式解决财政问题。他高度评价了公债的作用，认为"苟一国而无公债，则其国民生计之象，将凝固而不敏，局促而不舒。故今世各国之讳举债，匪直以便计臣抑亦以前民用也"。[2]同时，梁启超认为公债作为有价证券，可能通过流通进入国际市场，因此区分内债外债并无太大意义。②公债与税捐并无太大区别，只不过"租税直接取之于现在，而公债则赋之于将来。质而言之，则公债者，不过将吾辈今日之义务，析其一部分以遗子孙耳"。[3]③公债的用途决定了举债是否正义，其资金应当用于国家财政的非经常性支出。"外债之本性，无善无恶，而其结果则有善有恶，善恶之机，惟在举债用债之政府。"[4]由于财政的经常性支出不能增殖资本，因此往往没有收益，且经常性支出应由税收保障，公债一般被应用于耗费巨大的工程（如铁路、疏浚运河）、整顿或改革行政导致的支出增多、增加军费或应战、灾难赈济、激励民业以及奖励人民储蓄等。④梁启超在《再论筹还国债》中指出，公债之发行与偿还应当通过创办证券公司来进行。⑤举借外债应当注意维护主权，且量力而行。梁启超以过往举借外债导致国权委于他国之例，提出"外资所到之地即为他国权力所到之地，外资之可怖专在于此"。因此，借债应当与国家的

---

〔1〕 （清）严复：《原富》按语，商务印书馆1930年版，第959页。
〔2〕 （清）梁启超："中国国债史"，载《饮冰室合集·文集》之二五。
〔3〕 （清）梁启超："中国国债史"，载《饮冰室合集·文集》之二五。
〔4〕 （清）梁启超："评一万万元之新债"，载《饮冰室合集·文集》之二五。

还债能力相匹配。"借债之第一义，莫急于求偿本息之有者，其债而用诸财政之上者，则此本息诸将来之税源，确自信有能新浚之税源，则其可借者也。不然，其不可借者也。其债而用诸国民生计者，其此本息责诸企业之盈利，则其可以借者也，不然，则其不可借者也。"[1]因此，要借外债，"当视国民之能力如何"。[2]⑥量力举债是财政适度原则的必然要求，即国家的财政收入必须有度，"在任何一个时点上，都应该在社会的全体人民之间比较公平地分配社会的收入和财富"。[3]⑥借公债应当经过人民同意并进行财政监督。梁启超认为："不得财政监督，不纳公债额派之本息。"并认为清末举债之事，与公债之本意不符，不过是清政府欺世罔民之术而已。"举债而民莫应也，则设为种种新式以自欺而欺人，于是有昭信股票之公债，其实则卖官也。有农工商部式之公债，则递增息率以诱民，遗负担于后而供一时之挥霍也。罔民之术亦既无所不用其极，而民莫应如故也。"[4]

张之洞作为晚清的中兴名臣，也提倡举借外债以办洋务图自强。光绪十一年（1885年），张之洞在中法战争期间就曾向汇丰银行借款，将公债中百万两的余款用于"粤省学堂、枪厂、电厂之需"。[5]在借外债以修铁路的问题上，张之洞的态度也十分坚决："诚以中国财源枯竭，商力未充，欲成此纵横两大干路[6]工程，舍借款无速能兴修之方。"[7]"外洋惟借款修铁路最为乐从，款巨而息轻，以为此债最稳故也。即可以本路作押，无须海关作保。"[8]

李鸿章作为晚清洋务运动的主帅，对于借款以求自强的行动十分推崇。例如，在举债修路问题上，他就曾言明："惟大工除创之时，因商情观望，集股无多，不得不以轻息暂借洋款，以期速成。"[9]李鸿章的公债思想经历了一

---

〔1〕（清）梁启超："外债评议"，载《饮冰室合集·文集》之二二。
〔2〕（清）梁启超："外债评议"，载《饮冰室合集·文集》之二二。
〔3〕［英］詹姆斯·E.米德：《效率、公平与产权》，施仁译，北京经济学院出版社1992年版，第12页。
〔4〕（清）梁启超："公债政策之先决问题"，载《饮冰室合集·文集》之二二。
〔5〕（清）张之洞："筹议海防要策折"，载《张文襄公全集》卷一一。
〔6〕这里的两大干路是指两湖粤汉、鄂境川汉两条铁路。
〔7〕（清）张之洞："商订两湖境内粤汉铁路暨鄂境川汉铁路借款合同折"，载《张文襄公全集》卷七〇。
〔8〕（清）张之洞："致总署"，载《张文襄公全集》卷七八。
〔9〕（清）李鸿章："津沽铁路股商请许接造津通铁路禀"，载《申报》光绪十四年九月二十五日。

个由拒借外债向有条件地举借外债过渡的过程。他在创立轮船招商局时，不肯吸收外资，"原因各口通商以来，中国沿江沿海之利，尽为外国商轮侵占，故设法召集花股，特设此局，以与洋商争衡，庶逐渐收回权利，所关于国家体制，华民生计极运，亦实为中华交涉之大端"。[1]后来，随着洋务运动的进行，李鸿章的视野也有了一定的先进性，允许开借外债，自同治十一年（1873年）至宣统三年（1911年），轮船招商局所借之外债达到了 4 623 328 两。[2]而李鸿章的幕僚盛宣怀与之相比，更倾向于借外债，由盛宣怀参与或者直接经办的借债有 40 笔，金额高达 2.22 亿两。[3]但终李鸿章一生，对于外债还是十分谨慎，主张借外债时要"由我做主"，反对洋人通过公债进行干预、渗透和掠夺。

二、革命根据地的地方债实践

（1）中央革命根据地。1932 年 7 月 1 日，为筹集革命军费，中央革命根据地临时中央政府决定向苏区发行短期公债 60 万元；1932 年 10 月 21 日，中央委员会发出第 10 号训令，决定发行第二期革命公债 120 万元；次年 7 月 22日，复发行中央公债（经济建设公债）300 万元。[4]

（2）东北解放区。1946 年至 1947 年，东北解放区财政困难，资金、物资都十分匮乏。为了解决这一问题，东北有关市、县都发行过地方公债。1946年 3 月 26 日，松江省决定双城县、宾县各发行 50 万元地方公债。1946 年 8月 4 日，哈尔滨市政府发行了 800 万元的地方公债用于复兴建设，主要资金被用于铁道、桥梁建设及医院的扩建等。其地方债年利 8 厘，面额有 4000元、1 万元、5 万元、10 万元四种，期限 7 年。同年 10 月，安东地区发行了地方债 1000 万元。1947 年，哈尔滨市又发行了复兴公债 5245.1 万元，于1949 年 5 月 15 日至 6 月 5 日偿本付息。1947 年 6 月 19 日，齐齐哈尔市政府发行市政建设公债 1 亿元。[5]

---

〔1〕 （清）李鸿章："遵议维持商局折"，载《李文公全集·奏稿》卷五六。

〔2〕 参见［美］黄维恺：《中国早期工业化》，虞和平译，中国社会科学出版社 1990 年版，第183 页。

〔3〕 参见曹均伟：《近代中国与利用外资》，上海社会科学出版社 1991 年版，第 179 页。

〔4〕 参见康学军："中央革命根据地的公债发行工作"，载《财政》1984 年第 2 期。

〔5〕 参见朱建华主编：《东北解放区财政经济史稿》，黑龙江人民出版社 1987 年版，第 464~467 页。

（3）湘赣省地方战争公债。1933 年 1 月，湘赣省发行革命战争公债 8 万元，此地方债以国币为计量单位，其地方债券分为 5 角、1 元、2 元三种面额，期限半年，利率为 5 厘/半年。同年 7 月，湘赣省工农民主政府又发行第二期革命公债 15 万元，面额、利率与第一期相同。同年 11 月，补发 20 万元地方公债，用于对外贸易、粮食调剂和创办合作社等事宜。[1]

（4）晋察冀边区地方债。在晋察冀边区财政收入入不敷出的情况下，为了解决财政困难，边区政府于 1938 年 7 月发行了救国公债，一开始在北岳区发行，定额 200 万元，年息 4 厘，自 1942 年开始还本，分 30 年还清。后又在冀中区发行 100 万元，以动员募集的形式发行，后冀中区群众实际认购 154 万元，超过定额的一半以上。[2]

由于以根据地地方公债形式发行的公债不是以实物或者折实形式发行的，在经历了长期革命战争的多次货币改革和贬值后，为了保护持券人的利益，财政部根据过去各地的物价情况和公债货币面额的实际价值，在清偿时重新定出了相对合理的比价。例如，前述中央革命根据地战争公债（一、二期）、经济建设公债、革命战争公债等都按照 1 元兑付 1.25 元清偿。[3]这与国民政府在抗日战争胜利后以几乎废纸的法币清偿战前久积的各种债券的做法形成了鲜明的对比。

三、新中国成立后我国地方债实践

我国地方债并非是新生事物，清朝末年即有实践，在革命战争时期亦有发行。新中国成立后，我国也曾有过地方债实践，分税制改革后，出于中央对财权控制之需，地方债被全面禁止。但为了缓解支出需求与有限收入之间的矛盾，我国地方政府走出了新的实践模式。对此，与其禁止不如引导。国家开始逐步启动地方债试点，最终以法律授权的方式允许了地方发行债券。

1. 允许地方政府发债时期

新中国成立之后，百废待兴，为了将中国从百年战乱的废墟带向复兴，各地需要大量资金进行基础建设。然而，当时国家的经济发展水平有限，各

---

[1]　参见陈洪模、陈海洋："湘赣苏区公债发行总量考"，载《党史文苑》2011 年第 16 期。

[2]　参见卢文莹：《中国公债学说精要》，复旦大学出版社 2004 年版，第 37 页。

[3]　参见卢文莹：《中国公债学说精要》，复旦大学出版社 2004 年版，第 40 页。

地财政税收收入捉襟见肘，中央财政亦是如此，无法拿出多余的资金进行自上而下的转移支付以支持地方建设，因此，允许地方自行筹集资金就成了必然的选择。1958 年 4 月 2 日，中共中央作出专门决议，允许地方政府以地方建设公债的形式自行筹集资金，作为税收收入之外地方财政资金筹集的辅助手段，而地方债券的发行主体，限于省级政府。[1] 当时，我国的地方债基本都是内债，原因有二：一是因为资本主义国家对于新中国的经济封锁，给资本的流通设置了障碍；二是因为其他第三世界国家本身经济实力有限，无法在资金上对中国予以援助。

在中央决定的支持下，黑、闽、赣、皖等省份纷纷发行了地方债，其中较有代表性的地方债有"东北生产建设折实公债""地方经济建设公债"等。但是，由于新生的红色政权还缺乏相应的执政经验，在地方建设（包含地方债的发行和使用）过程中走了一些弯路，产生了一些弊端，尤其是在"大跃进"的历史背景下，地方债也走进了"大跃进"的误区，各地不顾自身情况和还款能力，纷纷扩张发行规模，并延长还债期限，造成了人民对当时所发行地方债能否还本付息的隐忧。而地方政府为了在短期内筹集更多的资金以投入建设、"跑步"进入共产主义，过分倾向于扩张政府信用，强行摊派，使当时我国地方债的实践远不能达到民主财政的要求。

改革开放之后，地方经济发展重新成了国家、社会和人民共同关注的问题，而相对宽松的政治环境也为地方政府的融资提供了便利条件。从 20 世纪 80 年代至 90 年代初，地方债的发行又在我国重新勃兴了起来，许多地方政府都发行了公债，有些地方债甚至是无息的。但是，在社会主义市场经济体制建设的初期，计划经济因素或者说计划经济的思维仍然存在，自上而下的公债干预仍旧没有消除。例如，许多地区都发行了无息地方公债，按照市场规律，虽然公债的举借信用来自政府信用，相对而言风险较小，因此地方公债利率不如商业借贷高，但是公债利率低不代表没有利率。对于地方债之债权人而言，没有收益就意味着资本的无效闲置，在自由买卖地方债的前提下，无息公债是没有生存空间的。于是，1993 年，国务院对此进行了明令禁止。

2. 纵向财政竞争下的地方发债禁止

我国自 1994 年开始进行分税制改革，而本次改革的一个突出特征就是全

---

[1] 参见黄天香："地方债券能否再登场？"，载《银行家》2002 年第 7 期。

面禁止了地方债的发行。例如，1994 年颁布的《预算法》明确禁止地方政府发债（第 28 条），1995 年的《中国人民银行法》明确禁止央行向地方政府、地方政府部门提供任何形式的贷款（第 29 条），1996 年《贷款通则》的规定也剥夺了地方政府作为贷款借款人的资格。国家通过上述一系列的法律法规固化了分税制的改革成果，也限制了地方政府的举债权限。

我国自 1980 年开始，实行了基数制的财政包干，中央对省级政府规定一定的财政收入基数，超出这个基数的收入可以以一定的比例由地方留用，超收的越多，地方政府收入的就越多。这种包干制给了地方政府更大的财政自主权和财政激励，只要地方政府创办更多"自己的"企业，就可以增加当地收入、刺激本地经济发展。但同时，在截留收入的比例上，地方政府从当地本位出发希望尽可能地多截留一些财政资金，并以本地经济发展为由进行谈判。这种制度在客观上对于地方发展产生了促进作用，但也具有一定的弊病。

自 1986 年开始，我国的财政赤字额连年增加，1986 年财政赤字为 82.9 亿元，而 1987 年至 1992 年的财政赤字分别达到 133.97 亿元、158.88 亿元、146.49 亿元、237.14 亿元、258.83 亿元、293.35 亿元，上升比例达到 353.86%。[1]

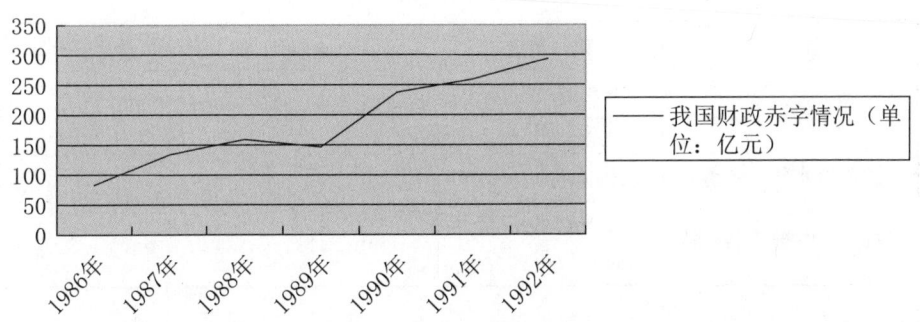

图 2-3　我国财政赤字情况示意图（1986 年至 1992 年）

同时，国家债务持续增加，国家公债从 1986 年的 138.25 亿元激增至 1993 年的 739.22 亿元，上升比例达到 534.70%。而在"央-地"财政关系中，中央财政在财政总量中的比重也持续下降，从 1986 年的 36.7%下降到

----

〔1〕　参见杨志勇、杨之刚：《中国财政制度改革 30 年》，格致出版社、上海人民出版社 2008 年版，第 44 页。

1993 年的 22%。[1]因此，中央政府开始推行财政改革，将国家的财政收入在中央和地方之间进行重新分配。本次税改的主要内容包括实行国税、地税两套税务系统，固化了不同税种在中央和地方之间的分配比例，实行税收返还等制度。自 1994 年之后，中央收入占国家收入的比例上升，地方政府收入比例下降，许多地区不得不依靠转移支付来弥补缺口。转移支付由此成了地方财政的"救火队员"，[2]也让地区之间产生了横向的资金争夺竞争。地方政府开始采用预算外资金、土地财政等方式进行融资。但是国家有严格的耕地红线，建设用地有限，土地财政无法长久为继。[3]随着我国城市化进程的加快，地方政府在各项工作中所需要承担的事权增多，与之配套的财权需求也更大，因此地方政府创造了一些"隐性债务"。这其中最有代表性的就是各级政府通过创设投资公司等实体的方法参与到金融市场，由该经济实体以公司的名义进行举债，该债务又被称为"城投债""准地方债"或"准市政债"。表 2-1 即《中国证券报》披露的 1999 年部分城投债实例，这说明这些"公司"与政府之间有千丝万缕的联系。截至 2009 年，这种城投债总量达到了 7.38 万亿元。[4]当前我国地方财政风险主要就发源于此。

表 2-1   1999 年城投债发行实例

	发行单位	用途	债务额（亿元）
浦东建设债券	上海市城市建设投资开发总公司	上海地铁二号线一期工程	5
济南供水建设债券	济南市自来水公司	城市供水调蓄水库工程	1.5
长沙市二环线工程债券	长沙市环线建设开发有限公司	长沙市二环线工程建设	1.8

---

〔1〕 参见杨晔、杨大楷、汪若君：《2015 中国投资发展报告——中国地方政府债务风险的治理》，上海财经大学出版社 2015 年版，第 120 页。

〔2〕 参见贾康、李全："中国地方财政体制运行及改革思路"，载高培勇、杨之刚、夏杰长等编：《中国财政经济理论前沿（4）》，社会科学文献出版社 2005 年版，第 234～235 页。

〔3〕 参见贾康、刘微："'土地财政'：分析及出路——在深化财税改革中构建合理、规范、可持续的地方'土地生财'机制"，载《财政研究》2012 年第 1 期。

〔4〕 参见王易："地方政府不得为融资提供担保"，载《人民日报（海外版）》2016 年 6 月 15 日。

3. 有条件地放开地方债阶段

地方政府在"保增长""创政绩"的压力之下，本就有融资扩张的冲动，2008 年金融海啸之后，这种压力被进一步放大。为了应对金融海啸，我国政府采用了积极的财政政策，国家之手主动调控经济运行，推出了"4 万亿计划"，这 4 万亿的资金流向或曰使用方式如下表所示。

表 2-2 "4 万亿计划"资金流向表

资金投向	资金投入（亿元）
廉租住房、棚户区改造等保障性住房	4000
农村水电路气房等民生工程和基础设施	3700
铁路、公路、机场、水利等重大基础设施建设和城市电网改造	15 000
医疗卫生、教育、文化等社会事业发展	1500
节能减排和生态工程	2100
自主创新和结构调整	3700
灾后恢复重建	10 000
合计	40 000

而在"4 万亿计划"中，并不是所有的资金都由中央出资。其实，中央财政只负担不到其中的 30%，而剩余的缺口全部由地方政府予以弥补，这意味着各地方政府总共需要筹集 2.82 万亿的临时资金，占该计划所涉及资金的70.5%。为了解决地方财政压力，财政部专门出台规定，指出 2.82 万亿的地方配套资金来自于地方财政一般预算资金、土地出让金及中央代发的地方债及地方融资平台筹集的资金等。[1]在这样的背景下，国务院批准通过中央代理发行地方债的方式为地方融资。2009 年、2010 年两年时间，中央政府代发了 2000 亿元的地方债。然而，这种代理发行制本身存在一定的主体混淆。根据代理理论，代理人所为的行为后果归于被代理人，同时被代理人应当有所代理的活动的资格。由于在中央代发模式下，国家并未修改相关法律，也就

---

〔1〕 参见《财政部经济建设司关于加快落实中央扩大内需投资项目地方配套资金等有关问题的通知》（2009 年 10 月 12 日）。

是说，当时地方政府本身是没有发债权的，因此中央政府本身就没有代理的基础。此外，中央代发的地方债并不是以地方的名义发行的，这样从形式上来讲债权债务关系的相对人是"地方债"投资者与中央政府，中央政府作为"代理人"却成了合同相对人、要承担最终责任，这就与代理原理格格不入了。

2011 年开始，国家开始有条件地放开地方债的限制，在沪、浙、粤及深圳市开展了地方债的试点。该试点尝试有以下特点：第一，发债的地方政府包括省市两级政府，既包括沪、浙、粤等省、直辖市级政府，也包括市级政府。第二，地方债的发行并不是全国推广，而只是在有限的范围内开展，根据法无授权即禁止的原则，除国务院批准的四个省市，其余地方政府都不得自行发行地方债。第三，上述四省市解禁的地方债券发行权并不是没有限制，也就是说，当地政府不能按照本地的经济发展情况或者建设规划自行决定债券额度，而是由中央政府规定其发债限度。例如，深圳市的发债规模被财政部限定为 22 亿元，沪、浙、粤三省（直辖市）的发债上限分别为 71 亿元、80 亿元和 69 亿元。第四，除上述四个省市之外，其余省级政府和计划单列市仍旧采取中央代发模式，代发规模与 2009 年、2010 年相同。[1]

2014 年 5 月 21 日，财政部发布通知，经国务院批准，将 2011 年的"自发"试点改为"自发自还"，且将试点从原来的试点扩展为沪、浙、粤、苏、鲁、京、赣、宁 8 省及深圳、青岛 2 市。同年 6 月 24 日，广东省发行 148 亿元地方债，7 月 11 日，山东省发行 137 亿元地方债。然而，"自发自还"试点也暴露出了一定的问题。在中央代发地方债的阶段，一般会将地方债的利率定的比国债高，大约会高 30%，这样的定价方式比较符合公债的信用基础，因为在一般情况下，中央政府的信用比地方政府信用高，这意味着地方公债比国家公债的风险高，地方债的利率更高就是理所当然的。但是，在"自发自还"阶段，从广东省和山东省的发债实践我们可以看出，其对地方债利率的定价存在一定问题。广东省地方债利率与同期国债相同，山东省地方债利率甚至比国债利率还低 20%。这样的定价的隐藏含义实际上是，广东省政府与中央政府信用相当，山东省政府信用比中央信用还高，这说明了地方债利

---

〔1〕 参见《财政部关于印发〈2011 年地方政府自行发债试点办法〉的通知》（财库〔2011〕141 号，2011 年 10 月 17 日）。

率的形成机制并不科学。[1]

4. 放开省级政府发债权

2014 年，全国人大对《预算法》进行了较大幅度的修改，除了确立了"全口径预算管理"原则、消除了地方政府预算外资金的存在空间之外，还开放了省级政府的发债权。现行法律框架下的地方发债权，与"有条件放开地方债阶段"相比具有如下特征：第一，具有发债权的主体扩展至所有的省级地方政府。原本由中央代发或者地方"自发自还"的主体都是由国务院批准的有限主体，而展开试点的地区一般都是经济较为发达的地区，这样的做法可以保证试点地区有足够的财源保障用以还本付息，债务违约的可能性较低，即使发生了问题也不至于产生地区间的传导，因此，该尝试具有一定的容错性。但是，从地方财政的紧缺性角度出发，越是经济欠发达的地区越有融资筹款的需求，无视这些地方的发债需求而对发达地区赋予发债权，可能进一步造成地区间的不公平。2015 年《预算法》将发债权放宽到全部省级单位，对所有地区都赋予了同样的发债权，这有利于各地方政府参照本地的情况合理进行举债。第二，剥夺了计划单列市举债的权利，发债主体限于省级单位。对于什么级别的地方政府可以作为适格的举债主体，不同国家和地区的规定不一。我国在中央代发地方债阶段也赋予了特定计划单列市由中央代理举债的权利，但 2015 年《预算法》出台之后，计划单列市不再享有发债权或被代理发债的权利，只有省级政府才能举债。第三，明确了只能通过发行债券的方式举债，禁止了过去实践中存在的其他融资渠道。根据《预算法》第 35 条之规定，地方政府只能通过发行债券的方式进行举债，除此之外，不得采用其他方式进行融资。当然，根据法律的溯及力原则，该条规定不得对新法生效前的隐性债务、城投债产生效力。第四，明确了地方债的收入的支出用途。地方政府发行债券筹集资金不是地方财政收入的常态，其资金不能被用于经常性支出，只能被用于资本性支出中的公益性资本支出。[2]

---

〔1〕　参见魏加宁等：《地方政府债务风险化解与新型城市化融资》，机械工业出版社 2014 年版，第 217 页。

〔2〕　参见《预算法》第 35 条。

第三节　地方债规制的经济学基础

一、公共产品理论和林达尔均衡

公共产品理论是经济学家将边际效用原理引入财政学的研究后得出的新政治经济学理论，它是现代经济法治中合理划分政府与市场之间边界的依据之一。该理论论证了市场和政府的互补性，强调要构建公共财政收支。

根据古典市场经济理论，市场这双"看不见的手"可以妥善调整市场秩序，而这种市场配置资源的作用主要是通过价格机制和供需机制来完成的。但是，经济学家们发现有些产品一旦被生产出来，价格机制对他们就不再发生作用。例如，布坎南就根据产品是否具有排他性或竞争性，将产品区分为私人、准公共和公共三种分类，进而给出了公共产品的经典定义，即任何人对该产品的使用都不会使其他人对该商品的消耗减少。[1]公共产品相对于私人产品而言，具有三个突出的特性：第一，非排他性。从产权角度来讲，任何私人主体对公共产品都没有完整的产权。这意味着任何私人对该产品的使用或者消耗，都不能排除其他主体对该产品进行使用和消耗的权利。第二，不可分割性。所谓不可分割性，是指私人在消费该公共产品时，要么消费该产品的全部，要么不进行消费。该产品不能进行产权分割，也不能在私人之间进行竞争性分割。第三，无偿性。无偿性意味着对公共产品的消耗不需要支付相应的对价。正是由于以上三个特性，导致对于公共产品的提供无法通过价格机制和供需机制来进行调控。既然对公共产品的消费是无偿的，那么公共产品的产权人便无法从该产品上获得收益；由于公共产品消费时的非排他性和不可分割性，私人主体可以自由消费该产品，由此，"搭便车"的现象将无法避免。同时在市场机制的作用下，很少有私人主体愿意或者有能力为社会提供公共产品，因此，公共产品的提供仍旧是政府的责任。

为了进一步解决在民主社会中政府需要提供多少公共产品，以及公共产品的成本如何负担等问题，瑞典经济学家维克赛尔和林达尔在针对公共产品进行研究后提出了公共产品的提供数量并不是由政治决策者的强制选择或者

---

〔1〕　See James M. Buchanan, "An Economic Theory of Clubs", 32 *Economica* (1965), pp. 1~14.

税收机制的强制性所决定的，而是每个人自由选择的结果。在公共产品提供方面，每个私人主体都在公共产品的供给量和自身可能承担的成本方面进行着权衡，每个人都希望在征收最少的赋税的情况下获得最多的公共产品，但二者之间存在一个均衡点，私人主体会根据税负痛感进行公共产品选择，在成本和收益之间达到均衡时就是公共产品提供的最优解，是为"林达尔均衡"。当然，林达尔均衡是在不同经济指标、公民意愿选择之下达成的，当其中的任何指标发生变动时，林达尔均衡也会发生变动。在林达尔均衡之下，每个人希望消费的公共产品的量就是政府应当提供的公共产品总量，而政府依据相应的成本或者价格进行供给正好构成公共产品的财政成本，任何企图改变均衡的做法都会导致公共产品的状况变得更糟。

公共产品理论的存在，对于地方债而言具有三个突出的意义：第一，为地方债的存续提供了经济学的支持。为本地居民提供公共产品是地方政府的职责，地方债作为地方政府融资的手段，可以解决公共产品提供过程中的财政缺口，而地方债的规模也与本地公共物品的供给程度息息相关。第二，指明了地方债所筹资金的用途。地方政府的财政收入除了要维持政府的正常运转之外，还要用于公共产品的提供，但是对于地方债而言，其资金只能用于后者。根据格雷纳的研究，地方债资金如果被用于公共消费或者转移支付等政府常规性支出，那高负债率必然导致利息成本上升，而这些成本最终都会由本地的税收来负担，这对于经济的发展是一种负向的激励。如果地方债是为了提供公共产品，那么该财政资金的使用就会与私人资本产生互益作用，提高私人资本使用效率并刺激经济的发展。[1] 因此，地方债应当作为一种非常规的地方收入手段，这也应当作为地方债发行的原则之一加以遵循。第三，地方债应当有规模限制。正如林达尔均衡所指明的那样，公共物品也不是越多越好，它的存在有一个必要的限度，这也使得地方债的规模也不是越大越好，否则就可能脱离现实的财政还款能力而导致债务违约，影响地方政府的诚信度以及后续的融资能力。

二、项目区分理论

项目区分理论是在公共产品理论的基础上发展起来的，它将公共产品和

---

〔1〕　参见刘华：《公债的经济效应研究》，中国社会科学出版社 2004 年版，第 103～109 页。

准公共产品进行了更为严格的区分，进而研究不同的公共产品到底应该由哪些主体来提供。项目区分理论认为，对于一些具有经营性特征的准公共产品，应当合理界定其提供者，即区分不同情况分别由政府或者市场来提供。项目区分理论又可以被分为两个层次的边界划分：

第一层次的边界划分主要是政府与私人或政府与市场的划分。在公共物品的政府与私人划分问题上，项目区分理论继受了公共产品理论，认为典型意义上的公共产品应当由政府提供，且此为政府的责任，不能推诿于私人。例如，城市绿化、道路照明等，本身不会产生收益，但是却给本地居民的生活提供了便利，刺激了本地的发展，这些典型的公共产品不是私人应当负责的。而在政府与市场的划分中，需要重点考察的是准公共产品。城市的道路、消防、教育等产品具有一定的公共性，但同时也具有一定的经营性，如果这些产品完全由政府提供，则可能造成政府的垄断性定价，给私人的消费造成负担。同时，由于这些准公共产品具有经营性，可以产生一定的收益，会有市场主体愿意投资这些产品，因此政府就未必是该产品提供的最优解了。除具有自然垄断性质的经营性准公共产品外，政府应当适当放开准公共产品市场，允许市场主体进行投资经营，或者采用公私合营的方式，从而调动一切可以调动的市场因素。

准公共产品的区分对于地方债的分类意义重大。古典经济学认为政府不得与民争利，因此政府只应当从事一些非营利性经营，对于经营性的项目由于市场之手可以对其发挥作用，应该放任市场自决。在公共产品理论指导下，政府只能从事典型意义上公共产品的提供，地方债只能弥补这一资金缺口，意味着地方债的投向是不产生收益的。但矛盾之处在于地方债本身就是为了弥补常规财政资金缺口而产生的，如果资金投向不产生盈利，那么最终只能依靠税收负担来偿还，最终的结果要么是地方政府无力偿还这些债务，要么就只能加税。在准公共产品的划分中，部分经营性产品仍由政府来提供，这就使地方债所投入的项目有了盈利的可能。在用这些项目收益进行偿债担保的前提下，会增加地方债的信用度，降低风险和融资成本，由此产生出了不同于一般地方债的地方债新类型——专项地方债（在美国又称之为收入债券，我国也设置了地方政府专项债券）。

项目区分理论第二层次的边界划分主要涉及不等层级的政府之间提供公共产品的责任划分，即在中央和地方政府之间的划分。一般来讲，公共产品的提供采用"谁受益，谁负责"的原则，具体又分为辖区受益原则、人际受益原则和时期受益原则。[1]

辖区受益原则是指由公共产品受益的地区及对应的政府对其进行保障的原则。以辖区范围为标准，公共产品又可以被分为全国性和地方性两个层面。全国性的公共产品是指在全国范围内都可以享受到的、效用分布较为均匀的公共产品，这类产品应当由中央政府负责保障，例如国防安全、外交等。但是，大部分的公共产品都具有区域性，都只在一定的地域范围内才能享受到，这种产品虽然在理论上也可以由中央保障，但在本质上还是辖区内居民的公共选择。如果本辖区的居民选择需要由中央资金埋单，可能会刺激本地居民的公共服务偏好，相当于在资金承担上产生了外部性，扭曲了林达尔均衡产生的条件。因此，地方性的公共产品应当由本地政府予以保障，这样不但有利于提高财政资金的使用效率，还可以提升本地居民的政治参与程度，使政府的行为接受更广泛的民主监督。

人际受益原则相当于公共产品提供上的"属人原则"，由公共产品受益人所在地的政府保障该类产品的提供。但值得注意的是，这里的人际受益并不关注具体的个人，并不意味着特定主体由于居住地的迁徙而需要额外承担公共产品负担。该原则将受益人看作是一个整体，在特定的时间段内，公共产品受益人也是附属于一定的地区的，个别主体的迁徙对于整体而言影响不大，因此，在具体的划分上与辖区受益原则有一定的趋同性。

时期受益原则将公共产品划分为短期受益产品和长期受益产品。短期受益产品即经常项目，这些项目发生收益的时间短，持续性不长，因而在编制预算的过程中作为经常发生的项目被列入年度普通预算。例如，前文中提到的城市道路照明，作为一种现代生活中必要的公共产品，其是经常性的、可预期的，但同时，其直接收益也只存在于提供照明的时间段内，收益时期较短。对于这类公共产品，应当由一般预算收入予以保障，其主要资金来源是税收收入。长期收益产品又被称为资本项目，是指投入虽大，但其收益不是立即显现的项目，其建设期、收益期都比较长，项目的资金投入和回收往往要跨越多个预算年度，收益往往需要多年以后才能显现。这些成本需要在不

---

〔1〕　参见史朝阳："经济增长视角下我国地方政府债务问题研究"，华中科技大学 2012 年博士学位论文，第 27~29 页。

同的年度内进行合理分担，公债是这类项目的主要资金保障方式。

项目区分理论第二层次划分对于地方债的指导意义在于，它要求地方政府要合理界定本级政府应当提供的公共产品的数量及相应的成本，并以此为基础通过财政收入的筹措进行保障。在这一过程中，还应当通过时期受益原则划分资本项目和经常项目，对于经常项目的保障，原则上不应当采用地方债的形式。当然，这一层次的项目区分理论也提出了一个新的问题，即由地方政府提供的公共产品是否还有保障主体层级的限制？地方政府作为公共产品的提供者之一，有资格在必要的情况下对于辖区内人际受益的资本项目提供地方债资金支持，但是这种辖区是否有必要进行进一步的划分？是只能由省级政府对整个省的范围内进行地方债项目投入，还是可以下放到市县级？地方债举债权是否是地方政府完整的财政权限的一部分？这些问题将在后文中予以探讨。

三、财政分权理论

财政分权是指在不同层级的政府之间进行财权事权分配的理论，该学说着眼于经济效率和公平正义的视角，力图使各级政府在法治的框架下解决政府之间的资源分配问题。财政分权理论经历了第一代和第二代两个发展阶段。

1. 第一代财政分权：TOM 模型

第一代财政分权理论以新古典经济学为起点，研究各层级政府之间的职能配置和相应的财权分配，其主要的代表人物是蒂伯特（Tiebout）、奥茨（Oates）和马斯格雷夫（Musgrave），因此第一代分权理论又被称为 TOM 模型，即三位代表性学者的首字母合称。

蒂伯特关于财政分权最著名的论述就是"用脚投票"理论，该理论发表于 1956 年《地方支出的纯理论》一文。该文以居民有自由迁徙的权利和能力为假设前提，认为居民会选择与其偏好或者收入水平相似的人聚居，并在聚居区选择公共产品和服务。当本地政府所提供之公共产品无法满足特定居民的需求的时候，该居民就会离开此地，迁移到让其满意的地区。这样一来，在不同的地区政府之间就形成了一种竞争，这种竞争的压力来自于居民的"用脚投票"，"用脚投票"的居民也就成了选民。为了吸引更多的选民，地方政府就必须不断提高自己所提供的公共产品的质量以满足选民要求，从而在居民的自由迁徙和府际竞争之间达到公共产品的帕累托最优状态。"用脚投票"理论证明了地方政府而非中央政府的存在，使居民有机会享有更好的公共产品，因此又被称为地方公共服务的完全竞争理论。[1]

奥茨对于财政分权的意义做了进一步阐述，提出了公共产品分散化提供的"分权定理"。1972年，奥茨出版了《财政联邦主义》一书，书中提出，如果某种公共产品的消费涉及某一地区的全体居民，且该公共产品的成本对于中央政府与地方政府而言是相同的，那么相对于由中央政府提供该产品，由地方政府向居民提供该公共产品更容易达到帕累托最优状态。因为相对而言，中央政府距离辖区内的居民更远，不像地方政府那样更容易了解居民的需求和迫切程度，所以，当某种公共产品中央和地方政府都可以提供时，最好由地方政府加以保障。[2]

马斯格雷夫关于财政分权的理论主要集中于其著作《公共财政理论》（*The Theory of Public Finance*）中，该书也是20世纪60年代公共财政领域中的"圣经"级论著。马斯格雷夫提出，政府主要有以下三方面的职能：①矫正市场失灵，提供公共产品；②调解收入差距，公平地分配社会财富；③提高就业率，且提高就业率应当在市场价格水平相对稳定的前提下完成。政府的三项职能又被归纳为资源配置、收入分配和宏观经济稳定。后两项功能应当由中央政府来完成，因为相对来说中央政府有比地方政府更充足的财力，可以实施宏观经济调控以稳定经济，且经济主体可以在地区之间相对自由地流动，经济主体流动性越强越利于经济发展，但却不利于地方政府进行收入分配。在资源配置职能上，地方政府比中央政府更具优势，因为地方政府可以根据本地居民的不同偏好来进行不同的资源配置，更具灵活性和针对性。同时，马斯格雷夫还认为在中央和地方政府之间进行必要的分权也符合资源配置公正性和公共产品提供效率的要求，因此，有必要赋予地方政府特定的权力并将该权力固化下来。随后，1973年马斯格雷夫出版了《财政理论与实

---

〔1〕 See Charles Tiebout, "A Pure Theory of Local Expenditures", 5 *Journal of Political Economy* (1956), pp. 416~424.

〔2〕 See Wallace E. Oates, "Fiscal Federalism", *New York*: Harcourt Brace Jovanovich, 1972; Wallace E. Oates, "An Essay on Fiscal Federalism", 9 *Journal of Economic Literature*, 1999, pp. 1120~1149.

践》一书，继承了以上观点并进行了进一步的阐释。[1]

2. 第二代财政分权理论

在第一代 TOM 财政分权理论之后，钱颖一、怀尔德森、若兰德等学者又将微观经济学引入了该理论，形成了第二代财政分权理论。相对而言，第二代财政分权理论比 TOM 模型更加适合发展中国家，是研究转型和发展中国家的分权问题必不可少的理论依据。[2]该理论的主要代表人物是钱颖一教授，他与温格斯特在《作为维护市场激励承诺的联邦主义》一文中指出，TOM 模型只是简单地认为不同层级的政府及官员会提供公共产品，但忽视了官员们这样做的动机，因此有必要从政府内在激励角度进行制度分析，并在此基础上提出了"维护市场型分权"[3]（以下称"钱氏分权"）理论。

钱氏分权理论的核心思想是财政联邦需要进行分权化的设置，具体可以分为以下五个方面：①政府内部需要存在一个分层体系，即政府不能是横向扁平化的，必须具有纵向的主体区分；②权力在分层的政府体系内进行划分，不得由某一级的政府享有所有的公权力；③权力在中央和地方政府之间的划分一经确定就应当具有相对稳定性和拘束力，中央政府不得随意加以更改，也不得越俎代庖；④地方政府在自己权限范围内享有权力，也在此范围内承担独立的责任，原则上地方政府财权事权的行权后果由本地方政府承担，中央政府不能代其兜底，但中央政府应当确保资源能够跨区域地有效流动；⑤无论是中央还是地方政府，都应当受到预算的实质约束。[4]

钱颖一教授将竞争理论引入财政联邦理论研究中，认为政府间的府际竞争对于财政联邦意义重大。首先，府际竞争使地方政府会想方设法提供更好、更优质的公共产品，从而提升服务水平。其次，地方政府独自承担责任，意味着地方财政是有限财政，地方政府存在着破产的风险和可能性，迫使其更加审慎地维护财政稳健运行。最后，在存在府际竞争的财政联邦中，任何一级政府都没有垄断性的权力，上下级政府之间的权力构架形成了一个微妙的

---

[1] 参见［美］理查德·A. 马斯格雷夫、佩吉·B. 马斯格雷夫：《财政理论与实践》，邓子基、邓力平译校，中国财政经济出版社 2003 年版，第 1 章、第 27 章。

[2] 参见徐阳光：《政府间财政关系法治化研究》，法律出版社 2016 年版，第 17 页。

[3] See Qian Yingyi and Barry R. Weingast, "Federalism as a Commitment to Preserving Market Incentives", 4 *The Journal of Economic Perspective*, 1997, pp. 83~92.

[4] 参见钱颖一：《现代经济学与中国经济改革》，中国人民大学出版社 2003 年版，第 209 页。

平衡，尤其是对于强大的中央政府形成了权力的分化和制约。[1]

但是波兰前副总理科勒德克提出，分权将导致公共支出总数的提高。有时中央政府想将一些任务移交给地方政府，但中央政府又不想将用于该任务的全部资金移交给地方政府。在这种前提下，任务移交后地方政府从其他途径获取了必要的开销资金，中央政府就会将原来的资金挪作他用，这样就使政府"变大"了。即使存在相反的情况，中央政府向地方移交权力时，地方政府施展一些游说技巧就可以从中央政府那里挤出更多的专项资金。由于预算计算方法的多样性，有时经过特殊的计算方法，就能轻松得到自己想要的数字了。也就是说，在进行行政改革分散权力的过程中，公共支出不降反升，政府的意愿是"缩小"，结果还是"变大"了。[2]

其实，科勒德克对财政分权的理解存在偏差，在事权从中央向地方下放的过程中确实可能会导致暂时的支出扩大，但是当财政分权确定之后，根据财权与事权相匹配的原则，由地方政府行使的事权由地方财政予以保障，相应地就应当扩大地方财权，通过财政分权将原本是中央政府挪作他用的资金收入予以消减，或者赋予地方政府自主税权防止地方政府从中央进行资金套利等。因此，从总体而言，科勒德克的理论与财政分权理论并不矛盾，科氏的理论只适用于分权改革过程，在分权改单完成并通过配套的财税法制加以固化之后，分权理论仍旧具有优势。

3. 单一制国家中的财政联邦

我国是一个单一制国家，过去许多人对于单一制有着片面的理解，认为单一制和联邦制是完全对立的，单一制强调的是中央对地方的绝对控制、中央财政集权等，其实这种理解是错误的。单一制和联邦制的区别并不是泾渭分明的，就集权和分权角度而言，世界上没有哪个国家是完全集权或者完全分权的，都是集权和分权的混合体，只是其中各自的比重不同而已。同理，也没有哪个国家是纯粹的单一制或者纯粹的联邦制，我国就是有联邦制因素的单一制。[3]而在两种制度的选择中，本身并没有高低之分，二者都是解决

---

〔1〕　参见徐阳光：《政府间财政关系法治化研究》，法律出版社 2016 年版，第 210~211 页。

〔2〕　参见［波兰］科勒德克：《21 世纪政治经济学——世界将何去何从》，龙云安译，中央编译出版社 2015 年版，第 59 页。

〔3〕　参见王世涛："论单一制中国的财政联邦制——以中央与地方财政关系为视角"，载《北方法学》2010 年第 5 期。

政治问题的工具，具体选择何种制度要看该制度能否实现政治家及其代表的民众所要达到的政治目的。[1]我国选择单一制，只是在特定的历史条件下进行的抉择，而所谓对于单一制优于联邦制的论述，无非是学者为了证明我国制度选择的自洽性而将后人的道德理论和政治理性强加于前人的结果。[2]单一制只是政治上的统一而非经济上的统一，所以，财政联邦制度对于我国这样一个单一制国家仍然具有借鉴意义。

我国目前实行的分税制就是受财政联邦主义下分权理论影响的结果。目前，我国的财政分权还无法完全满足这些要求。地方政府的财权独立性不足，地方政府破产制度的缺失意味着其无法独立承担经济责任；地方政府的发债权限也总是处于不确定的状态，从禁止发债、到试点省市两级政府发债到只允许省级政府发债，财政改革过程中的不稳定性导致地方政府的财政分权状态也不稳定。在《预算法》开放了省级政府债券之后，相关配套的规定不完善，立法位阶也过低，导致其规范性不足。因此，在财政联邦理论指导下，我国地方债法律制度仍有很大的改进空间。

发展经济学者普遍认为，中国经济过去四十年的成功在很大程度上与中国政府采取的地方政府分权模式有关。在这种模式下，地方政府的考核以经济指标尤其是经济增长指标为主（如 GDP 增长率、GDP 总量等），地方政府之间的经济竞赛在很大程度上代替了市场竞争，起着激励地方经济发展的作用。地方政府分权模式是一种精心设计的制度，中央政府设计的考核指标赋予了地方政府发展经济的积极性，整个制度架构非常符合经济学里的"激励相容"（incentive compatibility）理论。地方政府分权模式反映为地方政府在控制部分经济资源的前提下，全权负责协调地方经济的发展。中央政府给予地方政府授权，鼓励它们发展本地经济，鼓励地区之间的经济竞争，地方政府领导的升迁机会也同地方经济发展的绩效联系在了一起。地方政府分权模式下，地方政府发展经济的热情被极大地调动起来。地方经济分权是一把"双刃剑"。地方政府投融资活动极大地拉动了投资率，对中国经济的高速发展显然有正面作用。但是，地方政府的增长主义倾向导致地方政府偏好上大项目、

---

〔1〕 参见苏力："当代中国的中央与地方分权——重读毛泽东《论十大关系》第五节"，载《中国社会科学》2004 年第 2 期。

〔2〕 参见王世涛："论单一制中国的财政联邦制——以中央与地方财政关系为视角"，载《北方法学》2010 年第 5 期。

搞大投资、搞大国企、追求重化工业。然而，这些政府主导的投资项目的资本收益率并不高，而且占用了大量的生产要素，进而形成对民营经济的排挤效应。而地方经济分权带来的最大后果是地方政府债务问题。在现行考核体制下，地方政府充满投资激情，强势介入经济生活。但地方政府财权与事权长期不匹配，资金缺口主要来源于地方债务平台的各种融资。地方政府主导的投资，因为软预算约束的原因，资本收益率并不高。这一切造成部分地方政府缺乏管理地方债务的意识和机制。

四、公共选择理论

公共选择与公共产品理论并列为公共财政学的两大理论基石，后者更加侧重于政府在经济干预中应该干什么，而前者更侧重于政府应该如何干。[1] 公共选择理论认为，经济人都在市场上进行活动，但市场又被分为两个不同的层次——经济市场和政治市场。在经济市场中，人们以货币为选票选出他们最偏好的产品；在政治市场中，人们用民主选票来选出最能代表他们利益的政府、政治家、政治制度及法律制度。公共选择理论从经济人的假设出发，分析政治制度的构成方式及运行方式，[2]为地方政府的事权及相应的财权提出了要求。

公共选择理论在地方债制度中的应用体现在以下两个方面：第一，人民通过选举人大代表、政府来满足自己的公共产品需求。根据我国的选举制度，人民代表大会代表由人民选举而来，代表人民进行财政监督，政府作为财政监督的主体亦是由人民代表大会选举产生的，通过这样的民主代议制，人民选择出最能代表自己利益的政府和民意代表。第二，通过预算进行公共选择。预算是经法定程序批准的政府财政收支计划，但是，其意义不仅在于为政府的财政收支提供支持，更在于通过预算对政府的财政加以约束。预算的内容包括收和支两个部分，地方债是地方政府财政收入的来源之一，但是，地方债的预算监督不仅仅体现在政府的收入方面，更体现在地方政府支出方面。地方债的资金到底被投入到什么项目中、如何支出都需要在预算中加以明确，控制住了地方债资金的支出，就可以更好地控制地方债的举借。因此，预算

---

〔1〕 黄燕等：《地方公共财政发展研究》，中国社会科学出版社2007年版，第33页。
〔2〕 参见国彦兵编著：《新制度经济学》，立信会计出版社2006年版，第358页。

的更深层次目标是通过管理政府的钱来管理政府的事，通过对公共产品的选择来决定是否举借地方债以及在多大规模、多大程度上举借地方债。

我国目前公共选择所面临的问题之一就是，地方债券的发行只能由省人大常委会以预算调整的方式进行，而省人大常委会更倾向于作出与省政府相同的发债决议，这使得选择的公共性降低。而且，政府作为公共权力机关作出的选择，与公共选择不一定能画等号。公共选择理论要求由人民在经济市场和政治市场上作出选择，这对地方债的运行有两方面的启示：一方面，应当允许人民通过货币选票自行在地方债券市场上进行选择，不应当由政府规定必须发行的最低限额指标或者进行行政摊派，地方债券的期限、利率等应当采用市场化的生成方式；另一方面，地方债的发行额度、资金投向、期限等因素应当由人民采用公共选择的方式加以决定，具体而言就是要对地方债实行严格的预算约束，防止地方政府的发债恣意。

五、公共池塘理论

"公共池塘理论"（common-pool）是研究地方政府过度举债的理论工具，该理论最早由美国学者奥斯特罗姆提出。她将公共池塘定义为一个资源稀缺的非排他性竞争资源，该资源不同于一般的公共产品或者准公共产品，虽然人人都有机会去获得这些资源，但是却没有办法防止其他人的获取，因此，必须在有限的时间里尽可能多地消费这些资源，使得该资源很快被消耗殆尽。公共池塘理论对于地方债的启示主要包括：央地财政分权与地方政府债务危机处理两个方面。

过去，我国在立法层面禁止地方政府举债，而中央则会通过转移支付的方式对地方政府提供财政支持，换句话说，中央财政资金的一部分被用于支持地方的事权支出。但是，根据公共产品理论，只有本地居民所承担的成本与所选择的公共产品在达到林达尔均衡时才是最优的状态，一旦这部分公共产品的成本被转移到中央，本地居民就会通过公共选择来争取更多的公共产品。对于地方政府来说，中央财政资金就成了一个公共池塘，每个地方政府都希望从公共池塘中获得更多的资源，但其他地方政府也有同样的机会，这样中央资金池就成了竞争的对象。同时，地方政府还可能通过过度举债的方式夸大自身的资金缺口，从而在公共池塘资源争夺中获得比较优势。

当地方政府过度举债导致资不抵债无法清偿全部债务时，对于各债权人来说，地方政府财政资金就会成为一个新的公共池塘。从债的理论来看，债具有平等性（有担保的除外），形成在先的债权不一定能够得到优先清偿，由于地方政府财政资金无法偿还全部债务，必然涉及有限的资源如何在多数人之间分配的问题。目前，我国现行民事执行程序中采用的是以查封顺序作为清偿顺序的做法，这将使债权人陷入查封竞赛中，在先查封的债权人之债权可能会得到清偿，查封在后则其债权可能得不到保障。一般情况下，能优先获取地方政府财政状况的债权人也能更早地采取司法措施，这类债权人往往是在经济社会生活中处于优势地位的人，普通债权人在这种竞赛中会处于劣势，这样公共池塘资源的分配就会产生不公。

奥斯特罗姆认为，要解决公共池塘的问题，必须有制度性的安排，使可以接触到池塘内资源的主体有效、自觉地行动。这种制度安排应当解决彼此之间的可信承诺问题，并设置相互监督和制约的机制，这种机制可以是市场监督手段，也可以是国家干预形成的监督手段。当然，更重要的一点是，这种制度的安排必须被参与者所知，即每一个参与者都对这一公共池塘资源分配规则有所认知，且确信其他参与者也了解并认可这一规则。[1]

通过以上分析可知，在公共池塘视角下，地方债必须解决地方对中央的财政依赖问题及地方债危机处置问题。地方债的偿还责任应当由地方政府承担，地方政府也只能在偿付能力范围内举债，不得寄希望于中央兜底偿还。在地方政府陷入债务危机的时候，应当有相关的立法规定债务处置程序。在我国法律体系中，《破产法》是专门针对资不抵债的债务人财产分配而设置的，其经济学的理论依据就是公共池塘理论。将破产制度适用于地方政府可以有效解决地方政府债务危机，帮助地方政府走出财政困境，也可以从制度上保障地方政府在举债之时有所顾忌，不会超额举债。

---

[1] 参见张克中："公共治理之道：埃莉诺·奥斯特罗姆理论评述"，载《政治学研究》2009年第6期。

第四节　我国的财政分权现状

我国地方债积累，除了有地方政府官员受政绩激励的因素之外，尚有一些深层原因：

一、财政差额

如上所述，在我国，公共支出高度集中于地方，但公共收入却不能分配到与之相匹配的程度。按照税收收入在央地之间分配的方式不同，我们可以将其分为中央税、地方税和共享税三类，例如，地方政府获得 25% 的增值税收入和 40% 的所得税收入。但是，这三种税收的分类和分配的比例并不能保证上下级政府之间的支出需求，地方支出占到国家支出的 90%，但地方收入却难以与之匹配，这意味着地方财权与事权之间的不平衡。在我国，所有的税收都要由中央确定，地方无权开征新税或改变税率。省政府确实通过他们自己的省级税务局征收"地方税"，可以形成地方收入而不用上缴到中央政府，但这些"地方税"的开征、中止、税率、程序由中央决定。

由于地方税的收入难以满足地方之需，地方政府必然采取别的措施筹集收入，导致地方税仅占地方总收入的 45% 左右。我国大多数的 GDP 都来自工业城市和沿海城市，这些省市县征税能力很强是因为他们有高度集中的城市中心。而同沿海城市相比，中部和西部地区在财政收入能力上则普遍较弱。CEIC 的数据显示：我国每个省都有财政缺口，因为每个省自身的收入都不足以支付公共支出（见表 2-3）。因此，我国各省级政府都依赖中央政府的财政补助。事实上，这也是 1994 年财政改革的一个重要目的，即把我国的税收重新向中央集中，让中央政府处于控制国家经济的制高点。

表 2-3　分税制前各省份财政赤字列表

单位：万元

	2010 年	2011 年	2012 年	2013 年	平均 10-13 年
北京	36 339	23 895	37 037	51 255	37 131
天津	30 803	34 120	38 319	47 013	37 564

续表

	2010 年	2011 年	2012 年	2013 年	平均 10—13 年
河北	148 839	179 962	199 515	211 396	184 928
山西	96 170	115 042	124 308	132 850	117 093
内蒙古	120 353	163 254	187 324	196 553	166 871
辽宁	119 098	126 270	145 321	185 361	144 012
吉林	118 484	135 164	142 994	158 785	138 857
黑龙江	149 769	179 653	200 835	209 179	184 859
上海	42 930	48 505	44 031	41 910	44 344
江苏	83 420	107 281	116 698	123 001	107 600
浙江	59 942	69 179	72 065	93 354	73 635
安徽	143 822	183 943	216 829	227 461	193 014
福建	54 360	69 667	83 133	94 936	75 524
江西	114 517	148 117	164 723	184 907	153 066
山东	139 565	154 614	184 509	212 885	172 893
河南	203 482	252 706	296 607	316 687	267 370
湖北	149 017	168 783	193 674	218 042	182 379
湖南	162 079	200 369	233 685	266 001	215 533
广东	90 450	119 756	115 868	132 953	114 757
广西	123 560	159 756	181 916	189 106	163 585
海南	31 035	43 868	50 224	53 016	44 535
重庆	75 696	108 191	134 287	136 904	113 770
四川	269 631	263 013	302 972	343 681	294 824
贵州	109 775	147 632	174 163	187 624	154 798
云南	141 454	181 844	223 451	248 522	198 817
西藏	51 439	70 335	81 876	91 929	73 895
陕西	126 062	143 063	172 312	191 674	158 278
甘肃	111 500	134 112	153 916	170 235	142 441

续表

	2010 年	2011 年	2012 年	2013 年	平均 10-13 年
青海	63 319	81 566	97 263	100 419	85 642
宁夏	40 398	48 593	60 040	61 414	52 611
新疆	119 834	156 406	181 110	193 864	162 803
总计	3 327 139	4 018 659	4 611 005	5 072 918	4 257 430

来源：CEIC 数据库，网站：http://www.ceicdata.com/en/countries/china.

分税制改革后，由于县级和乡镇政府处于政府层级的最底层，财政转移链往往很长，当一个层级预算基准传递到另一个层级时，大部分的财政资金并不能有效转移。因此，各省、市（包括京津沪这些发达地区）仍会产生财政缺口（地方公共财政支出高于地方收入）。

二、转移支付

上述财政缺口在 1994 年财政改革之后继续存在，因此，中央政府在支持地方年度公共转移支付中扮演着越来越重要的角色。中央政府只向省政府直接拨款，省政府又根据自己的标准向市、县、乡政府进行财政拨款。政府具有对转移支付增长率进行调整的权力，根据宏观经济稳定的需求不同，每一年转移支付的金额也不同，这被认为是我国的公共财政的优点。1994 年的财政改革通过对财政收入集中化，使中央政府位于主导地位，从这个角度来看，此次改革确实达到了最初的目的，扭转了长期以来中央收入比重下滑的颓势。但是，改革力度往往过犹不及，地方政府在这场改革中被置于劣势地位甚至无法满足其本身的事权需求，中央则可以进一步通过转移支付加强对地方的控制。

在我国，转移支付有三种主要类型：退税（也叫返还收入或补偿）；一般转移支付和特定（或指定）转移支付。虽然随着时间的推移，总转移支付的相对份额一直在下降，但退税仍然占总转移的 36% 左右。退税制度的存在可以对地方经济发展产生激励作用，地方税收越多，退税也越多，但是这种制度更加适合沿海城市或者工业城市，对于欠发达城市的实际支持作用有限。一般转移支付占转移支付总量的 46% 左右，但只有一小部分（约 7%）是按照财政均等化原则分配。特定的转移支付内容包括：支付给少数民族自治地方、工资调整和农村税费改革等，这种转移支付设有一定基础条件，普遍有利于中西部地区。

三、地方债现状

1. 省级地方债务集中

地方政府违法、违规借债已经进行了很多年，且远远不是个别行为，其涉及面非常广，债务规模非常大。国家审计署（2011 年）的报告显示，在1996 年底，所有省级政府、90% 的县政府、86% 的乡政府均已背负债务。到2010 年底，2779 个县中只有 54 个没有参与借贷。

1998 年亚洲金融危机时，地方政府债务占 GDP 的 6%，但在接下来的 4年迅速增加了一倍，占国内生产总值的 12%。[1] 当时，受全球金融危机的冲击，我国由中央和地方政府出资，引入了大规模的财政激励计划，导致地方政府债务进一步增长。到 2010 年底上升至 GDP 的 27%，在 2012 年底已上升至 GDP 的 35%，有些人根据其他假设，如预算外借贷，企业借贷及地方政府或有负债，提出的估计值高达 GDP 的 55%。国家审计署（2011 年）报告称：在 2010 年底，我国地方性债务总额为 10.717 万亿元人民币，其中 79% 是银行贷款，只有 7% 通过发布债券筹集（不包括乡镇）。惠誉评级公司估计，到2012 年年末，我国的公共债务总额在 12.85 亿元人民币。该公司在 2013 年 4月将我国的信用评级从 A+降至 AA-。2013 年 4 月，穆迪公司也降低了对我国经济前景的评级，从"活跃"降至"稳定"。

国家审计署公布的数据（2013 年）显示：2013 年地方政府债务达到 17.9万亿元。我国的财新杂志报道：2014 年底我国地方政府债最新的数字是 15.4万亿元人民币，比 2013 年 6 月国家审计署的报告增加了 41.3%。地方政府或有债务和非正式债务增加到 8.6 万亿元人民币，比 2013 年 6 月的报告增加了 22.9%。

表 2-4 是 2013 年各省审计所得的债务数额统计，相比审计署的总量审计，表 2-4 的内容更能直观反映各省的负债量，其数字与审计署公布的数字

〔1〕　See Asian Development Bank, "People's Republic of China: Fiscal Management Reforms", *Technical Assistance Consultants' Report*, TA Number: TA3979-PRC, Manila: ADB, 2005.

大同小异。这些数字显示了三个类别的地方债务：直接债务（当地政府部门或机构直接借款）、政府担保的债务和非正式债务（当地政府提供隐性担保，但可能会承担责任）。这些数字显示：截至 2013 年 6 月，地方债中直接债务总额达 10.59 万亿元，其中的 8416 亿（8%）为省级债务，4.6 万亿（43.8%）由市级政府产生，4.8 万亿（45%）由县政府产生，近 3000 亿（2.8%）由乡镇政府产生。综上，近 89% 的直接借款是从地级/市级和县级政府产生的。

表 2-4 2013 年 6 月地方政府举债表

单位：百万元

	直接地方债务				政府担保借款	非正式担保借款
	总额	省	市	县	乡		
北京	6506.07		2951.69	3544.63	9.75	152.05	896.02
天津	2263.78		836.83	1426.48	0.47	1480.6	1089.36
河北	3962.29	261.6	1928.48	1701.34	70.87	949.44	2603.03
山西	1521.06	241.1	723.68	525.96	30.32	2333.71	323.73
内蒙古	3391.98	3.89	1139.76	2170.49	77.84	867.27	282.82
辽宁	5663.32	258.07	3525.41	1826.18	53.66	1258.07	669.48
吉林	2580.93	604.52	1412.21	540.27	23.93	970.95	694.48
黑龙江	2042.11	399.92	1194.13	419.34	28.72	1049.89	496.12
上海	5194.3		1846.58	3217.65	130.07	532.37	2729.18
江苏	7635.72	262.44	3012.06	3785.73	575.49	977.17	6155.85
浙江	5088.24	106.33	1467.1	3288.1	226.63	327.09	1513.04
安徽	3077.26	279.85	1614.28	1101.42	81.71	601.2	1618.86
福建	2453.69	340.03	868.4	1188.59	56.67	243.73	1684.46
江西	2426.45	188.72	1231.41	958.5	47.82	832.56	673.48
山东	4499.13	60.89	2420.51	1815.76	201.97	1218.68	1389.99
河南	3528.38	358.55	1974.56	1095.73	99.54	273.52	1740.04
湖北	5150.94	161.13	3221.68	1573.95	194.18	776.89	1752.95

续表

	直接地方债务					政府担保借款	非正式担保借款
	总额	省	市	县	乡		
湖南	3477.89	488.37	1120.75	1753.91	114.86	733.41	3525.99
广东	6931.64	603.65	3560.78	2387.49	379.72	1020.85	2212.88
广西	2070.78	110.96	1500.13	454.58	5.11	1230.89	1027.58
海南	1050.17	144.57	652.93	251.4	1.27	225.26	135.41
重庆	3575.09		926.26	2611.87	36.96	2299.88	1485.3
四川	6530.98	352.24	2030.58	3878.38	269.78	1650.9	1047.74
贵州	4622.58	413.07	1028.98	3064.59	115.94	973.7	725.33
云南	3823.92	1104.81	1161.13	1513.35	44.63	439.42	1691.49
西藏							
陕西	2732.56	481.16	1514.76	683.94	52.7	947.75	2413.48
甘肃	1221.12	269.07	544.98	383.05	24.02	422.8	1317.55
青海	744.82	417.27	168.45	156.83	0.27	160.52	152.31
宁夏	502.2	34.27	246.17	211.16	10.6	180.55	108.25
新疆	1642.35	469.96	530.43	609.43	32.53	807.71	296.09
总计1	105 911.75	8416.44	46 355.1	48 140.1	2998.03	25 938.83	42 452.29
总记2	108 859.17	17 780.84	48 434.61	39 573.6	3070.12	26 655.77	43 393.72

总计1是根据各省审计报告统计的债务金额。

总计2是直接从国家审计报告得来的数据，同总计1之间有细微区别。

资料来源：省审计报告和国家审计局（2013年）。

　　表2-5中的数字显示的是2013年各省地方债务占全部省份地方债务的百分比，也反映了不同省份之间客观存在的财政能力差异。这些比率是衡量各省履行债务义务的财政能力的重要指标。当地方政府为了借款，冒险以政府名义进入市场时，借款额代表着他们自己的收入能力，也将决定他们的信用评级。对表2-4与表2-5的内容进行对照分析，可以帮助我们得出各省份负债量与财政能力之间的对应关系，即债务集中的程度。表2-5的数据显示：A组省市地方债务的集中度最高，其中大部分（但不是全部）处于较好财政收

入水平，这些省份占总直接债务的 55%，江苏、广东、北京、辽宁、上海、山东、浙江之间的财政差距不大。然而，四川、湖北和贵州都有着无法掩盖的现实问题，即高度集中的债务和自身收入相比存在大额的财政赤字。贵州的地方债占全国地方债总额的 4.36%，但其财政赤字是收入的 1.5 倍以上。四川的赤字情况稍好，但其赤字中债务占比过高。同样，湖北的地方债务占总债务的近 5%，其财政赤字几乎等于它自己的收入。值得注意的是，四川和贵州位于我国南部和西部地区，湖北位于中部地区，相对于沿海发达省份，这些地区许多经济指标并不占优。

B 组中几乎所有省份（除福建和天津）均为非东部沿海省份，因为每一个省份的乡镇的地方债务都有 4%~2% 的债务集中，大部分财政赤字都高于他们的整体的财政收入。而且，B 组省份大多地理位置不佳，自身收入水平较低，面临着较高的债务风险。C 组省份的地方债都不到总债务的 2%，但这些省份的自身收入大多非常低，因此，他们的财政赤字情况仍相当高。

表格 2-5　地方债务和财政赤字集中（2013 年）

省份	地区	占比%			比率
		直接债务	或有责任债务	间接保证债务	财政赤字/自身收入，2013 年
A. 高债务		54.6%的直接债务			低财政赤字
江苏	东南部	7.21	3.77	14.50	18.7
广东	东南部	6.54	3.94	5.21	18.8
四川	西南部	6.17	6.36	2.47	123.4
北京	北部	6.14	0.59	2.11	14.0
辽宁	东北部	5.35	4.85	1.58	55.4
上海	东南部	4.90	2.05	6.43	10.2
湖北	中部	4.86	3.00	4.13	99.5
浙江	东南部	4.80	1.26	3.56	24.6
贵州	西南部	4.36	3.75	1.71	155.5
山东	东南部	4.25	4.70	3.27	46.7

续表

省份	地区	占比%			比率
		直接债务	或有责任债务	间接保证债务	财政赤字/自身收入入，2013年
B. 中等债务		35.2% 的直接债务			中等财政赤字
河北	北部	3.74	3.66	6.13	92.1
云南	西南部	3.61	1.69	3.98	154.2
重庆	西南部	3.38	8.87	3.50	80.9
河南	中部	3.33	1.05	4.10	131.1
湖南	中部	3.28	2.83	8.31	131.0
内蒙古	北部	3.20	3.34	0.67	114.2
安徽	东南部	2.91	2.32	3.81	109.6
陕西	西北部	2.58	3.65	5.69	109.6
吉林	东北部	2.44	3.74	1.64	137.2
福建	东南部	2.32	0.94	3.97	44.8
天津	北部	2.14	5.71	2.57	22.6
江西	东南部	2.29	3.21	1.59	114.1
C. 低债务		10.2%的直接债务			高等财政赤字
广西	东南部	1.96	4.75	2.42	143.5
黑龙江	东北部	1.93	4.05	1.17	163.8
新疆	西北部	1.55	3.11	0.70	171.8
山西	北部	1.44	9.00	0.76	78.1
甘肃	西北部	1.15	1.63	3.10	280.3
海南	东南部	0.99	0.87	0.32	110.2
青海	西北部	0.70	0.62	0.36	448.6
宁夏	西北部	0.47	0.70	0.25	199.2
西藏	西北部	无信息	无信息	无信息	无信息
总计		100.00	100.00	100.00	73.5

2. 地方债务来源

表 2-6 显示的是各地地方债的资金来源，这些数字证明了本地借贷严重依赖银行贷款，银行贷款占本地借贷总额的 56% 以上。其主要原因一方面是这些银行债权人大多是国有银行，与地方政府之间存在千丝万缕的联系，政府对其放贷的决策也可以施加影响；另一方面政府贷款时合同条款内容只需要告知相对人而不需要向社会公开，从而降低了政府发债的难度。

表 2-6　地方政府借款来源表（2013 年）

时间：2013 年 6 月，单位：1 亿人民币

	自有债务	或有债务		债务总额	%**
		保证债务	非正式*		
银行贷款	55 252.5	19 085.2	26 849.8	101 187.4	56.6
BT	12 146.3	465.1	2 152.2	14 763.5	8.3
债券	11 658.7	1 673.6	5 124.7	18 456.9	10.3
政府债券	6146.3	489.7	–	6636.0	3.7
企业债券	4590.1	808.6	3428.7	8827.4	4.9
中期账单	575.4	344.8	1019.9	1940.1	1.1
短期账单	123.5	9.1	222.6	355.3	0.2
逾期偿还	7781.9	91.0	701.9	8574.8	4.8
信托基金	7620.3	2527.3	4104.7	14 252.3	8.0
向其他团体或个人借贷	6679.4	552.8	1159.4	8391.6	4.7
建设工程延期付款	3269.2	12.7	476.7	3758.6	2.1
来自金融机构的资金	2000.3	309.9	1055.9	3366.1	1.9
政府债券，对外债务	1326.2	1707.5	–	3033.7	1.7
融资租赁	751.2	193.1	1374.7	2318.9	1.3
资金筹措	373.2	37.7	393.9	804.8	0.4
总计	108 859.2	26 655.8	43 393.7	178 908.7	100.0

注：* 非正式债务指政府承担隐性担保还款责任的债务。

** 占总债务的比例。资料来源：国家审计署（2013 年）。

相比之下，2013 年债券融资仅占地方借款的 10%，表明大多数省市级政府都无法发行债券，而债券融资不仅更透明（因为它在借款条款、条件和目的上更公开），并且还可以推动政府账目的标准化进程，这样可以在风险来临时进行独立评估。当前，国家已经意识到了这一点，只是在开放地方债券的同时，又会产生债务置换问题，这将在下一章进行更深入的探赜。

3. 债务资金的利用

审计数据显示，我国城市基础设施建设投资使用了超过 1/3（35%）的地方债资金，近 1/4（24%）的地方债资金被支出在了与城市有关的道路和交通设施建设中，土地储备占到债务的 7%，11% 的投资被用于社会住房，只有 6% 的债务资金被用于教育、卫生和社会服务，3% 甚至更少的债务资金被用于农业、林业和灌溉，另外 3% 被用于环境保护（表 2-7）。

表 2-7　地方政府借款利用情况表（2013 年）

2013 年 6 月，单位：1 亿元人民币

	自有债务	或有债务		总债务	%
		保证债务	非正式债务 *		
城市基础设施	37 935	5265	14 830	58 031	35
公路和交通	13 943	13 189	13 795	40 927	24
土地储备	16 893	1078	821	18 792	11
社会住房	6852	1420	2676	10 948	7
教育，科学，文化和卫生	4879	753	4094	9726	6
农业、林业和灌溉	4086	580	768	5434	3
生态系统和环境保护	3219	435	886	4540	3
制造和能源	1227	805	260	2293	1
其他	12 156	2110	2552	16 818	10
总计	101 189	25 635	40 684	167 508	100

注：*非正式债务指政府承担隐性担保还款责任的债务。

来源：国家审计署（2013 年）。

地方贷款也支持着土地租赁和土地销售收入的增长，造成了土地财政问

题。地方政府主要通过在城市基础设施上进行大量投资，以提高土地的价值，从而吸引更多的制造业企业（例如天津新区），以产生更高的国内生产总值，促进财政收入增长。

值得注意的是，教育投资和城市基础设施建设对非正式担保债务的依赖更高，因为这两类服务都需要很长的时间才会产生资金回报，而这些债务更可能需要提前还款，所以会在很长时期内给当地财政造成压力。因此土地租赁收入或曰出售土地使用权的收入成了地方政府应对这种压力的共同之选。我国的土地所有制规定城市土地归属于政府，地方政府发现，出让土地使用权 40 年或 70 年可以作为地方财政的重要来源。他们对密集使用的土地收取更多的费用，例如高层商业或住宅建筑。鉴于土地价格上涨，这种形式仍然是地方政府最主要的、最活跃的财政收入来源，在 2010 年的地方预算中其融资比例超过 2/3。地方政府对土地出让收入融资的依赖，会导致房地产价格泡沫或经济循环上的风险。由于当地房地产企业往往是纳税大户，且其所缴纳之税款以地方税居多，地方政府更会大力扶持这些企业。这会在一定程度上提高地方财政风险。

但是，与人们想象的不同，格雷沃和艾哈迈德于 2011 年开展的针对我国的一项研究表明，资本支出并没有对西部地区 GDP 的增长做出重要贡献，基础设施支出仅有利于经济增长率较高的地区。[1]这意味着以土地财政的形式刺激本地经济发展并不适用于我国的所有省份。

3. 债务风险

随着中国经济产出总量的增加，地方政府一般公共预算收入也在持续增加。但未来各省份一般公共预算收入规模，不仅受到其增长率的影响，还可能受到增长率波动的影响。有学者利用各省份一般公共预算收入考察期内的平均增长率、波动率作为今后的增长率、波动率，将各省份 2007 年至 2016 年的一般公共预算收入数据代入公式通过 Matlab 软件计算得出地方政府一般公共预算收入，并对各省份地方政府债进行了风险评估。该数据显示：2017 年至 2021 年，处于 0%~20% 的低违约率区间的省份数量占比从 70% 逐渐减少到 30%，而处于 80%~100% 的高违约率区间的省份数量占比从 30% 逐渐增加

〔1〕 See B. S. Grewal and A. D. Ahmed, "Is China's Western Regional Development Strategy on Track? An Assessment", 20 *Journal of Contemporary China*, 2011, pp. 161~181.

到 66.67%。中国地方债的信用违约风险发生概率呈现出随时间、区域变化的动态分布以及其他特征。2018 年是地方政府债风险变化的重要关口期。2018 年前地方政府只需要偿还前期所发行的一般债的利息,因此,地方债的总体违约率较低。但是,2018 年及以后年度,随着大量一般债本息的到期,地方债的信用违约率开始逐年提高。"具体来看,由于 2020 年地方政府需要偿还 2015 年所发行的 5 年期地方债本金,以及 2017 年发行的 3 年期地方债本金;2021 年还要偿还 2016 年发行的 5 年期地方债本金和 2018 年发行的 3 年期地方债本金。因此,各省份一般债违约率在这些年度普遍开始上升;到 2021 年,位于 80%~100%高违约率区间的省份数量占比高达 66.67%。这说明未来我国地方政府债的违约风险将逐年增加,随着中国地方政府债发行规模和增速的延续,这一规律将在后续年度保持。如果没有可持续的发债政策支持,会有大量省份发生地方政府债务危机。"[1]从区域维度来看,中国地方债的信用违约风险可能呈现区域差异化分布状态。吴涛、张亮认为,由于新疆、云南、河南、贵州、广西、黑龙江、甘肃和青海在刚性支出下担保比例小于 0,因此,除非有中央财政转移支付的救助,这 8 个省份一般债违约率为 100%,且地方债违约风险主要集中分布在中、西部省份。到 2021 年,除重庆和山西外,中西部省份中的一般债违约率均处于高违约区间内。"中西部地区中处于高违约区间(80%~100%)的省份数量占全国处于高违约率省份数量的 80%。其中,中部和西部地区各占 40%。这既与中西部地区经济发展特征密切相关,又与中西部地区省份前期政府债务规模过大,而一般公共预算收入规模较低,以及财政赤字规模较高有关。……到 2021 年,东部大多数省份一般债违约率仍然处于安全范围内,有近 70%的东部省份一般债违约率位于 0%~20%的低违约区间,东部省份仅有广西、辽宁、河北和海南等省仍处于 81%~100%的高违约区间。因此,就东部省份的地方债总体信用风险而言,中央政府可以审批与其经济增速匹配的地方债发行规模。故中央政府应重点加强对中西部地区省份一般债发行的监管,严格按照 2015 年《预算法》及其他法律法规的规定,控制并核定其安全的发债规模。"[2]

---

〔1〕 吴涛、张亮:"中国地方放政府债信用违约风险评估研究",载《北京工商大学学报(社会科学版)》2018 年第 5 期。

〔2〕 吴涛、张亮:"中国地方放政府债信用违约风险评估研究",载《北京工商大学学报(社会科学版)》2018 年第 5 期。

四、对改革的启示

我国地方债问题引发了严重的财政风险，其中重要的原因之一就是中央政府下达的指令起到的推动作用。在 1998 年、2008 年两次金融危机后推出的财政激励政策之下，许多省份都背负上了沉重的债务。诺顿对这一现象进行了这样的描述：中央政府向省级政府传达出一种巨大的紧迫感，让他们准备和提交一些需要马上动工的项目投资进行审批，以此作为财政刺激方案的一部分。而与之相对应的是，为了进一步弥补财政缺口，各地政府都设立了特定的融资主体代行发债。[1]可见，中央政策在这一过程中起到了推动的作用。如今 2015 年《预算法》允许地方政府以自己的名义借款，本地借款也将受到信用评级机构和贷款人的更严格的监督，这就需要地方政府在中期和长期的财政增长中，对当地政府财政、资产负债表、项目评估和经济策略全部进行无保留的公示。地方预算需以权责发生制为基础制定账目，从而能够囊括所有或有负债的综合信息。但据 2011 年国家审计署的报告，尽管地方政府都参与了债务融资，但一些地方政府尚未对负债进行适当管理。

财政是庶政之母，"政事所以理财，理财乃所谓义也"，古今中外财政在国家与社会治理之中都处于重要地位。党的十八届三中全会《中共中央关于全面深化改革若干重大问题的决定》将财政提到国家治理层面，将其定位为"国家治理的基础和重要支柱"。要实现这个目标，新一轮财税改革应是财税功能的深刻变革，不是"扬汤止沸"而是"釜底抽薪"，由一个经济治理工具变为经济、社会和政治治理的工具。相应地，财税法变革要从突出财税的经济治理功能向经济治理、社会治理和政治治理功能并重理念转变。人们无一例外地都关注两个方面，即生命和财产，一国法律制度绝大多数都是围绕生命与财产安全对一些行为进行控制而展开的。刑法为维护人的生命财产安全而对违法犯罪行为进行控制；行政法为避免行政机关对人身与财产的肆意侵害而对行政行为进行控制；民商法为维护人与人之间的财产安全而对民事行为进行约束。可见，为了保护人的生命与财产，所有法律都体现了社会控

---

〔1〕 See B. Naughton, "Understanding the Chinese Stimulus Package", *China Leadership Monitor*, (2009), No. 28, available at http://www.hoover.org/sites/default/files/uploads/documents/CLM28BN.pdf, last visited November 4, 2016.

制功能，财税法也不例外。由于财税法直接影响社会公众财产的增减（如税法就是对私人财产的强制征收），其社会控制功能更为直接和明显。正如财政社会学学者所言，所有社会变革、社会事件以及社会公众的社会行为都有其财税法的根源。因而，财税法的社会控制功能应在财税法社会功能中居于首要地位。[1]

综上，地方政府有必要对所有公共基础项目的财务规划进行全面、透明的报告，尤其是在公共项目与私营投资者合作时。为使政府能够了解和应用2015年预算法和财务报告标准，各省在理财能力构建上也需要投入大量努力。亚洲开发银行在2014年出具的有关我国地方财政管理的研究报告中建议，我国要制定地方政府破产法制度，以便在地方财政管理的激励制度上做到更加审慎。[2]如果没有这样的法案存在，若地方政府财政破产事件发生，中央政府实施兜底救助仍将不可避免，这与国务院办公厅《地方政府性债务风险应急处置预案》（2016年）的规定和财政改革的方向是南辕北辙的。关于地方政府破产的问题，将作为地方政府自我偿还模式下地方债的退出机制在本书第7章展开讨论。

---

〔1〕 参见付大学："财税法社会控制功能分析范式与制度构建"，载《法律科学（西北政法大学学报）》2017年第4期。
〔2〕 See Asian Development Bank, *Local Public Finance Management in the People's Republic of China: Challenges and Opportunities*, Manila: ADB, 2014.

第三章 存量地方债的化解与置换

2015 年《预算法》实施时，我国地方债存量为 15.4 万亿元，有 14.34 万亿是非债券类地方债，而其中 2018 年以后到期的地方债高达 6.2 万亿，占比约 40%。[1]2015 年底，财政部发文明确力争在三年内将非债券类地方债置换为地方债券，这段时间被称为过渡期。[2]2015 年，我国完成地方债置换 3.2 万亿元，[3]截至 2016 年 9 月，共完成置换 7.2 万亿元。[4]前面已经讲过，地方债券是地方政府成本最低的融资形式，经过债务置换，每年可以节省利息成本 500 亿元。[5]然而，我们仍应看到，还有约半数的非债券类地方债没有来得及置换，实践中还可能存在没有被归口管理的隐藏债务，因此在现阶段及未来的一段时间内，存量地方债的管理和置换仍然是必须要面对的问题。

目前，我国财政体制正处于新一轮的改革过程中，而此轮改革对地方债问题影响巨大。法律一方面明确了全口径预算管理原则，使全部政府收支行为都要被纳入预算管理之中；另一方面，开放了省级政府发行债券的权力，禁止了发行债券之外的其他任何政府举债形式，也禁止了省级以下（不含省级）政府的举债权。也就是说，省级政府债券将成为今后地方债的唯一合法存在形式，且被纳入预算管理之中，这使得我国存量地方债面临着债券化的

---

〔1〕 参见吴冬雯、闫丽琼："干货：4 个问题带你了解地方政府置换债"，载 http://bond. hexun. com/2016-07-31/185230299. html，2017 年 3 月 20 日最后访问。

〔2〕 参见《财政部关于对地方政府债务实行限额管理的实施意见》（财预〔2015〕225 号）。

〔3〕 参见贾康、刘微："'土地财政'：分析及出路——在深化财税改革中构建合理、规范、可持续的地方'土地生财'机制"，载《财政研究》2012 年第 1 期。

〔4〕 参见包兴安："中国地方债已置换 7.2 万亿元 风险总体可控"，载 http://finance. qq. com/a/20161105/018429. htm，2017 年 3 月 20 日最后访问。

〔5〕 参见曾金华："第 2 批地方政府置换债券额度下达 意在稳增长放风险"，载 http://www. chinanews. com/fortune/2015/06-10/7335853. shtml，2017 年 3 月 20 日最后访问。

问题。其包括三方面的内容：一是要将预算外的存量债务转化为预算内债务；二是要将省级以下地方债转化为省级地方债；三是要将城投债等其他形式的地方债转为债券型地方债。要完成这三方面的转化，涉及不同级别的政府、不同种类的债权、不同的预算管理方式，这其中要面对的问题很多，需要进行顶层设计、统一筹划。

第一节　存量地方债置换与管理的基本问题

我国当前处在财政体制和财税法治改革的过程中，地方债问题的处理正处于这一过渡阶段，需要由原本的多头举债、多方式融资向固定主体、固定方式融资转变。在这一过程中，许多历史遗留问题需要统一的、法治化的处理方式，否则便可能由于处理不当导致完全不同的利益分配结果，影响公平正义的财政理念的实现，影响地方债债权人的利益，也影响地方政府的信用及公信力。目前，我国地方债处理中需要重点解决以下问题。

一、不同种类的地方债需要进行置换

如前所述，我国过去地方债分为显性与隐性两大类，具体包括城投债、银行贷款、PPP 债务、担保债务等多种模式。2015 年《预算法》生效之后，地方政府债券已成为唯一合法、有效的地方债存在形式，这意味着对于 2015 年《预算法》生效前已经存在的地方债，只有两种处置方式，要么全部清偿完毕再以发行债券的方式举借新债，要么发行新债券偿还旧债实现债务替换，这也相当于将原来的债务还款期进行了延长。就目前的实际情况来看，地方债的存量规模（无论是已知的还是未知的）十分庞大，想要在短期内完全清偿在事实上已不可能，因此，借新还旧的形式是最现实的做法。然而，现在讨论地方债借新还旧会涉及债务形式的转换问题，即以地方债券的形式代替以往多种形式的地方债。由于在 2015 年《预算法》之前地方政府没有法定发债权，因此地方债券从理论上来讲是一种新型的法定地方债形式。这种置换将产生以下结果：第一，地方债具体规模将要归口显现。目前，我国虽然进行了两次大规模的地方债审计，但是仍有许多学者认为这些审计结果并不准确，地方债模式的转换将在事实上产生地方债总量排查的效果。第二，地方

债透明化。过去相当长的时间内，政府的财政状况及其信息一直被视为是机密而禁止被公民获知。随着我国财政体制的发展及民主财政理念的普及，各级政府的财政信息得以公开，但许多信息至今仍披露得不充分。以地方债信息为例，具体某一县、市政府在特定时间内存在多少债务、什么形式的债务，其信息很难获取，许多时候都只是以总量的形式存在于中央统计信息中。当前对地方债的研究中，还经常引用中央政府两次大规模的地方债审计结果，但是这种运动式的、突击式的全国审计只能反应宏观总量，而无法体现具体的微观情况。而且这种审计是非常态的，只能反应审计时特定时间节点的地方债总量信息，难以及时地进行更新，无法形成动态的信息披露。正因为如此，哪怕距离上一次地方债审计已过去了 4 年时间，但必要时仍然需要使用2013 年的数据，这也在某些方面说明了对于地方债数据公布得不够具体、更新得不够及时的问题。而今后所有的地方债都被《预算法》囿于债券范围，配合全口径预算管理原则，地方政府作为一级预算单位必然将地方债数据在预算文件中进行公开，增加了财政透明度。第三，丰富了证券门类、增加了证券投资途径，完善了证券市场。一些国家将地方债券称为市政之债或者市政债券，是证券市场上的重要门类，相当于将证券市场之力引入到了地方财政之中。其一方面解决了地方政府之融资需求，另一方面为证券市场的投资者提供了一个风险最小的投资渠道，是为双赢之法。在我国过去的地方债实践中，相关法制并不完善，证券市场也没有建立起来，导致地方债券一直不是我国公民行之有效的稳定投资渠道。可以说，我国法律放开地方债券的禁令，与我国证券市场之建立不无关联。随着我国地方债券的实践，相关一级市场、二级市场的逐步建立，市政债券必然与国库券一样成为资本市场流通的公债，也将为地方债券市场化调节打下基础。

二、不同级别的地方债的转换

我国目前的地方债实践有一个突出的特点，即各级政权单位创造性地提出了各自的举债经验。可以说，无任何一级地方政府无债务，甚至连村级单位都成了地方公债的主体。如前文所述，想在短期内将这些地方债的缺口全部填满是不现实的，因此，借新还旧之法不可避免。但地方债的借新还旧除了涉及债务模式的转换外，还涉及名义上地方债主体的转换。2015 年《预算法》将地方债发债权限于省级政府，这意味着省级以下地方政府根本没有发行地方债券的资格。因此，我国的地方债券无法被称为"市政之债"（municipal bonds），而只是"省政之债"。省级以下地方债政府的债务要转换为债券形式，必然要将债务向上传导至省级，将原来分散在省市县乡甚至村等不同级别的债务统一置换成省级债券。在这一传导过程中需要注意以下几方面的问题：首先，代理发债模式下利益代表不一致的问题。根据地方债的"地方性"特征，地方债之资金被用于特定地方的建设，这意味着省政府的债券所募集之资金不可能只被用于省级建设，其中必然包含省辖区内下级政府之债券需求，因此，目前官方给定的法律关系模型是代理制，即由省政府代理下级政府进行债券发行。但是，代理人与被代理人之间存在着利益代表不一致的问题，省级政府往往出于债务总量控制的考量压缩发债的金额，而对于各下级政府而言，犹如雪崩前的片片雪花，在雪崩前没有任何一片雪花认为自己是有过错的，下级政府会在有限的额度内进行指标竞争，形成不同级别政府之间的矛盾。第二，双层代理模式下的公共选择问题。在省级政府发行债券的模式中，存在着双层代理结构，上层代理结构是指省级政府代理下级政府进行债券发行，而基层代理结构是指省级以下各级政府代表本辖区内的选民进行公共选择。各级政府作为本地利益的代理人，代表人民进行公共选择，在有限的资金中进行支出选择以及在必要的支出中进行资金筹措选择。也就是说，省级政府之债是为了该辖区内人民的利益而存在的，但将发债权上升至省级政府之后，经过二次代理，省级政府还能否代表下级政府所辖之公民进行公共选择就成了问题。若省级政府对下级政府只是形式上的代理，那意味着实际的发债决定权仍在下级政府手中，无非是由省级政府进行了形式上的背书。若省政府对下级政府是实质上的代理，即意味着对于下级政府的发债申请具有否决、核减的权力，这要求省级政府需要提升对下级政府所辖公民之代理，了解其利益诉求与必要性等级，花费大量时间、精力、财力进行基层调研，甚至可能要设置专门的机构来负责此事。这在实际上替代了下级政府的履责，增加了省级政府的负担。第三，各级政府发债需求与还款能力的省级管控。由于我国目前采取了省级发债模式，市县乡镇各级政府的资金需求需要向上汇总，由省级政府进行决断。而与之相对的是，省级政府并不需要最终替下级政府"埋单"，因此，对于下级政府还款能力的评估是其向下分配资金、向上申请发债配额的重要参考指标。这意味着作为发债代理人的省级政府，也是下级政府的债权人。简单来说，就是省政府以债券的形式借款，再将资金以分配的形式"借"给下级政府，下级政府向省级政府以提供税收的方式"偿还"，最终债务归宿还是"谁使用、谁负责"。在这个过程中，在决断哪一级地方政府可以使用债券资金、可以使用多少债券资金、与本地可使用的财政资金之比关系如何等问题上，省政府便身兼资本市场参与者与监督者的身份，容易发生角色混同。

三、国内外存量地方债的管理经验

1. 我国现有的地方债化解经验

（1）浙江做法。浙江省作为我国经济较为发达的省份，其地方债存量之大不容乐观，且不只是已经被审计出的显性债务和隐性债务问题，还有许多未被公布的债务被列于隐性债务额度之外，例如社保基金等。[1] 这其中还包括大量外债，到 2002 年底，浙江省外债余额已经达到 11.28 亿美元，到 2014 年，其外债规模约为 43.84 亿人民币。[2] 为此，浙江省近年来积极采取措施进行存量债务的化解，取得了突出的成效。浙江省采取的存量地方债清理措施包括但不限于：

第一，债务归口管理。所谓归口管理，即对同一级政府及政府部门的举债，均由同级财政部门进行统一管理，未经财政部门审核同意，任何单位都不得进行举债，这主要是针对不同政府部门多头举债、调管不利的情况进行的制度设计。到 2007 年 9 月底，浙江省、市、县三级政府全部实现了归口管理，使财政部门承担了地方债的管理、监管职责。

第二，设置政府债收支计划，由本级政府进行管理。所谓政府债收支计划，是指由各级政府财政部门编制本级政府的债务报表，包括发债计划、还债计划、存量债务情况等内容，并将该报表报送本级政府常委会审议，经本级政府通过的地方债收支计划需要报上级政府财政部门备案。这种通过源头控制的做法对于地方债的管理具有相当大的意义。然而遗憾的是，所有的地方债收支计划都由政府自行编制并审议，政府及其部门既是举债人，又是偿

---

〔1〕 参见黄旭明："适度举债 讲求效益 加强管理 规避风险"，载浙江省财政厅主办，浙江财政年鉴编辑委员会编：《浙江财政年鉴 2014》，中华书局 2014 年版，第 435~439 页。

〔2〕 参见唐云锋等：《地方治理创新视角下的地方政府债务危机防范研究》，中国言实出版社 2014 年版，第 138 页。

还人，既是信息公开义务人，又是最大的信息垄断者，既是政府债收支计划的编制者，又是其审批者。

第三，地方债风险预警机制。浙江省出台相关规定，在全省范围内施行统一的地方债风险指标体系，并规定相关的指标指数。例如，其地方债管理办法中明确规定地方债负债率（地方债存量与当地年生产总值之比）不得超过10%的安全线，地方债债务率（地方债存量余额与本地当年可支配财力之比）之警戒线为100%，偿债率（当年偿还的地方债本息与当年可支配财力之比）警戒线为15%。以上三项指标任何一项超过警戒线，当地政府就不得再行举债，省政府对于浙江省下辖地方政府的三项指标按年进行考察。此外，各地应该根据本地的财政状况，从财政收入中提取一定比例的资金列入偿债准备金，提取的比例不得低于财政收入的3%，原则上不得超过8%，个别财政状况好的地区可以在以上比例区间之外另增提取比例。当还债准备金的数额达到地方债余额时，可以不再进行提取。[1]

第四，将地方债管理纳入行政考核范围。自从2006开始，浙江省委将政府负债率作为党政干部考核的指标之一，占全部考核项目比重的2%。省以下亦是如此，义乌市、诸暨市、舟山市、青田县等地都采取了相同的办法，力求使地方政府领导不再将发债创造政绩作为寻求升迁的手段，在举债之时也会增加对负债率的考量，从而在政治源头规训政府及其领导，遏制其发债的冲动。

第五，创新举债方式，降低举债成本。由于不同的举债方式有着不同的成本，因此如何在不同的融资模式中进行选择就成了对地方政府理财能力的考验了。对于浙江省而言，更多的地方政府采用了融资平台模式。例如，义乌市组建了全额的财政注资的国有公司，以公司化运作的方式进行地方建设，同时将整个义乌市的地方债全部归于该公司进行举借或偿还，以便于归口管理。上虞市建立地方融资平台，以104、329两条国道作为担保，以该城投公司的名义发行交通债券8亿元，期限15年。这样的做法在当时有一定的进步意义。例如，义乌市的政府融资公司便于债务规模的管理，上虞市发行的准市政债券的成本比同期银行贷款节省了1.11%。但是，正如经济学家所测算的那样，通过融资平台借债并非是地方债成本最低的方式。在允许省级政府

---

[1]　参见《浙江省地方政府性债务的管理实施暂行办法》（2006年1月18日）第38条。

发行债券、同时禁止城投债的当下，浙江省的这一做法将难以具有持续性。

（2）福建做法。改革开放以后，福建省个别地区为了加快地方建设，通过超财力举债的方式透支了未来的财力，在地方债管理不规范的情况下，危机初现。为此，福建省政府采取了一系列积极的举措加快对这一问题的清理。首先，制度先行，为地方债的清理和管控制定规范。完善规定是完善管理的前提，福建省财政厅先后下发了《关于加强政府债务内部管理的规定》《关于进一步加强政府债务管理工作的通知》《关于做好当前国债专项管理几项重点工作的通知》《福建省使用国家开发银行政府信用额度贷款资金管理暂行办法》《福建水土保持与乡村发展亚行贷款项目还贷风险防范暂行办法》等规定，尽可能地完善地方债管理规范，使其举债、管理、偿还等都有据可依。其次，厘清主体，确立"谁举债、谁偿还"的原则。由于政府机关上下级存在强烈的隶属与服从关系，上级政府对下级政府的领导与命令色彩浓重，经常使得债务在不同主体（包括上下级与同级政府及其部门）之间传导。因此，要厘清地方债法律关系，必须先厘清债务主体。而根据债的一般理论与地方债的特性，地方债的运行必须遵循"谁举债、谁偿还"的原则。一方面，地方债虽然有一定的政府意志性，但其债务关系的缔结也必须依托债权人与债务人的合意。债权人与债务人之间在地方债关系上是事实上的债的关系，既然是债，那双方当事人就具有相对性，举债的地方政府是当然的债务人。理论上来讲，未经债权人同意随意改变债务人的做法是不符合债的理念的。另一方面，地方政府举债具有资金使用目的上的地域指向性，根据项目区分理论之辖区受益原则，A市政府举债的资金会被用于A市的基础建设或其他公益性资本支出，在此债务资金中受益的一方主体必然是A市政府及其本地居民。若由B市政府或者A市上级的省政府作为债务人，则会使在本次债务关系中没有获得利益的主体承担原本不用承担的义务，违背了公平正义的理念。对此，福建省政府明确了"谁举债、谁偿还"的原则，特别是对于县、乡级地方债，更是予以重点排查、采取有力措施使其自我消化。再次，奖励与约束并举。对于地方政府债的清理而言，光靠约束机制还是不足以达成清理目标的。因此，必要的奖励、刺激机制也必不可少。这也是经济法在宏观调控中的一大特征。福建省规定，对于明确了债务主体、债权债务关系明晰的县乡予以奖励，对于化解债务成效显著、存量债务减少、任务完成或超额完成的县乡予以奖励，对于债务管理制度实施有效的县乡予以奖励，多管齐下，共同完成地方债的清理目标。最后，建立监督机制、健全偿还机制。福建省明确规定政府不得举债搞建设，不得下达招商引资指标，实行领导干部离任时审计其在任期间举债情况的制度，并对地方债进行动态监督。同时，与浙江省一样，福建省也建立了类似的地方债偿还准备金制度，对于乡村债务提出了"制止新债、消化旧债"的目标。

（3）安徽省颍上县做法。安徽省在地方债存量清理过程中也出台了一系列的规定，如《关于开展化解全省县乡政府债务工作的通知》（财预［2005］367号）及《关于开展化解县乡政府债务试点工作的通知》（财预［2005］654号）。其中，颍上县的做法较为具体，也取得了一定的成效。其具体做法包括：第一，回收有效债权。地方政府可以作为债务人，也可能作为债权人。我国民法中规定了债权人对于债务人的代位求偿权，但对于地方政府的债权，地方债之债权人却鲜有提及代位权。对此，地方政府应当加强对自己未到位之债权的清理，以增加财政收入资金。例如，对于地方政府的债务，地方政府应当主动催收，回收有困难的，可以重新制定还款计划，必要时可以对债务人提起还款诉讼。对于财政单位的财政欠款或他人占用的公款，应当责令其限期偿还；对于单位公款，应当组织专门人员催收，屡催不还的，通过司法途径解决。通过以上方式最大限度地减少或者消除其他主体不当占用财政资金的情况，以此充实地方政府之府帑，从而增加其地方债的还款能力或减少其举债的需求。第二，降息减债法。过去，颍上县及境内乡镇政府为了举债吸引资金，往往会采用高息吸收资金的措施，对此，县政府规定原则上应当将利益调减至银行同期利率水平或以下，允许举债政府与债权人在协商一致的基础上，修改或重新签订协议。同时，严格禁止将未偿还的地方债利息归入本金重新计息，禁止在地方债的还款中使用复式计息的利滚利做法，减少利息的支出。第三，引导债权、债务的冲抵。对于地方债的债权人与地方政府债务人同属本地的，采取积极协商的方式引导债权与债务冲抵。具体法律关系模型如下：A企业作为地方政府的债务人，B企业作为地方政府的债权人，假设二债务等值，地方政府应采用积极协商的方式使彼此之间的债权冲抵、转化，将对A企业之债权转让给B企业，或将对B企业的债务转让给A企业，使A、B与政府之间的三角债转化为A、B之间的债务，该地方政府退出债权债务关系，这样会使地方政府之账面债务与账面债权相抵，减少存量债务。第四，剥离债务。过去由于招商引资或鼓励兴办企业等原因，地方政府曾主动举债或者担保，从而形成了大量债务。对此，颍上县政府规定，采用"谁受益、谁偿还"的原则，由企业进行偿还，将该债务从地方债中剥离出来。地方债的剥离实际上是重新划定了债务的债务人，地方政府从债务关系中退出。第五，其他措施。例如，刺激经济发展、增加地方政府收入，做大财政资金的"蛋糕"，使政府的财政信用基础更加夯实。此外，严格管控财政资金的支出，进行节流，改革地方财政政绩考核方式，建立风险预警机制与债务清理奖励机制等。这一系列的措施取得了一定的成效，但有些行之有效的措施却难以经得起合理性的推敲，仍有待进一步商榷。例如，债权债务的引导传递可能导致债务人的还款能力下降，危及债权人权益，"谁受益、谁偿还"的原则突破了债的相对性使债权人利益受损等。

2. 国际经验

（1）美国做法。美国作为世界上经济最发达的国家，其地方政府财政也非永续稳定的，地方政府破产的情况频频出现。但与之相对的是，美国政府有着丰富的地方债管理与处置经验。首先，依法办事，有章可循。美国法律纷繁复杂，对于大部分的社会问题都有着相对应的立法或者判例予以调整，地方债的清理问题也不例外。无论是联邦还是州，都有着相对完善的法律对其进行规制。这些法律涉及程序、主体认定、责任等各个方面，通过立法在先的方式使地方债的清理有统一的依据，不至于到危机爆发之后再采用各种领导指示、通知仓促应对，客观上使各方主体（无论是债权人、地方政府还是地方政府的领导）都对地方债的后果有相对准确的心理预期，责任也相对明确。其次，州政府的合作与援助。在美国，市、县等地区陷入债务危机的困境时，州政府一般不会放任不管，而是采取一定的援助措施，帮助其渡过难关。当然，这种援助有一定的限度，并不意味着州政府会将下级政府的债务全部承担下来。正是由于州政府的援助不是代替性的财政施舍，而是州政府与地方政府的合作，因此不具有强制性。最后，州政府对发生财政危机的地方债行使监督权。在美国，州是政权构架的基石，向上让渡权力形成联邦，向下管理地方政府。因此，州应该享有一定的监督权，通过监督权的行使对地方政府进行必要的约束，必要时还可以派出专门的机构或特派员进行监督。这些监督者具有相对较大的权力，可以采取一定的紧急措施，并提出相关债务处理的建议。同时，这些监督者还享有一定的协调权，使债权人、债务人、政府官员、雇员可以在其主持下进行协商，商定还款协议、延期还款协议或政府裁员协议等。[1]除此之外，美国还尝试过用债券置换地方政府债务以及将地方政府债务纳入合格抵押品的做法。1975 年，美国纽约州政府面临破产，随后，州政府提出"财政三年计划"的资金调配方案。方案要求纽约州的主要银行、纽约市公务员退休基金、减债基金及市政援助公司（MAC）制定"长期融资协定"，将银行、退休基金、减债基金所持有的 MAC 债券及短期债券均置换为长期债券，而后由退休基金出资 25 亿美元购买这些长期债券，以解决短期债务危机。为应对 2008 年国际金融危机，美联储扩大了贴现窗口抵押品范围，建立了对公司债、市政债、各类私人货币市场工具、中长期信贷资产、住房抵押贷款支持证券（MBS）、资产支持证券（ABS）等资产的购买机制，使中央银行信用能直接延伸到金融市场，从而稳定资产价格。欧央行则将地方政府债务纳入短期公开市场操作和常备借贷便利的抵押品范畴，并将其纳入三类评级管理。属于第一类和第二类地方政府发行或担保的资产，其发行或担保的债务的隐性评级可依附于中央政府的信用评级。属于第三类地方政府发行或担保的资产，其发行或担保的债务的隐性评级默认与私人部门相当。

（2）澳大利亚做法。澳大利亚对政府债的管理经历了集权主义阶段、分权主义阶段与市场调节阶段，不同阶段产生的债务有不同的举债人、还款人设定。例如，联邦政府代地方政府举债时，对于地方政府而言，其对债务的数额并不敏感，多大的负债额都无法满足其对资金的膨胀需求。一旦联邦政府放松对地方债的管制，放任地方自主发债，就会产生地方债的发债冲动，除了其法定或规定的限度内的举债之外，地方政府还会采取各种方式绕开限定，地方债危机就会加剧。因此，澳大利亚成立了专门的借款委员会对其进行协调，但若没有地方政府的支持，无法与其开展合作的话，借款委员会的放债管控措施就无法奏效。最终，澳大利亚舍弃了强制、命令性的行政管制，采取了市场调节模式。具体而言，地方债的信息披露造就了一个相对健康的资本市场，在这个市场中，负债率低的地方政府其资本信用更高，信用越高的政府就可以用相对更低的利率举借到更多的资金；而负债较高的地方，其还款能力会受到市场的质疑，其市场信用就会变低，除了再举债时利率更高、

---

　　〔1〕　参见傅志华、陈少强："美国防治地方财政危机的实践与启示——以宾夕法尼亚州为例"，载《国际经济评论》2004 年第 4 期。

成本更大之外，还可能会使多数政府债券投资人望而生畏，从而增大政府融资的难度。这样就使地方债形成了一个动态的市场调节过程，负债率低时可以举借更多债务，负债率高时在市场调节作用下就要减少负债、增加信用。[1]但是，市场调节地方债行之有效的前提是信息的公开，若没有一个相对完善的信息披露机制，市场机制就难以发挥其应有的作用。

（3）印度做法。印度曾经用低息贷款置换地方政府债务，也曾使用过债券置换地方债的做法。印度地方政府的债务以中央政府借款为主，融资渠道也多由中央政府控制。2003 年，印度地方政府存量债务中，中央政府借款额达 10 000 亿卢比，利率超过 13%。为转变地方政府融资渠道、降低融资成本，2003 年至 2004 年，印度推出"债券互换方案"，以低成本的市场贷款置换高成本的中央政府借款。由于同期市场利率仅有 7.5%，通过债务置换，地方政府可节省 3100 亿卢比的利息费用。以低息贷款置换地方政府债务可为地方政府度过债务危机赢得时间和空间，为推进财政金融改革创造条件。但其弊端也是显而易见的。"一方面，行政化政策指导和援助过多，不利于培育竞争性地方信贷市场，也不利于降低公共投资的融资成本。另一方面，地方政府容易产生政策依赖，不利于创新基础设施建设的投融资方式。"[2]一些地方政府为电网公司和国有企业实施的财务重组提供担保，加上 2009 年起推行大规模市场融资计划，印度地方政府的总体债务大幅增加，部分地方政府担保的未偿还或有债务金额占 GDP 的比例已超出财政安全警戒水平。印度地方政府通过发行免税的 15 年期"电力债券"化解此次债务风险。为解决此过程中产生的道德风险问题，印度中央政府明确表示上述措施仅为一次性方案。同时，要求完善地方财政管理，严格执行信息披露，及时、全面地向公众公开地方政府的赤字状况、借款明细等信息，加强外部监督。以债券置换地方政府债务，按照债券发行市场化程度由高到低依次为：公开发行、定向发行、财政部发行特别国债购汇、央行从公开市场直接购买。采用公开发行方式，在债券市场发行交易机制不健全的情况下，可能会进一步导致市场扭曲，无法实现降低地方政府偿债压力的目的。采用定向发行方式，银行将受益于风险资产规模下降、资本充足率提高、流动性提高及资产质量改善，但同时，银行

---

[1] 参见任太："澳大利亚对地方政府债务的管理及启示"，载《财政研究》2004 年第 8 期。

[2] 汤春华、张雪晴："地方政府债务置换的国际实践及启示"，载《金融纵横》2018 年第 5 期。

及其他地方政府债权人会损失部分利息收益，从长期看还会加大银行转型压力。采用财政部发行特别国债购汇、央行间接介入的方式，对银行而言，国债替代贷款虽会造成资产收益率下降，但有助于降低系统性风险。同时，央行可以在市场上间接购买特种国债，以取得降低长端利率、投放基础货币、增加流动性的效果。采用央行从公开市场直接购买的方式，有利于快速实施地方政府债务置换，从而减少外汇流入，降低央行再贷款和其他公开市场操作的压力。但中央银行介入地方政府债务置换可能会面临信用评级和定价问题，还会增加地方政府的道德风险。[1]

（4）巴西做法。在经历了多次债券偿还危机后，巴西政府出台了一系列措施，以解决地方政府债务问题，主要包括：①限制各商业银行向公共部门提供贷款，对于违规举债、突破赤字上限、无法偿还联邦政府或任何其他银行借款的州，各银行禁止向其贷款；②巴西国有银行与地方政府设立的银行不能发放政府贷款；③州政府持有的大型商业银行资产可与联邦政府持有的高收益资产（国债）交换。同时，为避免地方政府债务风险向金融市场蔓延，增强金融系统风险抵御能力，巴西政府推进银行改革：一是从地方政府中剥离地方银行，以减少地方政府对银行的干预；二是金融系统进一步向境外资本开放，部分地方银行被出售给跨国银行集团，以此提高银行竞争力；三是中央银行要求商业银行实施更严格的贷款审查标准，以提高商业银行的贷款质量，降低风险暴露概率；四是中央银行对系统重要性银行注资，充实资本金以满足巴塞尔协定的相关要求，并采取有效措施降低不良贷款率。[2]

以上国家的经验为我国提供了以下启示：首先，应当对地方债实行法治化的管理。而要实现法治化，首先要确定法律制度，在地方债法律制度不完善的情况下，各项举措会不具有长期性。其次，要明确地方债的债务主体。目前我国地方债清理过程中，部分地方政府会以发布通知的形式自行宣布地方政府提供的担保无效，从而免除自身的偿还责任；或者通过"谁受益谁偿还"的理由剥离债务；地方债与其他债务的抵消，可能使债务人的还款能力降低危及债权实现等。这些做法并不妥当，应当厘清债务主体，防止逃债现

---

〔1〕　参见汤春华、张雪晴："地方政府债务置换的国际实践及启示"，载《金融纵横》2018年第5期。

〔2〕　参见汤春华、张雪晴："地方政府债务置换的国际实践及启示"，载《金融纵横》2018年第5期。

象的发生。再次，应当划清中央与地方的财权、事权边界。目前，中央政府宣布不再对下级政府的债务负责，为央地财权的分割提供了一个良好的契机，也为地方政府独立承担责任提出了新的要求。复次，建立地方政府债务风险分类处置制度。对债务指标已超过警戒线，但尚未发生债务危机的地方政府，在强调"责任自负"的基础上，进行"早期干预"；在规划期限内完成财政重建任务的地区，国家可适当给予奖励。对已经发生债务危机，但不会引发系统性风险的地方，由国家提供必要救助，但同时提出整改要求，要求地方政府必须在规定期限内分阶段完成整改任务。对债务危机较为严重且有可能引发流动性风险的地方，可以借鉴美国纽约州的债务危机处置方式，由国家全面接管该地区的财政收支、人事任免、行政事务及其他重要事项的决策权，并组建"债务重组领导小组"作为"托管人"，全权负责应急处置及债务重组等相关事宜，直到债务问题完全解决。[1]最后，还应当建立系统化的监管体制，形成包括预算管理、市场调控、信用评级在内的综合性调整机制。

第二节　地方债置换受阻及其疏解

一、地方债置换中的遇冷与问题

2014年《国务院关于加强地方政府性债务管理的意见》明确剥离了融资平台公司的政府融资职能，对地方政府债务实行规模控制，严格限定政府举债程序和资金用途，规定地方政府举债的唯一合法途径是发行地方政府债券。此后，财政部联合多部委发布多项条文对政府融资"修明渠、堵暗道"，加速推进债务置换，并加强风险管控。但事后来看，个别地区的局部风险仍不容忽视。在这样的大背景下，2017年第二季度，财政部等发布的《关于进一步规范地方政府举债融资行为的通知》和《财政部关于坚决制止地方以政府购买服务名义违法违规融资的通知》进一步明确了地方政府融资相关要求。2017年5月底国务院发布的《国务院关于开展第四次大督查的通知》提及查处违法违规融资担保，严控"明股实债"等变相举债行为情况。国务院于

---

〔1〕　参见汤春华、张雪晴："地方政府债务置换的国际实践及启示"，载《金融纵横》2018年第5期。

2017 年 7 月中旬派出督查组，选择重要经济指标排名相对靠后、重点工作任务进度相对滞后、有关问题相对集中的部分地区进行督查。针对各类 PPP 项目乱象，2017 年 11 月，财政部颁布《关于规范政府和社会资本合作（PPP）综合信息平台项目库管理的通知》，严格新项目入库标准和集中清理已入库项目。

从 2015 年起，我国开始了存量地方债的置换工作，除了新发行的 6000 亿元新债券之外，当年国家计划分两批置换存量债务 3.2 万亿元，此置换额度基本涵盖了各地方政府统计信息所显示的存量债务的全部，如果能够顺利置换完成，则存量地方债的危机可以得到暂时性的缓解。但是，在置换过程中却产生了新的问题，原本作为大众印象中优质投资产品的地方债却遭到了冷遇。2015 年 4 月 23 日，浙江省原计划置换 648 亿元的存量债务，但招标过程却并不顺利，导致浙江省政府不得已延迟地方债券的发行时间。同年 8 月，辽宁省 10 年期专项债发生流标。为了解决地方债市场公开承销的困境，为存量债的置换打开局面，财政部联合央行和银监会推行定向承销，采用行政摊派的方法让到期债权人接受债务置换。此外，财政部和央行在 7 月发文，将地方债也纳入国库现金管理，这实质上是央行对地方债的隐性背书，购买债券的银行通过将地方债券质押于央行可以套取现金获得流动性，当银行将这些流动性投放市场，会摊薄所有市场主体的利益。[1] 之所以地方债券的置换会遭到冷遇，直接原因就是地方债券的规模、利率及流动性存在问题，无法有效吸引投资。

首先，2015 年共计划完成 3.2 万亿元的存量地方债置换，分两批进行，首批置换总额度为 1 万亿元，如此大规模的置换体量对资本市场的闲置资金提出了挑战。对于主承销商或其他投资者而言，在短时间内并没有如此巨大的投资需求，导致公开招标的地方债券难以按时完成认购。

其次，政府和投资者对于地方债券的利率期待值不同。短时间内置换如此大规模的地方债，对于政府而言，为了减少成本，其必然会想方设法压低地方债券利率。而对于投资者而言，地方债券的利率只有在市场供需规律之下形成才最合理，地方政府在该利率形成过程中拥有太大的话语权会扭曲市

---

〔1〕　参见赵玮："论地方政府举债融资中的'参与'"，载陈少英主编：《东方财税法研究》（第 5 卷），法律出版社 2017 年版，第 162 页。

场定价机制，使投资者难以接受地方政府的报价。浦发银行员工透露，银行购买1亿元的地方债券，亏损将会达到50万~100万元。[1]有人进一步指出："面对这样低的地方债发行利率，即使是个人投资者也不会感兴趣，他们宁愿选择储蓄也不可能购买这种低利率的地方债，因为地方债的风险要高于储蓄。既然如此，为何号称拥有一大批高级人才的商业银行等机构投资者却对这样的'烂山芋'趋之若鹜？按照正常的市场思维，地方债既然面临这么多不利因素，那么它要想完成发行，只能以较高的利率来吸引市场。但是，现在的竞标结果却是不仅低于信用度比它高出很多的国债利率，而且还低于支付给储户的储蓄利率。"[2]

最后，地方债券的流动性较差。我国地方债券处于初创阶段，除了发行规则不完善之外，对地方债券二级市场的规制也处于缺失状态，导致地方债券的流动性差。如此一来，地方债券在流动性与利率上处于全面劣势，正如上述浦发银行员工所言，若追求流动性，可以去买国债，若追求收益率，可以购买AAA央企之企业债券，购买地方债券成了银行的鸡肋选择。地方债券的低流动性，既是地方债置换预冷的原因，也是要建立和完善地方债二级市场必须要解决的问题。要应对这一问题："一是进一步理顺地方政府债券的市场化定价机制，扩大政府债券发行市场参与主体的覆盖面，优化置换债券利率。让市场价格差异真正体现各地方政府的财政经济实力、信用评级状况等，反映地方政府债券在一级市场的供需关系，并在此基础上激活地方政府债券的二级市场交易。二是增强地方政府债券的抵押融资功能，对信用评级较好的地方政府，可提供优惠贷款利率，提高债券流动性。三是可探索允许外资购买地方政府债券的途径，以此作为吸引外资的新方式，为地方政府债务转换赢得宝贵空间。"[3]

针对地方债置换中遭到的冷遇，财政部、央行、银监会紧急出台了《关于2015年采用定向承销方式发行地方政府债券有关事宜的通知》（以下称《承销通知》），明确授权地方政府采用定向承销方式进行债务置换。所谓定

---

〔1〕 参见杨晓波："1.6万亿地方债或迟延发行 不受银行待见"，载 http://www.xinhuanet.com//fortune/2015-04/24/c_ 127727110.htm，2017年5月1日最后访问。

〔2〕 张平："地方债发行利率奇低是祸不是福"，载《投资北京》2011年第12期。

〔3〕 汤春华、张雪晴："地方政府债务置换的国际实践及启示"，载《金融纵横》2018年第5期。

向承销置换，是指地方政府可以针对特定的地方债债权人进行债务置换，置换过程手续较为简单，不必用新债收入偿还旧债，只需要采用簿记建档的方式将存量债务在档案中进行期限、利率、债务主体的更新即可。该规定的出台便于地方债置换工作的推进，[1]也产生了债务摊派的不利结果。2015 年 6 月 30 日，中央电视台《新闻直播间》节目专门澄清定向承销并非强制摊派，而是采用与承销单位自主协商的方式，协商不成则可进行公开发行。[2]《承销通知》是在地方债公开置换受阻之后紧急出台的，其目的就是通过定向承销的方式解决自主协商下债券发行不力的情况。温来成教授认为，采用定向承销方式进行债务置换，最初银行借钱给政府，现在政府又选择向其发行新债，其中还包含着银行必须接受的意思，导致债权人地位十分尴尬。中信证券黄文涛博士也认为，定向承销的债务置换很难根据市场化的运作进行，因为实践中公开发行地方债受挫，而财政部又要求于当年 8 月 31 日前完成首批 1 万亿元债务的置换，导致地方政府必然向债权人施压，不但自主选择债权人进行"协商"，而且从承销团中根据债权人债务比重确定最低申购额度。个别省份在此轮债务置换中采用定向方式发行的债券占比高达 80%。

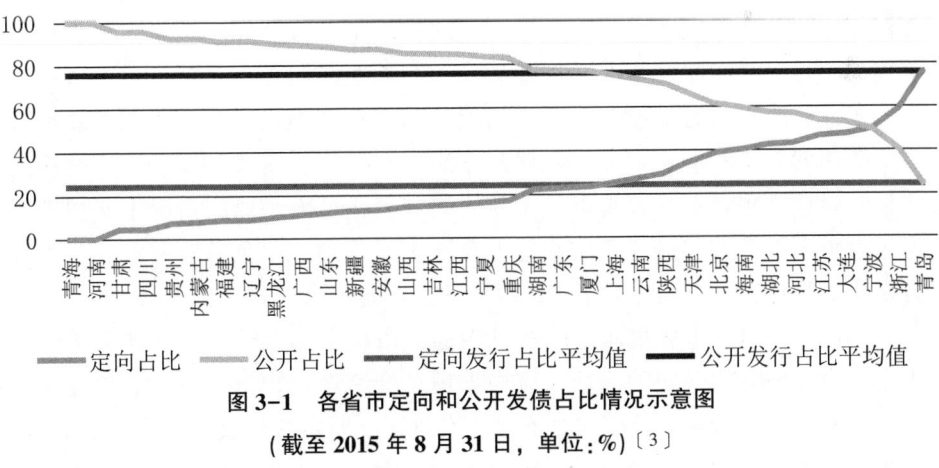

图3-1　各省市定向和公开发债占比情况示意图

（截至 2015 年 8 月 31 日，单位：%）[3]

---

〔1〕　参见宗禾："部分地方债可用定向承销方式进行"，载《中国财经报》2015 年 5 月 19 日。

〔2〕　参见中央电视台新闻直播间节目："两万亿地方债置换：债务置换并非强制摊派"，载 http://news.cntv.cn/2015/06/10/VIDE1433925605182690.shtml，2017 年 5 月 1 日最后访问。

〔3〕　参见宋伟健等："2015 年我国地方政府债券发行中期总结及展望"，载《债券》2015 年第 10 期。

应当承认债务置换是解决地方债务问题的重要手段之一，用低成本的地方政府债券去置换高成本的非标、贷款和城投债等地方政府债务对降低财务成本和减轻地方政府偿债压力具有较为明显的积极作用，且这也是 2015 年《预算法》语境下地方政府发债的必由之路。但随着置换难度加大以及置换债务规模下降，2017 年地方债整体发行规模较 2016 年下滑 1.69 万亿元至 4.36 万亿元（其中新增债约 1.59 万亿元，置换债约 2.77 万亿元）。同时，地方政府债券的发行也更加合规，比如前期有的地方政府可能存在提前发行后短暂挪用的现象，中央对此也是严查，叠加发行利率高企和被置换债务到期节奏放慢等原因，我们可以发现，2017 年地方政府债券的发行节奏慢于 2016 年，上半年地方政府债券发行占比由 2016 年的 57.6%降至 2017 年的 42.7%。[1]

二、债务置换受挫的症结解构

地方债置换之所以会受挫，导致需要采用行政干预的方式扭曲债券市场供需，主要原因是在地方债治理领域，相关利益主体参与性治理的缺失，使彼此之间的沟通和交流不畅，也使不同利益主体间缺乏互信，尤其是市场主体对于地方债债务人缺乏信赖，最终反映在地方债券市场的结果就是投资购买力的不足。具体而言又可被分为以下三个层面：

第一，中央政府与地方政府之间的参与性治理不足。由于我国在政治制度上采用的是单一制，地方必须服从中央。在政府投融资领域，地方政府的事权与财权之间有着巨大差距，在中央明令禁止地方举债的情况下必然需要通过种种创设性方式进行实质举债，在这个过程中，中央政府并没有参与地方融资。另外，地方政府对于中央政府政策制定的参与程度也不足。

第二，政府与市场主体之间缺乏沟通，市场主体无法参与到地方债治理中来。对于地方债问题的治理，应当采用社会综合治理方式，而非单纯的行政治理模式。在行政主导模式之下，政府政策的制定往往会偏离市场的需求，忽视市场主体的诉求，导致治理效果不如人意。对于市场主体来讲，更加关注的是地方债券的收益与风险，而对于政府而言，更加关注的是如何能用最少的成本获得最大的政府融资。由于地方债的公私交融性，地方公权力机关

---

〔1〕 参见屈庆、李俊江："地方债与地方政府债务化解"，载《中国金融》2018 年第 8 期。

在政府融资过程中的话语权较大，往往过于强调地方债"公"的属性而忽略了其"私"的意志。具体而言，目前我国行政主导下的地方债运行与市场之间存在着脱节的情况。虽然在经济法中，行政主导性是其重要特征之一，但这种行政主导应当是建立在对市场的充分尊重基础上的，即必须让市场在资源配置中起决定性的作用，地方债在发债过程中必须对债券市场进行充分的调研、与市场主体进行充分的沟通、了解债券市场的需求和市场主体的投资意愿。但从目前来看，虽然目前由全国人大常委会确定地方发债上限，国务院分配各地发债限额的做法比过去由各地方政府自行举债、隐性举债有了长足的进步，但是弊端仍旧存在。地方债的实际发债金额不能仅仅取决于中央或地方政府的发债意愿，还应取决于市场主体的购买欲望和购买能力，如果政府超出市场主体的意愿超额发债，必然会在市场中遭到冷遇。虽然在理论上确如乔宝云教授所言，在定向承销过程中银行等承销团成员可以和政府进行讨价还价，甚至在对利率、期限等债券基本要素无法达成一致时退出承销团，转而将地方债券进行公开发行，[1]但这种理论上的模型在现实中却无法按照预想的情况运行。一方面，我国地方债定向承销的对象主要是国有银行，而国有银行属于特殊企业，其党政领导与政府之间有着千丝万缕的联系，国有银行的领导与政府领导之间的岗位调换也是时常发生的事，在这样的情况下希望银行去"封驳"政府的发债决议是不现实的。另一方面，目前各大银行内部都有拉存款的业务指标，政府财政资金存放于哪个银行对于其业务量的完成有着举足轻重的作用，这也使得银行必须谨慎地维护和政府的关系。其实，类似的事件也发生在 PPP 项目中，政府大力推广的 PPP 模式在市场中遭到冷遇，也是因为政府与市场主体之间的沟通不畅，使市场主体无法在 PPP 项目中看到与风险相匹配的收益。[2]因此，在地方债的经济法调整中，建立一个市场化的地方债环境，比单纯的行政主导、行政控制、行政激励更加有效。[3]对此，重庆工商大学吴涛教授提出："尽管目前通过发行地方债置

---

〔1〕　参见中央电视台新闻直播间节目："两万亿地方债置换：债务置换并非强制摊派"，载 http://news.cntv.cn/2015/06/10/VIDE1433925605182690.shtml，2017 年 5 月 1 日最后访问。

〔2〕　参见赵玮："论地方政府举债融资中的'参与'"，载陈少英主编：《东方财税法研究》（第 5 卷），法律出版社 2017 年版，第 162 页。

〔3〕　参见贺海峰："地方债治理：新挑战与新路径——中国财政学会副会长贾康访谈录"，载《决策》2015 年第 7 期。

换存量地方政府债务是降低地方政府债务风险的重要方法。但这并不意味着地方债的发行规模可以不受限制……在目前中国地方政府财政赤字率普遍较高，以及隐形债务规模庞大的背景下，地方债发行规模和增速的过快增长，极有可能导致地方政府债务风险的再次累积，并有可能引发新一轮的地方政府债务危机和通货膨胀。因此，中央政府层面应按国际通行做法，在考量地方政府财政收支规模的基础上，严格按照 2015 年《预算法》等的规定，核定地方债的发行规模，推行新的经济战略。禁止地方债发行规模的随意扩大化，同时中央政府应制定严格的法律杜绝地方政府的随意融资担保行为，防止地方政府负有偿还责任债务规模的持续扩大。省级政府层面应进一步精确核实地方政府隐形债务的真实规模，防止地方政府融资平台公司债务风险向地方债的传导。"〔1〕

第三，缺乏说明回应型的问责制。从自主性权利的观点来看，社会具有自我治理和决定的意愿。这种意愿包含两方面的含义：一是要减少政府的不当干预所造成的负外部性；二是要求政府为市场运行和社会自治提供必要的环境帮扶。然而，在地方债治理过程中，政府的很多干预措施无论在法律程序上还是在经济结果上都具有不正当性。当政府的经济调控中出现"昏着"之后，除了事后的责任追究，还应当有执行过程中的公众参与，即说明回应型的问责制。问责制（accountability）是对经济管理主体的权责进行限定和约束的制度，又分为角色设置（responsibility）、说明回应（answerability）及责任追究（liability）三个层面，缺少任何一个环节都不是完整的问责制。〔2〕角色设置是对经济管理主体的角色和责任进行限定，在现代社会中，每一个成员都扮演着不同的角色，要求其扮演每个角色时都忠实、适当地履行该特定角色所蕴含的义务和要求，否则社会便无法顺畅地运转。"Responsibility"要求各种角色，广义上也包括领导或全权负责的角色及其权力的设置必须清晰、明确，不应混乱不明或交叉混同，角色扮演者则勇于担当其专业、本分。说明回应是在公众参与治理的情况下由经济管理主体对其行为或决策进行解释、说明，是指通过一种日常、动态、制度或非制度化的督促和监管，来保障角

---

〔1〕 吴涛、张亮："中国地方政府债信用违约风险评估研究"，载《北京工商大学学报（社会科学版）》2018 年第 5 期。

〔2〕 参见史际春、冯辉："'问责制'研究——兼论问责制在中国经济法中的地位"，载《政治与法律》2009 年第 1 期。

色责任的实现。角色担当具有动态的内涵和维度，而不止于静态的角色设置。在当代社会，对许多角色的要求既宏观、复杂，又具体、多变，若不对其担当施以日常的督促、权衡、调整，非要到酿成不良后果才启动责任追究机制，则一方面已经迟矣，另一方面事出匆忙，缺乏对特定角色担当情形的信息累积，也势必会增加责任追究的成本、难度，同时影响责任追究乃至法律实施的效果。责任追究是指当经济管理主体具有违法行为时追究其法律责任，这是传统法律责任最为看重的部分。作为法治秩序的底线，其重要性不言而喻。它是保障事先确定的角色变成现实的消极后果的最后的约束。传统的责任主要是事后追究，已不足以应付现代社会关系的普遍需求，而在引入了角色担当和说明回应后，惩戒仍是不可或缺的。三者共同构成了问责制的整体，不可偏废。

在现代社会，一方面，"公私融合"已经成为新的时代背景，国家作为一股强大的力量参与到经济和社会的运行之中，"当代国家和法承受空前的经济暨公共职能，日益体现社会的意志和利益及其与社会的高度合作"，[1]从而形成"经济国家"，国家职能不能再局限于追究违法责任；另一方面，法律也高度"社会化"，回应经济和社会实践的客观需要，法律的经济性、社会性日益增强，从注重违法责任的"外生变量"转变为"嵌"在经济和社会实践之中、整合与调节经济和社会发展的"内生因子"。这样一来，传统的法律观也就必然要让位了。法律是实践的产物，法律的生命力和解释力在根本上取决于能否回应经济和社会实践的需要。比如，经济法就是典型的现代法，经济法的公私交融特性导致了经济法律责任的特殊性。[2]问责制对于经济法尤为重要，因为在经济法中没有天然的利益主体，无论是公共经济管理、国有财产管理经营还是政府参与交易，无不依赖角色的设置或模拟，由此也决定了责权利相统一成了经济法的关键性基本原则之一。经济法的责任机制与问责制是高度契合的，它超越传统的违法责任而具有更加深刻的含义。问责制的精髓就是将责任和法律责任转化为上述"内生因子"，有效衔接问责制、角色设置与说明回应，促进经济和社会的改革与发展。通过对问责制的研究，可

---

〔1〕　参见史际春、陈岳琴："论从市民社会和民商法到经济国家和经济法的时代跨越"，载史际春：《探究经济和法互动的真谛》，法律出版社 2002 年版，第 28 页。

〔2〕　参见邓峰："论经济法上的责任——公共责任与财务责任的融合"，载《中国人民大学学报》2003 年第 3 期。

以证明"责任"具有跨法律部门的法治一般性质，也可见任何部门法的实体关系都不唯一对应于一类或一种性质的违法责任。所以，研究问责制首先可以在理论上重新认识责任和法律责任，对基于现代社会的背景，来体认在"公私融合"的时代大势下的问责制具有重要意义。

此外，问责制还具有重要的实践意义。这一点我们从政府公共管理的改革和进步中便已经可以窥见其一斑了。从根本上说，责任——从角色义务到说明回应再到违法追究——贯穿于人类政治、经济和法律文明的各个环节，贯穿于政治制度、经济制度和法律制度的基本逻辑之中。如果把法律责任等同于"liability"，则责任必然是残缺不全的，责任缺失会使法律丧失其最重要的社会功能，社会也会因为"脱法"而丢却基本的秩序。正是由于角色义务不清，主体行为的可问责和可回应性不明，导致转型期在调控监管、国资利用、政府合同等方面出现了诸多问题。凡此种种，无一不凸显问责制之于实践的重要意义和价值。

根据问责制的要求，地方政府债务管理中任何一个环节的角色扮演，都负有可问责并说明回应的责任，地方债体系中的任何角色及扮演角色的人都是可问责的，应当受有权机关和公众的监督，作出解释或说明，也可以主动汇报、反映情况，在说明回应的问责过程中接受评判。这样就升华了对过失责任的判定，以行为的特定条件和背景来判断其是否合理（也即行为人有无过失）成为常态。同时，在"Answerability"之下，角色扮演者如有任何疏失、不轨，就难以遁形，角色扮演者为其行为承担相应不利后果的概率和程度大为提高，社会因此可期望变得更公平也更有效率。对此，我们应当完善政府发债过程中的说明回应，使社会公众参与到地方债的治理过程中来。

三、地方政府融资困境的法治化疏导

要解决地方债置换、发行中的市场融资困境，应当从以下几方面进行法治化疏导。

首先，地方债券的发行应当由政府主导向市场主导过渡。当前，地方债券遭到市场的冷遇，主要原因就是在参与治理模式缺失的情况下，政府主导的地方债秩序中政府的发债意愿与市场的购买意愿之间存在着偏差。在理论上探讨政府与市场的关系不难，但是，在现实中划定政府与市场的边界就不

那么容易了，尤其是对于我国这样一个市场经济刚刚起步的国家更是如此。有学者指出，中国的市场经济体制之建立并非是一个自发的过程，而是由政府推动下的从计划经济向市场经济的转型，政府是这个过程的主要推动者。[1]这主要是因为市场机制的自发形成是一个非常缓慢的过程，其演化的过程中又存在着许多不确定性，放任其自我发展显然无法与我国经济发展的需求相适应，因此，国家之手的干预是十分必要的。但是，国家之手的干预可能会产生两种截然不同的后果：一是政府在市场机制建立起来之后逐渐淡出市场，让政府的归政府，市场的归市场，形成对政府公权力的法治化限制，演化出法治化的市场经济；另一种是政府不断强化对市场的干预。[2]毫无疑问我们希望得到的结果是前者，这就要求政府要有甘为他人作嫁衣的气度，[3]在适当的时机要弱化干预、给市场放权。前面已经讲过，地方债的本质还是一种债，仍需要基于买卖双方的自由意志进行交易，不得以行政命令或类似行政摊派的方式进行强买强卖，因此，在政府发债意愿与市场购买意愿之间存在偏差时，不能简单地以政府意愿为主，而应当采用市场主导机制，以政府发债意愿与市场购买意愿之间的低值确定发债额度。换句话说，地方债券并非政府想发多少就能发多少，还需要市场在这个过程中起决定性作用。若政府的发债规模可以与市场需求相匹配，那地方政府债券的冷遇就可以迎刃而解了。

其次，地方应参与中央的债务决策，中央只确定地方发债上限而非最低标准。毛泽东主席曾经指出："我们要提倡同地方商量办事的作风。党中央办事，总是同地方商量，不同地方商量从来不冒下命令。"[4]地方政府有多大的资金需求、多大的融资能力和还款能力应当与中央进行交流，参与到中央的债务决策中，使中央的债务决策更加民主化、科学化。此外，国务院对于各地发债额度的确定，应当是一种上限控制，而不应当是一种最低限额的配置，这意味着地方政府可以在国务院分配的债权限额内举债，也可以决定不举债。

最后，建立说明回应机制及配套的纠错机制。当政府的地方债决议出现

---

〔1〕　参见李力：《宏观调控法律制度研究》，南京师范大学出版社 1998 年版，第 62 页。

〔2〕　参见雷颐："吴敬琏的'回忆与思考'"，载《读书》2013 年第 2 期。

〔3〕　参见胡改蓉："再论经济法视野下国家干预的适当性"，载顾耕耘、罗培新主编：《经济法前沿问题（2007）》，北京大学出版社 2007 年版，第 25 页。

〔4〕　《毛泽东文集》（第 7 卷），人民出版社 1999 年版，第 31 页。

了问题的时候，应当引入说明回应机制，允许社会公众对运行中出现问题的地方债决议进行咨询或质疑，政府必须对该咨询或质疑作出回应。地方债券发行中的各个主体在履行职责的过程中，需要社会各界的监督，包括系统内部上下级之间的监督、系统外部其他机构的监督、社会媒体和公众的监督等。对履行预算职责的行为存有疑问时进行质询，由负有责任者对监督质询给予充分的解释说明和回应，这是现代政府应负的责任。说明回应的结果有两种：一种是能够对自己的行为作出合理解释，有理有据，说明履行责任的行为没有失职之处；另一种则是无法对自己的行为作出合理解释，而是违反了有关法律法规，需要承担相应的责任，轻者承担政治责任，受到行政处分，重者构成犯罪需要移交司法机关处理。同时，说明回应机制必须建立在法治的基础上，如果没有明确的法律规定，央地政府就没有法定的义务对公众的质询作出回应，这样地方债的社会治理将无从谈起。此外，由于当今网络和其他通信手段的发达，社会公众可以轻易通过各种方式对政府提出质疑，如果政府需要对每一个质询作出回应，会降低政府运行效率、提高政府运行成本，最终这些成本还会以税收等方式转嫁到人民身上。因此，国家应当出台相应的《地方公债法》，明确对地方债决议提出质询的法定途径、手续和形式要件，社会公众以法定方式提出的质询案，地方政府或中央政府必须在法定的期限内作出回应。若政府作出的地方债政策或决议确实存在问题，应当建立相应的纠错机制，防止不当举债危及地方财政运行或正常的债券市场秩序。

第三节　地方债置换中的逃债风险及对策

一、地方政府逃避债务的道德危机

随着中央政府对地方债问题的逐渐重视，地方债的清理力度逐渐增大，地方政府采取了许多措施进行存量债务的清理，但是这其中许多手段实际上并不具有法律上的自洽性，属于借清理债务之名行逃避债务之实。其中最有代表性的手段有两种：一是进行"三角债"的转换抵消；二是直接撤回政府担保债务的保函从而消除隐性债务。"三角债"的抵消在福建省已经有先例，但该做法存在隐忧，那就是地方政府的债务人之主体信用往往不如地方政府，或者是由市场因素以外的其他因素导致地方政府的债权无法收回，而地方政府都无法收回的债权，将之转化给地方政府的债权人意味着回收的可能性更小，地方债的债权人能行使代位权的可能性非常低。三角债务的抵消实际上是将地方债的债务人转换为资信状况更差的主体，因此十分不利于对债权人利益的保护。对于债务人的债务人而言，具体向谁履行义务对其利益并无影响，因此在整个的法律关系链条中，唯一的受益人就是借此退出债务关系的地方政府。有些地区的政府直接以通知的形式声明政府为城投公司所提供的担保无效。例如 2016 年贵州多地财政局发函要求撤回金融机构的融资承诺函，这些财政局包括正安县财政局、安顺市财政局等，涉及的金融机构包括国泰租赁、远东国际租赁、中信信托等，时间集中在国庆节前后，部分公函的出现时间集中在 10 月 8 日、10 月 9 日。[1]2016 年 10 月 27 日，我国国务院办公厅发布的《地方政府性债务风险应急处置预案》（以下称《风险处置预案》）规定无论是存量的地方政府担保还是 2015 年《预算法》实施后的新增地方担保，都不属于担保债务，该担保合同无效，地方政府只需要承担不超过债务人不能偿还额度的 1/2 的民事赔偿责任。因此，在存量债务的清理与置换过程中，必须明确地方政府的责任，通过制度化的设计防止其道德风险的发生。

二、地方政府担保违规性与担保责任的存在性相分离

许多地方政府出台规定认定本地政府为城投债提供的担保无效，从而将自身从隐性债务中剥离出来，其主要依据就是相关法律规定禁止地方政府对外提供担保，即不得成为担保之债的债务人。2010 年，国务院发文规范地方融资平台，再次重申地方政府不得对外提供担保，[2]因此地方财政担保属于违法违规行为。[3]最高人民法院 ［2014］民四终字第 37 号判决书认定辽宁省人民政府向原新华银行香港分行出具一份《承诺函》不产生担保责任也在一

---

〔1〕 参见李鹏飞："政府撤回承诺函：回归常识 还是撕破脸皮？"，载 http://news.hexun.com/2016-10-17/186454884.html，2017 年 2 月 14 日最后访问。

〔2〕 参见《国务院关于加强地方政府融资平台公司管理有关问题的通知》（国发 ［2010］ 19 号，2010 年 6 月 10 日）。

〔3〕 参见王志娟："后金融危机时代商业银行信贷风险的防范及其控制"，载《企业导报》2011年第 14 期。

定程度上被解读为"地方政府承诺函无效"。[1]但是,法律禁止地方政府提供担保是否可以成为地方政府免于承担担保型地方债责任的适当理由呢?答案是否定的,违法担保也可能产生合法的债务。

1. 地方政府担保禁令不属于效力性担保

地方债具有公私交融的属性,虽然地方债的举借过程中存在着行政干预、决断等公法因素,但地方债合同的缔结并不能出自行政命令或者强制性缔结,而是听任当事人之意思自治,由《合同法》进行调整。当然《合同法》第52条规定的合同无效条款中,确实有违反法律、行政法规的强制性规定导致合同无效的表述,但是这一规定对于地方政府对外担保是否适用,需要进行审慎斟酌。《担保法》第8条规定了地方政府不得对外提供担保,但这一规定并不必然导致地方担保的债务无效。《最高人民法院关于适用〈中华人民共和国合同法〉若干问题的解释(二)》(以下称《合同法解释(二)》)规定,违反法律禁止性规定的合同并不必然无效,还应当区分该禁止性规定是效力性、强制性规定还是非效力性规定。例如,我国《民法通则》禁止法人在经营范围之外与其他当事人签订合同(第49条),但《公司法》和其司法解释已明确,公司(当然的法人)在营业执照登记的经营范围之外缔结的合同并不因此无效,看似矛盾的规定其根源在于该合同违背的规定是否是效力性、强制性规定。因此,要解决地方政府担保有效性的问题,首先要明确《担保法》第8条的规定是否是强制性、效力性规定,而要认定这一问题,则先要明确何为效力性规定。在所有有关合同的禁止性条款中,凡有关管理性的、程序性的规定并不涉及合同条款的实体效力,很容易被排除在效力性、强制性规定之外,但在涉及合同实体的规定中,哪些是效力性的实体规定,哪些是非效力性的实体规定,其分别并不像之前那样明晰,许多学者都针对这一问题进行过论述。然而,学者的论述并非是官方的有权解释,不能作为司法审判或其他法律适用过程的依据。而官方作出的有权解释采用了两种标准,根据《合同法解释(二)》之规定,辨别效力性强制规定的标准有二:第一,法律在禁止性规定之后明确了该规定的效力,即法律必须明确表示违反该规定会导致契约无效;第二,后果导向,即法律虽未明确有前一项表述,

---

〔1〕 参见李舒:"最高法:地方政府承诺函无效 融资信托需当心",载 http://finance.sina.com.cn/trust/20150226/132721598127.shtml,2017 年 2 月 14 日最后访问。

但若放任该合同有效会产生危害国家或社会的不利后果。很明显，《担保法》第8条并不符合第一项标准。而地方政府提供担保的隐性债务，其资金最终被投入了地方建设中，将社会上的闲置资金用于当地建设对于本地居民而言实属益事，而在这个过程中，债权人取得利息，地方政府获得绩效，当地人民获得利益，三方都未以损害国家、社会的利益为代价。从另一方面来讲，损害国家、社会利益亦是合同无效之法定条件，但从未有人以此理由主张地方政府担保无效，可见，地方政府担保本身不符合标准二。至于最高人民法院〔2014〕民四终字第37号判决书认定辽宁省人民政府向原新华银行香港分行出具的《承诺函》之担保无效，是因为该《承诺函》只承诺在产生纠纷时由政府出面协商解决，而未有保证的意思。[1]因此，该案并非是政府担保无效，而是政府并未提供担保。综上可见，地方政府禁止担保的规定并非是效力性条款，地方政府的担保并不因此无效。

2. 地方政府不得从违法行为中获益

不论地方政府违法担保的合同或条款是否有效，其担保具有违法性确是不争的事实。在整个法律关系链条中，违法担保合同实际上是借款合同的从合同，而作为主合同的债务人——地方融资平台——而言，其设立的目的就是满足地方政府的投融资需求。地方建设的支出应当由地方政府负担，并非是商事公司的责任，地方融资平台承担了政府的部分责任，减少了政府的财政负担。但由于商事公司本身资信有限，所以政府才出面进行责任背书，许多情况下，债权人就是相信地方政府的担保才进行投资的。因此，从公平正义的视角考量，若地方政府的担保无效，地方政府将从违法行为中获得利益，而被损害的主体将是债权人，这是不符合公平正义的法律理念的。从这个角度来看，地方政府的担保行为不应当被认定为无效。

3. 地方政府公信力的维护

所谓公信力，是指某一主体的名誉、声望及其行为在特定的受众中所受到的信任程度，或曰特定受众对某一主体的信赖利益强度。地方政府的公信力，即地方政府其言行对于民众来说的可信度，若其公信力高，那民众对地方政府及其行为都会产生足够的信任，并基于对其言行的信赖利益而作出遵从其言行的反应。反之，如果地方政府的公信力低，那么无论其作出何种言

---

〔1〕　参见最高人民法院〔2014〕民四终字第37号判决书。

行、决定，民众都认为其是错误的、是不值得信赖的，这种现象被称为"塔西佗效应"。现代民选政府都是人民利益的代表，应当作为财政信托的受托人审慎地从事国家治理活动，这要求受托人必须对委托人承担忠诚、勤勉的义务，否则人民就可以通过法律规定的程序变更这种委托或授权。因此，公信力对于政府来说是至关重要的，既关乎政府的存续，也关乎国家治理活动的效果。

实事求是地讲，地方债虽然在法律属性上存在一定瑕疵，但是在具体的国家治理活动中，其效果并非一无是处。以"4 万亿计划"而言，虽然其通过和执行违反了预算法规定的程序，且在后期造成了部分行业产能过剩、环境污染等后果，但在当时经济危机的背景下，其确实起到了对抗危机的作用。更值得注意的是，虽然"4 万亿计划"并没有明确的法律支持，但在地方举债的过程中并没有遇到融资的困难，这恰恰是由于地方政府享有突出的公信力，私有财产所有者愿意相信地方政府的融资是有回报的、低风险的。如果地方政府以自我免除担保责任的形式跳出债权债务关系，将对地方政府的公信力造成无法挽回的损失。看似地方政府可以通过这种赖账行为消除一部分债务，但在丧失公信力的情况下，地方政府将面临后续融资的困境。我国《地方政府一般债券发行管理暂行办法》规定要建立我国的地方债券信用评级制度，而失去了公信力的地方政府必然在这一评级制度中处于被否定或者被给予低评价的状态，影响其资信状况，人民亦会因质疑其赖账行为的重复性而不愿意购买其债券。

根据彼得·布劳的社会交换理论，地方政府自我免责的行为是一种基于权力的决断，但是人民对这种决断以及决断主体的遵从性则取决于该决断的内容本身。概言之，服从来自于依附或者交换。所谓依附，是指一方主体为另一方主体提供了一定的资源或者服务，而后者无法对前者提供相同的对价，只能报以单方面的服从，否则该主体就会被认为是忘恩负义的从而失去了在社会生活中交往的权利；所谓交换，是指一方为另一方提供特定资源或服务时，另一方也可以支付对应的资源或服务，这样会在两者之间产生相互牵制的服从，[1]例如政府服从民意而人民服从政府的决断。但是这种交换引起的服从应当是以自愿为前提的，[2]若地方政府自我免责，那意味着地方政府自

---

〔1〕 参见［美］彼得·M. 布劳：《社会生活中的交换与权力》，李国武译，商务印书馆 2012 年版，第 200~209 页。

〔2〕 See Marcel Mauss, *The Gift*, New York: Free Press, 1954, pp. 1~3.

我免除了承诺提供给人民的一部分资源，但由于税收刚性人民无法免除自己为政府提供的对应资源，于是只能收回对政府的服从。也就是说，在公信力缺失的情况下，会影响人民对地方政府的遵从程度，而人民不再服从的地方政府是无法负担起社会调整功能的。如果人民感受到了利益被剥削或者受到了压迫，会产生对公权力的反抗。[1]因此，地方政府的担保免责行为实际上是在用债务抵消公信力，是一种得不偿失的行为。

2015 年 11 月 4 日，财政部官员在答记者问时指出，2015 年后地方融资平台举借的债务不再属于地方债，即对城投债采用了"二分法"，2015 年之前形成的城投债属于地方债，而 2015 年后只有地方债券属于地方债。[2]城投债本身是以地方融资公司为债务主体的，地方政府是担保人。在实践中，在地方财政没有陷入破产窘境的情况下，2015 年前的城投债到期时地方政府都在事实上承担了保证责任。从这个意义上说，城投债债权人都属于相信政府的善意相对人。因此，笔者建议对地方政府的担保行为也采用"二分法"。首先，修改《预算法》相关条款，不仅要禁止地方政府对外担保，还要明确表述"地方政府对外提供的担保无效"，使这一规定成为效力性禁止规定。其次，从该条款修正并生效时起进行效力分割，根据法的时间效力规定，对之前发生的财政担保行为不发生溯及力。最后，严禁新条款生效后发生的财政担保行为，对于相关责任人要进行问责。

第四节　财政分权视角下省内部地方债资金的管控

财政分权理论认为，地方政府应当有相对独立的地位，这种地位不仅仅体现在其具有相对独立的财权与事权，还体现为地方政府应当独自承担行权的后果。[3]在地方债的置换中，由于涉及了债务主体的更替，如果不建立省内部的资金管控制度就会产生省政府替下级政府还债的现象，这与财政分权理论相悖，也不符合公平正义的理念。既然地方政府要独立承担债务责任，

---

〔1〕　参见［英］韦农·博格丹诺：《布莱克维尔政治制度百科全书》，邓正来编译，中国政法大学出版社 2011 年版，第 334 页。

〔2〕　参见周潇枭："财政部切割地方债：融资平台 2015 年后举债不属政府债务"，载《21 世纪经济报道》2016 年 11 月 6 日。

〔3〕　参见徐阳光：《政府间财政关系法治化研究》，法律出版社 2016 年版，第 20 页。

那么市、县等省以下政府的债务在置换成省级债券之后只能是对外免除了这些主体的责任，对内这些无发债权的地方政府仍应当以一定形式负担财政偿还义务。而这种省级内部的地方债资金管控不仅仅对于置换之债适用，对于新发行的地方债券亦适用。因为财政分权理论要求权力（包括事权和财权）在不同层级的政府之间进行划分，虽然目前只有省级政府有权发债，但是并不意味着省级政府将会承揽省辖区内所有公共产品的提供职责，具体的公共产品提供还需要市、县、乡等省级以下政府的参与。所以，新发行的债券资金需要从省级政府向下进行分配，省以下政府虽然不是适格的发债主体，但是却是地方债券资金的使用者。根据项目区分理论中的辖区受益原则，省以下政府不可能只使用债券资金而不承担偿还责任，只是这种偿还责任对应的是省级政府而非对应债券投资者。从这个意义上讲，省级政府只是法律意义上代下级政府发债的主体，地方债券资金成了省以下政府共同竞逐的公共池塘，为了防止省内部不当的政府间竞争，建立省内部的债券资金管控措施就显得尤为重要。

一、完善省内部债务偿还计划

在存量债务的转化过程中，会发生债务人的置换，原本是市、县、乡甚至村级的债务会被置换成省级政府债券，地方债券的收入被用于偿还原本各级地方债的债务，新的地方债债务人变成了省级政府。而这种债务人的置换，并不意味着省以下各级政府的原债务被免责。在法律修改、法治完善的过程中进行存量置换是不可避免的，但在这个过程中，省政府并没有义务替下级政府还债，省内部还需要进行债务的重组和还款计划的拟定。

第一，省以下各级政府成了省政府的债务人。原本作为地方债债务人的省以下各级政府，应该对各债权人承担还款义务，而在财政资金紧缺、很多地方仰仗土地财政的情况下，这些政府无力偿还旧债，往往只能采用借新还旧的方式使债务不断积累，而在这个滚雪球似的债务积累过程中，地方金融风险会被放大，债权人的利益会受到威胁。经过债务置换之后，对于原债权人而言，其债权因为新的地方债券收入而得到了清偿，新的债权人就是地方债券持有者，债务人变成了省级政府。在这一过程中，看似省以下政府成了受益人，其从原债权债务关系中解脱出来免除了债务，实则不然。由于省政府没有义务替下级政府还债，而在根据 2015 年《预算法》进行债务置换之后，省以下政府免除原还款责任形成了不当得利，应当对省级政府支付对价。换句话说，市、县、乡各级政府在债务置换之后并没有免责，而是更换了承担义务的对象，原债务由省政府代为偿还，省以下政府向省政府再行偿还。

第二，省以下各级政府向省政府偿还财政资金的额度为其原债务的置换额度。在地方债进行置换之前，下级政府的存量债务可能存在三种不同的处理方式：第一，由下级政府财政资金自行清偿；第二，置换成省级政府债券；第三，采用担保免责、代位权等方式进行债务剥离。前面已经讲过，债务剥离的形式实际上不具有合法性，因此应当予以严格禁止。而下级政府采用自有资金清偿部分债务的做法符合法律的规定，也符合"谁举债、谁偿还"的原则，对于债权人利益的实现有着正向的促进作用，因此应当予以鼓励。债务置换的方式实际上是将债权债务在原地方债债权人、新地方债券持有人、下级政府、省级政府之间重新分配的过程，法律亦允许该做法存在。可见，在地方债置换时，并不是所有的存量地方债都被转化为了地方债券，下级政府也并非以全部的地方债额度为限向省政府承担偿还义务，而是应当以债务转化的额度为标准。这要求下级政府在债务置换过程中，要厘清存量债务的形式和额度，在自身清偿不能的情况下，将剩余的债务进行置换以减轻省财政的压力。此外，在债务置换的过程中应当区分下级政府的到期债务和非到期债务，对于未到期的下级地方债，不必急于进行债务置换，我国 2015 年、2016 年两个年度就分批进行了存量地方债的置换，以免大规模的地方债置换造成地方财政金融系统的震动。

第三，债务置换的同时须配置以偿还计划。如前所述，下级政府的债务被置换之后，并不意味着下级政府就不再承担任何财政还款责任了，而是在省政府代替下级政府履行义务之后，在债务置换的额度内由下级政府向省政府承担责任。因此，下级政府在上报债务置换额度申请时，应当辅之以相应的财政资金上解计划，其主要内容是在置换额度内下级政府向省政府承担偿还责任的财政资金来源、时间跨度及其他信息。要承担对省级政府的偿还责任，下级政府必须有稳定的资金来源，在《预算法》禁止下级政府发债的情况下，其主要资金来源就是地方税费和财政转移支付资金。而下级政府的还款时间直接影响着省级政府在债务置换时是选择发行 1 年期短期债权，还是 10 年期长期债券。此外，在下级政府的偿还计划中，还应当包括对新债券利息的分担认诺。

二、设立省内风险预警机制

我国现行法律法规关于地方债券的规定中，省级政府是唯一合法的发债主体，且国务院对各省地方债券的额度施行限额管理，这样从省级地方债券角度而言，其风险管控就被纳入到了中央政府的权限中。从这个意义上讲，由中央管控的地方债没有必要施行风险预警机制，只需要在每年发放的地方债额度中进行总量控制即可。

然而，在存量地方债的置换过程中，下级政府仍然是债务资金的受体，前面已经论述过，地方债置换后无非是将下级政府履行义务的对象置换成了省政府，在省内部，下级政府仍是事实上的债务人。如果某省内甲市的地方债存量已达到该市 GDP 的 100%，那么在债务置换之后，甲市仍需要在置换额度内向省政府清偿，由此，甲市的财政风险管控仍然是不能回避的问题，后续发行新债券时能否将资金继续注入甲市，也都需要相关文件进行规范。换句话说，无论是在债务置换之前、置换之时还是置换之后，都需要在省辖区内不同级别的政府间明确内部管控规则，而下级政府的债务风险预警机制构建仍是必要的。具体而言，应当对下级政府所能使用的债券资金的额度上限进行风险管控。

从比较法的角度审视，美国、日本等国家都有地方债预警的相关规定。在预算硬约束前提下，各国通过规模控制和风险防范等手段来管理地方政府债务。美国政府间关系咨询委员会（ACIR）建议，各州政府应加强对地方财政健康状况的监测，美国各州均设立了规模预警指标、平衡预算等严格的规模限制法律。而在所有州政府的债务风险预警机制中，以俄亥俄州的"地方财政监测系统"最为成熟。俄亥俄州采纳了咨询委员会的建议并建立了名为"地方财政监控计划"的体系，它是一种预警系统，可以防止地方政府进一步陷入财政困境。州审计局对州以下地方政府进行财政审核，以确定地方财政是否已接近紧急状况。如果一个地方政府的应付款、上一财政年度总赤字、地方政府金库所持有的现金及可售证券价值等三项指标中的任何一项出现异常，州审计局便会宣布其进入"预警名单"，并发布书面通告，宣布对地方财政进行监视。在州审计局确定上述情况不再存在并宣布从"预警名单"中将其取消前，该监控程序一直有效。如果州审计局发现该地方政府财政状况进一步恶化，并达到了"财政危机"的程度，则将该地方政府从"预警名单"中移至"危机名单"。在地方政府列入"危机名单"后，所在州须成立"财政计划和监控委员会"，地方政府必须向监控委员会提交财政改革计划，内容涵盖消除目前财政危机、预算赤字的方法，增强地方政府长期发行债券的能力，如何再次避免出现财政紧急情况等。日本地方债的风险预警主要基于政府财政情况，要求地方政府必须披露四项财政指标，涵盖了包括预计负债在内的全面财政状况。这四个指标分别为：实际赤字率、综合实际赤字率、实际偿债率及未来债务负担率。在现有预警体系下，四项指标的每一项都必须符合限额规定，如果其中一项突破限额，就需要在中央政府的严格管制下制订财政充足计划，以使指标符合规定。[1]

　　综上，在地方债置换过程中，我国仍然需要对省以下地方政府实行风险管控和预警机制。具体而言，可参照浙江省的办法，设置负债率与债务率上限，当地方政府被置换的债务数量（可称之为对省政府负担的债务）超过本地生产总值的10%或本年可支配财力的15%，即纳入风险管理范畴，要求该级政府制定财政复兴计划，每年计提财政收入的3%~8%作为还款准备金，在其使用的省政府债券收入资金没有回归到负债率和债务率限额以下时，禁止其提交新的债券资金使用申请。

---

　　〔1〕　参见中国人民银行连云港市中心支行课题组："国际地方政府债券监管经验及对我国的启示——以美国、日本、欧洲部分国家为例"，载《债券》2016年第7期。

第四章 地方债券发行制度的漏洞弥补

2015 年《预算法》解禁地方债券之后，如何规范其发行就成了法律不得不面对的问题。目前，《预算法》对其并没有过多涉及，我国也没有专门的《公债法》，而是采用《地方政府一般债券发行管理暂行办法》《地方政府专项债券发行管理暂行办法》这样的部门规章来进行调整。除了亟须提升其立法位阶之外（此问题将在第 5 章涉及），还需要在具体的发行制度上进行完善，具体而言，又包括地方债券发行的原则与规则两个层面。

第一节 我国地方债券发行应遵循的基本原则

几乎所有政府的债务管理中都存在道德风险、财政缺乏透明度、信息不完全和预算控制不全面的问题，而在经济转型国家和发展中国家，由于相关制度的不成熟，这些问题会更突出。因此，必须将地方政府融资的行为关进"法律的笼子"，为地方政府的债务融资设立基本的法律原则，并围绕这些原则构建地方政府债务融资的具体法律制度。财税法的基本理念决定了，在以财政法调整为核心的地方政府举债过程中必须贯彻代际公平原则、临时财源原则、财政民主原则及社会福利最大化原则。

一、代际公平原则

地方债券本质上是将未来的税赋收入用于现在的贴现过程，因此，在当前居民享受到未来的资金所带来的好处的时候，不能对未来的居民产生不利的影响，即不能以牺牲后代人的利益来谋求当代人的福祉。具体而言，地方债券的收入应当被用于地方基础建设等具有长期收益的项目中，这些项目由于使用年限较长，后代人仍然可以获得利益，且由于投入使用较早，可能使本代人受益的同时刺激当今经济的发展从而产生更多的财政收入以飨后人。而代际公平原则要求地方债券不得被用于政府的一般支出或进行赤字弥补，因为在预算平衡原则的要求下，地方政府应当量入为出，原则上一般支出不能产生赤字。布坎南曾经断言，所谓的赤字无非就是用经济学的外衣规避了"无代表则无纳税"原则，通过举债的方式使未来的居民担负起了税收义务，尤其是对于那些尚未出生的人来说，他们是不能投票的，但是由于现在的政府债务而他们一出生就需要纳税偿还。[1]然而，现代国家要想永续存在和发展，财政赤字是其无法回避的问题。究其原因，是因为在政府财政的支出规模不断扩张但收入有限的情况下，具有隐蔽性的公债发行与赊借等举债方式成了弥补财政赤字之行之有效且立竿见影的手段。面临公债还本付息的压力，地方政府很可能落入饮鸩止渴般的以债偿债的恶性循环之中。在所谓的租税国之中，基于地方公债的发行而产生的危机隐患不得不引起我们的注意。我国还有学者坚持认为公债的主要作用是弥补赤字，这其实是用后人的钱来弥补前人的缺口，是不利于代际公平的。在代际公平方面，当代人出于利己主义考虑可能会忽视对后代人的利益带来的不利影响，因此，为防止后人之利益受到当代人的损害，需要通过法律加以约束，具体到公债方面，政府应当尽量选择长期公债并投资可以跨代际利用的长期受益产品。[2]

日本就严格禁止出现赤字的地方政府发债。《日本财政法》第 4 条第 1 项规定，国家之岁入，应以公债资金以外之岁入为财源，但对于公共事业费、出资金以及贷放款之财源，应当在国会议决的金额范围内以发行公债或者借款的形式进行。该项规定宣示了日本国家的财政收入应该以税收为主，但是承认"公共事业费""出资金""贷放款"三者的支出不在此限，这主要是基于考量后世子孙的利益而进行的长期性资产投资，允许进行投资性支出而非消费性支出，也就是界定在"建设公债"而非"赤字公债"的层面，日本财

---

〔1〕　参见［美］托德·布赫霍尔尔：《天才的回声：经济学大师与他们塑造的世界》，黄延峰译，中信出版社 2016 年版，第 383 页。

〔2〕　参见朱维群："财税法的伦理价值及其实现"，载刘剑文主编：《财税法论丛》（第 13 卷），法律出版社 2013 年版，第 103 页。

政法上称之为"建设公债原则"[1]或"赤字公债禁止主义"。地方公债之所以应当遵循"建设公债原则",是因为地方政府发行大量公债可能造成不公平的现象,具体而言是指可能产生"上代借债下代还"的世代不公平现象。这一代的人大量举债来应对当前的支出,却要下一代甚至下几代的人去负担,会造成代与代之间的不公平。我国《预算法》第35条明确规定地方债券收入不能被用于经常性支出,这就是代际公平原则在立法上的体现。

二、临时财源原则

国家这种虚拟存在历经了几千年,其主要的财政来源已经固化为税收收入,租税以外的其余财政工具均应当处于补充地位。[2]非实质性收入的举债更应谨慎。但是,鉴于国家财政运作具有"权力性"与"公共性",[3]过去学界的研究重点和公众的关注焦点多集中于税收收入,而公债的举借却未受到应有的重视。

随着国家和政府职能的转变,我国地方公债的举债数额及未偿数额居高不下,使国家在一定程度上成了"债务国家",然而,根据财政法学的通识理论,正常状态下的国家应当是"租税国家"。[4]国家要想永续存在,国家的行政机关就应当以稳定的财源为支持进行永续性的经营与发展,这也就决定了无论是中央政府还是地方政府,都应当实行健全的财政政策,即政府在财政的收入和支出之间,必须维持实质的平衡。政府的财政支出原则上应当以税收、财产孳息等实质性、经常性的收入为主要来源,不得依据公债、借款等非实质性收入应对。[5]因为国家若轻易以赊借为财政的基础,那么财政就会成为"赤字财政",进而引起物价暴涨及其他经济乱象,并造成后世子孙的

---

〔1〕 参见朱维群:"财税法的伦理价值及其实现",载刘剑文主编:《财税法论丛》(第13卷),法律出版社2013年版,第103页。

〔2〕 参见廖钦福:"跛脚的地方课税立法权:地方税法通则10周年回顾与检讨",载《台湾法学杂志》2013年第231期。

〔3〕 参见蔡茂寅:"财政作用之权力性与公共性——兼论建立财政法学之必要性",载《台大法学论丛》1996年第6期。

〔4〕 参见蔡茂寅:"税课收入(上)",载《月旦法学教室》2010年第91期。

〔5〕 参见蔡茂寅:"财政法",载《月旦法学教室》2008年第70期。

负担。[1]美国过去曾经尝试过推行强制性的预算平衡制度，但在推进的过程中充满了政治上的角力和妥协，最终并没有实质性地予以实现。[2]

将地方债券确立为政府的临时财源，对于我国有着现实的意义。我国是最大的发展中国家，保障经济又好又快发展是国家的第一要务。但是，在发展经济的过程中，出现了寅吃卯粮的情况。同时，地方政府会有更多的财权以支持更多的事权，可能会使政府的权力过大，甚至越过政府与市场权力的边界。因此，地方债券融资不能作为政府获取收入的常规手段，只能在特定情况下经过民主程序作为政府的非常规收入而用于公共事业支出。

三、财政民主原则

伯纳德·朱惟耐尔曾将权威定义为"获得另一个人同意的能力"，[3]而民主是获得这种同意的最佳途径。经济学家诺斯和托马斯基于17世纪法国和西班牙的盛极而衰及荷兰、英国的勃兴历史得出结论，认为国家在面临财政危机时的决策，会决定一个国家经济的兴衰。[4]作为决定国家兴亡的大事，必须由人民加以决断，此谓财政民主原则，具体到地方债领域是指有关地方债券的发行事宜必须经过人民的民主合议作出决断。政府的职责是公共产品的提供，而公共产品并非是由政府决定的，而是由人民民主决定的，只有在"用脚投票"的府际竞争下，经人民自主选择形成的林达尔均衡状态才是公共产品的最优解。公共产品的提供与政府财政能力息息相关，政府财政本质上来说是一种公共财政，又分为"收"与"支"两个层面。在收入层面上，政府本身不是营利性组织，无法通过自身创造收入，其财政收入都是通过税收、公债、公共资产运作等形式筹集的，筹措财政收入的过程就是一个资产再分配的过程，需要通过一定的方式将私有财产划入公共财产范畴。因此，私人在多大程度上、多大范围内将自己的财产让渡给政府需要得到人民的认诺和授权，即需要经过财政民主合议的过程。而在支出层面，财政的支出需求可

---

〔1〕 参见廖钦福：《现代财政国家与法Ⅰ：财政法学之构筑与法课题之展开》，元照图书出版公司2011年版，第256页。

〔2〕 参见苏彩足："平衡预算能消弭美国联邦预算赤字吗？"，载《财税研究》1996年第1期。

〔3〕 Bertrand de Jouvenel, *Sovereignty*, Chicago: University of Chicago Press, 1957, p. 323.

〔4〕 参见［美］道格拉斯·诺斯、罗伯斯·托马斯：《西方世界的兴起》，厉以平、蔡磊译，华夏出版社1999年版，第167~177页。

以反向决定财政收入。正如我国《预算法》所规定的预算编制应当量入为出，一个政府到底需要在哪些事项上予以支出决定着该政府对财政资金的需求量，而政府本身不断膨胀的事权需求会在财政上反映为对财政收入的需求，因此最终还需要民主的监督与制衡。

对于税收等国家常规收入形式而言，因为有税收法定原则予以约束，绝大多数情况下政府还是要在法定的授权范围内行使税权。而地方债券并没有税法那样多的实体性法律规定，其数额、年限、利率等内容都有待于具体发债过程中的决断，缺乏固定性。这样就使得政府在这一过程中有过大的自由，这种自由如果缺乏必要的约束很可能造成地方性债务危机，甚至引发政府破产。因此，虽然法律法规中关于地方债的规定多是程序性的，但在具体的发债环节还需要议会或人民代表大会对其实质内容做监督和决断。具体而言，应当对地方债券的发行进行预算监督，由人民的代表以代议制的方式对政府发债的请求进行审查，并在民主监督的过程中引入辩论机制，由行政机关对议会的质疑进行答复和说明，以广泛听取人民意见，增加地方债券发行的合理性和科学性。[1]换句话说，地方政府提供公共产品的数量是人民在所能承受的财政负担中进行的最大化选择，是为公共选择。过去，我国地方债券的发行往往是采用财政部一手包办的方式，直接由财政部门进行决断并通告，没有地方人大的审议过程。2015年《预算法》实行之后，预算民主的曙光照进了地方债券领域。但实事求是地讲，现行规定还是存在一些问题，需要在今后的法治实践中积累经验，修改、完善相关规定。有关对地方债券进行预算规制的内容将在第6章详细展开。

此外，当社会成员需要共同决定重要问题或选择代表以决定重要问题时，需要充分掌握各种信息材料，这是民主取得成功的智力条件。若在大的民主国家中地方发债不是由公民大众直接来决定，而是由他们选出的代表来决定，那些代表就必须充分地、准确地获知信息。因此，财政透明是实现财政民主的必要条件，也是实现对地方债券进行民主驯化的必要条件，这就要求我国在地方债券运行过程中必须建立相应的信息披露制度。

---

〔1〕 参见蔡定剑：《中国人民代表大会制度》（第4版），法律出版社2003年版，第454页。

四、社会福利最大化原则

英国学者达尔顿曾这样定义社会福利最大化原则："财政学必须有一个根本的原则，这个原则可以叫作'最大福利原则'（principle of maximum social advantage）。财政上的大部分活动就是一些购买力（purchasing power）的转移。这些转移可以租税或其他方式由一个人移到公共机关，亦可以公共经费方式由此公共机关又回到其他个人。这些人有的是以服务为交换的，如警察或契约工作者，有的并无服务为交换，如老年恤金（old age pension），这些活动的结果、财富的性质与数量，以及其在个人间与阶级间的分配情形，都发生着变化。这些变化的总影响，从社会看来是有利的吗？假如是有利的，则此活动为正当，否则即不正当。最好的财政制度，就是与其所行之活动中，能够得到最大的社会利益。"[1]通过以上定义我们可以看出，社会福利最大化是在财政资源的再分配过程中产生的，而在这个过程中社会的福利总量会增加，以功利主义角度考量就是最大限度地满足更多人的幸福。[2]

社会福利最大化原则与经济法基本原则中的平衡协调原则是相契合的。所谓平衡协调原则，是指经济法对经济和社会的调整并不是以个人利益为本位的，而是以社会利益为本位。其对经济的调控要从整个国民经济的协调发展和社会利益出发，以谋求福利最大化（welfare maximization）。[3]公共财政也并不过分着眼于私人的利益，而是追求服务公众的财政目的。[4]因此，地方债券应当根据本地的实际情况以民主合议的形式确定其内容，以最大限度地实现本辖区内大多数人的实质正义和幸福。值得一提的是，通过地方债券的形式来提供公共服务，其目的是给本地居民提供最大化的福利。而当今许多地方官员将两者之间的顺序颠倒了，以谋求政绩的目标去筹划地方债务，在这个过程中进行的财政选择是否还能满足社会福利最大化的要求就变得令人担忧了。地方政府及其领导要扭转观念，将社会福利作为地方债券筹划过程中的首要考量标准。

---

〔1〕　［英］达尔顿：《财政学原理》，杜俊东译，黎明书局 1935 年版，第 10~11 页。

〔2〕　参见［英］约翰·穆勒：《功利主义》，徐大建译，商务印书馆 2014 年版，第 8~9 页。

〔3〕　参见史际春、邓峰：《经济法总论》（第 2 版），法律出版社 2008 年版，第 157~158 页。

〔4〕　参见刘剑文、侯卓："'理财治国'理念之展开——另一种国家治理模式的探索"，载刘剑文主编：《财税法论丛》（第 13 卷），法律出版社 2013 年版，第 16 页。

　　社会福利最大化原则还要求地方人大和政府在举债时必须考虑福利收益和福利成本的问题。社会福利的提供有一个效用曲线，是将人民的私有财产让渡为公共财产后，再以社会福利的形式进行返还，社会福利的最大化绝不意味着无穷无尽地提供公共服务，否则就会对私人财产造成过分的侵夺和攫取，影响人民的幸福感。所以，必须在社会福利的提供与地方债券的发行之间找到一个均衡点，即在人民税收负担承受的范围内、在地方政府还债能力的范围内最大限度地提供公共服务，该均衡点就是林达尔均衡点。服务超出了这一限度，就会因为财政负担和人民财产负担过重造成社会总福利的减少。值得注意的一点是，在地方债券发行过程中，为了寻求社会福利最大化必须防止挤出效应的发生。具体而言就是，通过税收等常规财政收入保障社会福利不足时，通过发行必要的地方公债予以弥补，但如果公债收入支出后地方政府减少了相应的常规投入，最终还是会使该服务的提供没有足够的财源支持，此为"挤出效应"。因此，要满足社会福利最大化，地方债券只能作为一种辅助性的财源，而不能作为一种替代性的手段，这也与前述临时财源原则相呼应。

第二节　我国地方债券发行制度的改革进路

　　地方政府发行地方债券，需要合理制定地方公债发行规则，包括地方公债的发行主体、发行种类、债券期限和利率、发行对象、审批、发行方式和流通方式等。这些内容的制定是地方债券顺利、有序走向市场化的关键所在。我国《地方政府一般债券发行管理暂行办法》对其中的一些内容作了原则上的规定，但是不够细致，某些具体的规定也存在改进的空间，需要对其进行全方位的思考。

一、关于地方债券发债主体的探赜

　　目前，我国拥有地方债券发行权的主体只有省级政府，这在一方面以法律的形式开放了地方债券的禁令，另一方面又对发债主体做了禁锢，即只有省级政府才有发债之权。这也是目前我国许多学者所支持的地方债券发行主体设置。[1]从地方债券在我国逐步开放的历程来看，其在债权发行主体的授权上经历了一定的反复。2011 年财政部的规定授权部分地方政府进行债券发行尝试，其中既包括上海市、广东省这样的省级政府，又包括深圳市这种市级单位。[2]而在 2015 年《预算法》中，市级发债权被取消，这样的法律规定是特定历史条件下的无奈选择。第一，我国在分税制财政改革之后，地方政府陷入了财权不足的窘境，不得已通过各种方式创制各种形式的地方债，并催生了地方债问题。而由于从中央到县乡相隔太远，暂时无法实现有效的财政控制，出于由中央统一规范、控制的考量，对于当前的地方债改革只能放权于省级。第二，由于我国长期以来缺乏地方债务的实践，对于地方债券的管理和规控经验不足，尤其是在地方，更是缺乏相关的人才，在现行条件下完全放开地方发债权可能导致进一步的债务危机。鉴于此，《预算法》的修改在将地方债券问题改革向前推进的同时，只迈出了开放省级地方债券的一小步，但这样的发债主体设置仍然存在问题。

首先，省级以下各级政府的地位不明。虽然《预算法》没有授权省级以下各级政府发行债券，根据法无授权即禁止的原则，省级以下各级政府没有发债权。但是，这并不意味着下级政府没有财权需求，根据财政分权理论，省政府不可能将省债券的资金全部无偿应用于市级建设，这样将导致省政府承担市级事权支出，因此，只能通过内部的资金分配程序由下级政府使用并通过财政资金上解的方式归还于省政府。这样，下级政府就成了地方债券债务人的债务人，或曰成了地方债券发行代理制的被代理人。而在行政代理制度不完善的情况下，下级政府如何筹集资金、由谁决断、如何偿还等都会发生一系列后续问题。

其次，下级政府财权不完善。根据一级政权、一级财政的原则，地方政府是一个独立的财政主体，享有完整的财权。从国际经验来看，地方政府债券的发行主体通常可以是各级地方政府。不允许下级政府发债，实际上是剥夺了该级政府的部分财权。即使下级政府可以将资金需求以预算的形式汇总至省政府发债，也会产生下级政府的预算需求由上级人大审议的代议困境，

---

[1]　参见李冬梅：《中国地方政府债务问题研究：兼论中国地方公债的发行》，中国财政经济出版社 2006 年版，第 195 页。

[2]　参见财政部：《关于印发〈2011 年地方政府自行发债试点办法〉的通知》（财库［2011］141 号，2011 年 10 月 17 日）。

剥夺了本级人大对本级政府财政的监督权。

最后，容易导致地区间的不公平竞争。财税法的公平正义观，要求财税法制的设立除了要在政治程序方面使人民享有民主监督权，还要求地区之间呈现最低限度的均衡。[1]目前，省级政府作为发债机关并没有完整的发债权，而是受到中央政府的限额管控，这样会导致地区间为了争夺发债的限额而产生竞争。经济效益好、财政收入高的省份会在竞争中占据优势地位，发债结果可能会拉大地区之间的差异。而在省内部，由省级债券筹措的收入如何在不同的市县进行分配，又会引发新一轮的竞争。而在这两个层面的竞争中，可能会催生寻租问题，进而使发债限额的分配不符合最佳的资源分配方案，造成资源配置的低效，无法满足社会福利最大化之需求。因此，从公共财政的角度来看，发债权是分税制财政管理体制中一级政府应该拥有的权力。

根据奥茨的分权理论，同一公共产品如果中央和地方政府都可以提供，那么由后者提供更有效率。市县级政府是公共产品的最优提供者，因此，市县级政府亦应当有对应的举债权以保障公共产品的提供。从其他国家的先进经验来看，每一级预算单位基本上都有独立的发债权。例如，在美国，由于联邦制的原因，其州并不被认为是地方政府，地方政府是指州以下的政府，而美国州及州以下地方政府均允许发行地方政府债券。[2]且这种赋予各级地方政府发债权的做法并非是联邦制国家所独有，作为单一制国家的日本也允许都、道、府、县和市町村发行地方政府债券。[3]可见，是否允许各级地方政府发债，与国家是采取联邦制还是单一制并无明确关系，唯一需要遵循的是财政规律和市场规律。现实中，各个地方的经济发展状况是动态的，但不能以此为由让法律制度朝令夕改。很早之前就有学者提出可以结合当前的经济社会形势从某一级政府或某些地区进行试点，待条件成熟后再在全国范围内推广。[4]对于现行规定而言，我们可以将之视为是以省级政府发债为试点，

---

〔1〕参见席晓娟："'中国梦'的财税法解读"，载刘剑文主编：《财税法论丛》（第13卷），法律出版社2013年版，第37页。

〔2〕参见财政部财政制度国家比较课题组：《美国财政制度》，中国财政经济出版社1999年版，第130页。

〔3〕参见财政部财政制度国家比较课题组：《日本财政制度》，中国财政经济出版社1999年版，第233页。

〔4〕参见李帅："经济法治中的权威决断：诠释、问题、检讨——以卡尔·施密特法学思维三种方法为视角"，载《经济法学评论》2015年第2期。

在积累相应的经验之后，应该在各级政府推广，未来地方债券的改革及《预算法》的修改应明确各级地方政府都拥有发债的权力。在具体的制度设计中，只要是财政稳健运行、拥有稳定财源的地方政府都应当有资格根据自身的财政能力举债，但是，这也要求举债的地方政府具有较强的风险防范意识和抵御风险的能力，例如未有赤字、资信良好等。各级政府应当本着量力举债、合理支出、统筹管理的理念在市场中以债券方式筹集收入，同时，财政部和证券监督管理部门应当对各级政府发债的行为进行监管。

二、完善专项债券

我国地方债券分为一般债券与专项债券。相对而言，一般债券投资的项目基本上是没有收益的，因此，还款还需要靠省级政府的一般财政收入。但问题是，地方债券的发行就是为了解决地方政府财政的暂时短缺，将债券收入投资于无收益项目并不会增加地方收入，因此，如何增加收入以偿还地方债券就成了问题。2016 年，我国发行专项债券 2.51 万亿元，占当年所发行地方债券总量的 42%。而从债券余额限额上看，专项债券也处于劣势，只占 48%。可见，我国对于专项债券的重视程度还不高，而在具体操作阶段的配套规定也不完善。对此，我国可以借鉴美国市政债券市场中收入债券的经验。

在美国，专项债券又被称为收入债券，其市政债券根据偿债资金来源可被分为一般财源保证债券和收入债券。一般财源保证债券以包括发行债券的地方公共团体的征税权在内的全部信用为担保发行，债券的发行主体担负本息偿还的全部责任。以一般财源保证债券募集的资金会被拨付给地方公共团体等公共事业，如学校、法院、消防局等。而收入债券不以债券发行主体的公信力为担保，而是以从事业项目中产生的使用费等收入作为偿债资金来源进行发行的。收入债券筹措的资金往往被拨付于机场、供排水管道、医院等的修建或作为国有企业的营运资金。收入债券根据偿债的项目收益来源不同可被分为五大类：①将从供排水管道或电力之类的公共服务的受益者处征收的使用费用于偿债的收入债券，这是收入债券最典型的类型。由于许多情况下这些使用费会与一般财源共同偿债，因此，这种债券也被称为双重债券。②将高速公路、桥梁、机场等的社会资产的通行费、使用费或附带项目等的特许经营权所创造的收益作为偿债资金的收入债券。此种情况下，用募集到的债券收入投入经营性项目的建设，用通行费等进行偿债。③以特殊税的税收用作偿债资金的收入债券，主要适用于以烟或酒之类的准奢侈品为对象的额外收税。④涵盖了回租合同的收入债券。此种债券用募集的资金建设公共设施，并将相关设施出租给州、地方政府或公司，将由地方公共团体支付的租金用作偿债资金。⑤以产业开发为目的的收入债券。

收入债券在美国有超过一个世纪的历史，发行额相当于美国地方债券的六成，2013 年时高达 1977 亿美元，铸就了其在美国地方债券市场的核心地位。因为收入债券是与一般财源保证债券不同的、将特殊收入用于偿债资金而发行的，所以，为了维护本息偿还的安全性会被设置可靠性调查或契约条款等。可靠性调查指的是，在中立且专业的流程下，对利用收入债券的项目能否创造出涵盖运营维护费用与本息偿还费用等的充足的收入进行验证，对收入债券的发行主体、托管组织等的认证许可多是以此调查为前提的。而所谓契约条款，是指在发生对债权人不利的情况时，为了可以解除契约或变更条件而预先设定的条款。比较典型的情况是要求发行主体设定与运营维持费用和债务偿还相匹配的费用，代表债权所有者的被委托人在监督发行主体遵守条款的同时，为了让发行主体遵守契约条款，可以设置相关约定措施对其进行监督和制约。

收入债券最大的优势在于其可以保证地方债券的还本付息，降低地方债务风险。一般来说，一般责任债券多被用于社会效益大的项目，即使产生经济效应也需要较长的时间，因此，一般责任债券的规模越大，本地现时及将来的财政负担也就越重。综上，针对我国地方债的现状，笔者建议：①增大专项债券的比例。为了防止地方政府不顾本地真实的财政状况而盲目举债，应当采用增大专项债券比例的方式增加地方债的信用，将地方债项目投资的收益与地方政府的信用一起作为地方债的担保。对于专项债券而言，重点要考察的是债券投资项目的可行度和盈利情况。只要该项目具有稳定的收益，那么该债券一般便不会给财政造成压力，只需要用该收益偿还即可。但也正是因为专项债券的发行需要对其项目进行评估，对于地方政府的举债冲动造成了一定的制约，导致政府更愿意选择一般债券融资。综上，在今后的地方债券实践中，逐步扩大专项债券的发行比例是缓解地方债压力的有效手段。②明确专项债券清偿后其投资项目的用途。专项债券所取得的财政资金可以被用于收益性项目的开发，但本着不与民争利的理念，在专项债券投资的项目回收完债券本息之后，该项目即应作为公益性项目免费开放，或作为新专项债券的担保，用以发行进行新公益性项目投资的地方债券。③增加专项项目可靠性调查。虽然根据《地方政府专项债券发行管理暂行办法》规定，专项债券发行时也需要进行评级，但并未提及对该项目所投资之项目的可靠性审查。在专项债券发行时，应当对所投资之项目进行调查，确认其收入可以满足债务本息偿还之需，项目收益不足的，需要指定政府其他收益进行弥补。④设立专项债券向一般债券的转化机制。在专项债券发行时，应当在发行公告中明确，一旦其对应的专项收入或者政府基金运行出现了问题导致无法偿还，便不能以项目收入不足为由进行违约，而应当将其转化为一般债券，由政府的一般收入予以偿还，在转化的同时，政府应当在财务报告中予以体现。

三、债券期限和利率

根据我国目前的规定，地方债券的期限自 1 年至 10 年不等，但笔者认为，地方债券的构成应当以中长期债券为主。地方债本身是为了满足公共产品的提供而进行融资的工具，但人民对于公共产品的需求不是没有限制的，不能以给后代造成沉重负担为代价，因此，地方政府在举债过程中应当关注代际公平。而要实现代际公平，就需要地方政府提供那些具有长期受益的项目，这些项目使用年限较长，不但后代人可以继续使用，而且由于该产品的提前提供，促进了本地经济的发展，从而产生更多的财政收入。所以，地方债的资金应当投向那些长期受益项目，对于短期借款这样有"过桥拆借"性质的地方债的发行，应当采用审慎的态度。

此外，地方债券的利率形成原则上应当采用市场化的方式。"一方面，应进一步减少对地方政府债券发行过程中的行政干预，让投资者根据市场状况、风险偏好自主确定报价；另一方面在对限额管理、发行主体进行改革的基础上，进一步放宽浮动区间，充分实现市场化的利率形成机制。"[1]地方债券的发行不仅仅是一个公权力行使的结果，还是一个市场化的行为。地方政府如果滥用公权力干预债券利率的形成，必然会使地方债券利率过低，在我国的实践中甚至还出现过地方债的利率低于中央国债的情况。例如，2011 年上海

---

[1] 朱娜、胡振华、马林："美国市政债券与中国地方政府专项债券的比较研究"，载《经济地理》2018 年第 8 期。

地方债竞标利率为三年期 3.1%、五年期 3.3%，随后发行的广东地方债竞标利率为三年期 3.08%、五年期 3.29%，都已低于同期国债利率，而在 11 月 21日完成招标的浙江地方债利率，三年期为 3.01%，五年期为 3.24%，这样低的地方债竞标利率，不仅低于同期国债利率，而且还远不及同期银行存款利率。地方债利率屡创新低，甚至低于同期银行储蓄的现象，是不符合市场利率竞价原则的。如果商业银行还是要看地方政府脸色行事，那么地方政府以后发债就会没有约束，如此一来不但会使地方政府债台高筑，而且商业银行的经营风险也在日趋增大。政府依赖投资的好处很多：第一，可以创造 GDP和税收；第二，可以改善城市形象。允许地方政府发地方债，如果没有一个有效监督机制，就是给地方政府添加了低效投资的子弹，债务只会越积越多。[1]

如果地方债券利率过低，就不会对市场上的闲置资金产生太强的吸引力，地方发债的活动就会遭到市场的冷遇。因此，最佳的解决方案是让市场形成利率，由地方政府的信用、发债意愿、市场购买意愿等因素共同博弈形成地方债券利率。根据高风险高收益、低风险低收益的原则，从理论上来说，地方公债的利率水平应高于国债，低于公司债。但是，考虑到目前我国投资者对地方公债还不熟悉、存在诸多担忧，存量债置换规模巨大、对市场缺乏吸引力等原因，地方公债发行初期，其利率水平可以与公司债券持平。这样，凭借地方政府的信誉和地方公债的财政优惠政策等有利条件，可以大大增强其对投资者的吸引力，使地方债券在发行推销中处于优势地位。

四、发行对象

在过去的地方债实践中，地方政府由于没有法定的发行债务的权限，因此无法"公开"举债，导致大部分债务的债权人都是国有银行等特定主体，即地方债主要针对的是有限的对象，形成了一个私募的空间。而在地方政府债券制度的构建过程中也需要解决发行对象的问题，即要解决通过公募筹资还是私募筹资的问题。所谓公募，是指地方债券针对不特定的多数人，向广大社会公众公开发行，已经发行的债券可以在二级市场公开买卖，而作为债务人的地方政府需要将债券的发行情况向社会公众进行公告。此外，在公募

---

〔1〕 参见张平："地方债发行利率奇低是祸不是福"，载《投资北京》2011 年第 12 期。

过程中由于面对的潜在证券购买主体是社会公众，很多人对地方政府的财政信息掌握不完全或者没有途径获取相关信息，因此难以根据债券市场信息作出准确的判断，这就要求债券发行人将自身的财政状况向社会公众以大众可以获取的方式进行公开。所谓私募，就是在债券发行时只针对特定的少数购买主体，不向社会公众进行公开。而在一般情况下，私募债券金额较少、期限较短，在持券人购买债券之后也不能进行公开买卖，但相对而言发行手续简便，不需要向社会公众公告各种财务信息，因此更加机动灵活。

前面已经讲到，地方债券的发行应当遵循公开原则，因此，地方政府有义务将包括地方债券在内的地方财政信息向社会进行公开。而地方债券作为一种新的债券形式，不但可以帮助地方政府进行融资，也可以为社会公众提供一种新型的投资渠道。因此，地方债券投资不应该由少数主体进行垄断，应当向社会公众进行开放，正如我国中央公债绝大多数情况下也是采用公募的方式进行，这为我国地方债券的运行提供了宝贵的经验。目前，我国的《预算法》并没有对地方债券的发行对象进行规定，而《地方政府一般债券发行管理暂行办法》第 16 条规定，我国地方政府债券应当以公募为宜，且应当扩大投资者范围，建立囊括机构投资者和个人投资者在内的对象体系。这样的规定符合地方债券的设立初衷，但也存在一些问题：首先，扩大地方债券投资者范围的规定的依据是财政部的部门规章，立法位阶过低，容易被财政部的后续文件推翻，不易保持稳定性。其次，该条只规定"鼓励"社会公众投资者投资地方债券，但不意味着所有的地方债券发行"必须"针对所有机构投资者和个人投资者。换句话说，这一规定只是倡导性规定，并不具有强制性的效力，即使采用私募的发行形式也不违背这一规定，这就给了地方债券发行人更大的裁量权和选择权。而在拥有选择权的情况下，地方债券发行人更倾向于作出私募的决定。2016 年，我国发行的地方债券中就有接近 1/4 是采用私募形式。最后，该条还给地方债券私募预留了兜底条款，即机构和个人投资者购买地方债券必须符合"法律法规等相关规定"，而地方性法规和地方政府规章也属于"相关规定"，这就授权了地方权力机关以抽象行政行为的方式设置门槛，将多数的机构和个人投资者排除在债券购买者之外，形成事实上的私募。因此，应当尽快完善这一规定，在《预算法》中明确地方债券的发行以公募方式为主，确实需要进行定向私募的应当经国务院财政管理部门批准。

五、地方债券发行的双重审批

目前，我国地方债券的发行实际上是采用了双重审批制，即国务院审批和地方人大审批两个流程。所谓国务院审批，是指国务院对各省的发债限额进行分配，根据各地的存量债务情况及相关财政状况确定其发债限额。所谓地方人大审批，是指省级政府根据国务院批准的限额制定发债的预算调整草案报省人大常委会进行审批。只有经过双重审批之后省政府才能根据相关程序发行债券，但在双重审批过程中要注意以下问题。

在国务院审批层面，在审批各省债券额度时应当立足于各省财政的真实情况，兼顾各省的公平发展。所谓兼顾各省公平，是指在地方债审批时，如果完全按照各省的财政状况和还债能力进行审批，会造成强者愈强、弱者恒弱的现象，发达地区凭借地方债券会拉大与落后地区之间的差距。推进社会公共服务均等化的过程，体现在财政领域就是，对各地区居民平均财政投入应当控制在平均水平上下波动的特定幅度以内。[1]因此，对于欠发达地区在审批时要有所倾斜，可以适度在其财政还款范围上限或者略超上限的范围内进行授权，不足的部分可以通过转移支付的形式弥补。但是，兼顾各省公平，不意味着在发债授权幅度上要搞平均主义、吃大锅饭。正如马里旦所言，如果不在某种程度上限制某些主体的权利，那共同生活成员的权利就只能停留在纸面上，成不了现实。[2]最终的改革目标是建立以市场规律为基础的地方债券制度，因此以地方财政能力及地方政府资信程度为基础的债券限额分配才符合市场规律，对于由此产生的地区差异可以由中央政府通过转移支付的形式予以矫正。此外，在国务院审批层面，不仅仅涉及财政部门的审批，还包括证券监督管理部门的审批，证监会应当制定全国统一的地方公债管理办法，授权各地主管部门进行具体的监督管理；鉴于现行规定要求地方债券发行采用承销制，而承销团的成员是各地的金融机构，因此人民银行应对具体负责地方债发行的组织工作制定实施细则，并对金融机构的招标、承销工作进行监管。

---

〔1〕 参见国务院发展研究中心课题组：《民生为本——中国基本公共服务改善路径》，中国法制出版社 2012 年版，第 260 页。

〔2〕 参见［法］雅克·马里旦：《自然法：理论与实践的反思》，鞠成伟译，中国法制出版社 2009 年版，第 69 页。

在地方人大审批层面，地方政府根据国务院批准的限额编制预算草案，提交人大进行审批，这是预算管理环节的必然要求。根据全口径预算管理原则，不允许存在预算之外的财政收支，因此，地方债券收入也应当被列入预算管理之中，人大对预算的监督也就顺理成章了。只是，目前我国的《预算法》把地方债券的发行限于预算调整程序，不允许直接按照年度预算的组成部分进行编制，这样审批权只能由人大常委会享有，实际上剥夺了普通人大代表对其进行审批、监管的权力。对此，应当修改为地方债券的预算审批原则上应当纳入年度预算草案，由本级人大进行审批，特定情况下经国务院批准可以通过预算调整程序进行。对此问题的具体论述，笔者将在第六章中展开。

六、发行方式与流通方式

债券的发行方式可被分为两种：①直接发行，即由发行人自己出面发行债券，发行人自己办理发行的全部手续，做好发行前的准备工作，并直接向投资人出售债券，剩余的债券也由自己处理。发行人也可在债券发行之前，先在规定期限内接受投资人的申请，按申请数印制债券，并直接发行，这样可以防止债券过剩。②间接发行，即由发行人委托中间人代理发行债券，具体又分为委托募集和承购募集。委托募集是委托销售集团推销债券，推销不完的债券退回发行人处理。承购募集是由承购集团推销，推销不完的债券由承购人买下。目前，我国在法律层面上没有对地方债券的发行方式进行限定，《地方政府一般债券发行管理暂行办法》对于一般地方债券的发行采用了招标承销制，即间接发行制度，而承销团的成员是由地方政府选取的金融机构。

由于地方公债的投资价值主要取决于它的流动性、收益率和安全性，因此，我国地方公债也应进入流通市场。而地方债券作为债券之一种，应当允许其进入二级市场流通。我国现行规定将地方债券限定于记账式国债，这也为地方债券的二次流通转让提供了依据。相应的，我国应当建立和完善地方债券二级市场的监督管理制度。目前，我国还没有统一的全国性的地方债券交易市场。现阶段地方公债的交易应以证券交易所为主，辅之以外围的柜台市场。

七、设定法定的发债上限

我国目前对于地方债的规定只要求建立风险预警机制，但没有设置法定的发债上限。在当前的财政实践中，由全国人大常委会通过全国地方债券的总限额，再由国务院分配至各省，省政府根据此限额提交省人大常委会批准本省的额度。这样的制度设置只规定了地方债限额的决定主体和决定程序，但决定标准并没有明确的法律依据。如此一来就导致了地方债券的上限设置更加随意，缺乏依据，所谓的"上限"随时可以根据全国人大常委会的决断而突破之。美国著名比较法学家梅利曼就曾指出，无论哪国的法律、何种法律部门，都应当以"确定性"作为其价值目标之一。[1]波斯纳也从法经济学角度论证过遵循确定的先例可以降低成本。[2]因此，我国应当对地方债券设置法定的上限。

国际上对于公债的上限限定主要采用两种方式：一为"定率"，二为"定值"。所谓"定率"，是指国家规定中央及地方公债的数额占 GDP 的上限，超出该比率的公债发行即被禁止。例如，《欧盟马斯特里赫特条约》（Treaty of Maastricht）即以定率的方式规范各成员国，各级政府每年度预算赤字上限为GDP 的 3%，而各级政府地方债的总额不得超过 GDP 的 60%。所谓定值，是指国家采用规范性文件的方式直接限定各级政府公债的上限数额，超出该数额则禁止发债，采用定值法的国家主要是美国。我国是发展中国家，各地经济发展速度较快，采用定值法设定地方债上限不符合我国国情，建议采用定率法，具体比率可由财政部调研拟定，报全国人大立法确认。

值得重点注意的是，地方债券的法定上限应当具有刚性。地方债券的上限一经确定，便应当被严格遵守并在一定时期内保持稳定，确有必要需要调整的，应当通过法律修改程序由人民决定。

第三节 完善我国地方政府信用评级制度

所谓地方政府信用评级，又称地方债券信用评级（以下简称"信用评

---

〔1〕 参见［美］梅利曼：《大陆法系》，顾培东、禄正平译，法律出版社 2004 年版，第 49 页。

〔2〕 参见［美］波斯纳：《法律的经济分析》（下册），蒋兆康译，中国大百科全书出版社 1997年版，第 714 页。

级"），是指由独立的第三方机构对于借款人能否按照约定如期还本付息给出的预测意见，[1]是对地方政府债券到期能否偿付及对地方财政能力和债务风险的综合评估。[2]许多发达国家都对本国地方政府债券的发行主体设置了信用评级制度，这是地方债券市场化的必要要求。信用评级制度建设是债券市场的基础性工程之一。自 1909 年约翰·穆迪首次在《铁路投资的分析》中使用信用评级方法进行债券分析以来，信用评级体系在欧美等发达市场中日趋完善，已成为揭示信用风险、提高发行效率以及提高投资决策正确性的有效工具。发债主体信用评级的高低直接决定其发债的成本、模式以及后续交易价格的变化。同时，信用评级作为衡量信用风险的有效工具，被广泛运用于金融机构的监管之中。评级机构也因此被誉为资本市场的"看门人"。

　　严格来讲，我国还没有法定的地方政府信用评级制度，相关规定散见于财政部各通知或规章之中。温来成教授等人提出："随着中国经济进入新常态，不同地区之间经济发展状况将愈发分化，最终将体现在不同地区地方政府债之间的利差差异上。因此，建立有效的信用评估体系以正确区分不同地区地方政府的信用状况，是未来防范地方政府债投资风险、提高投资收益的必要一步。另一方面，从城投债的投资实践来看，发行人所在地区政府的信用状况也是影响发行人资质、发行利差和债券价格变动的重要因素。"[3]我国最早出现信用评级的规定是在 2014 年，当年财政部允许上海、山东、青岛等省市尝试地方债券的发行及偿还，在地方债券尚没有被法律确认的情况下，该试点尝试以倒逼的形式要求地方政府开始信用评级的尝试。[4]修改后的《预算法》也并没有对信用评级的问题作出明示，《地方政府一般债券发行管理暂行办法》第 6 条、第 7 条对信用评级作了规定，但与 2014 年发债试点规定相比，除了将"试点地区"的表述改为"各地"之外，其他并没有任何改动。2015 年财库〔2015〕68 号文对一般政府债券的信用评级作了较为详细的规定，即由地方财政部门选择评级机构并严格按照约定向评级机构提供信息披露，评

　　〔1〕　World Bank, *Credit Ratings and Bond Issuing at the Subnational Level: Training Manual*, Washington D. C. : World Bank, 1999, pp. 3~6.

　　〔2〕　参见李振宇等编著：《资信评级原理》，中国方正出版社 2003 年版，第 4~7 页。

　　〔3〕　温来成、刘洪芳："我国地方政府信用风险评估体系的构建及运用"，载《中央财经大学学报》2016 年第 9 期。

　　〔4〕　参见《财政部印发 2014 年地方政府债券自发自还试点办法》（财库〔2014〕57 号，2014 年 5 月 19 日）第 6 条、第 7 条。

价的内容是地方政府能否如期足额偿付债券，除首次发行债券需要进行评级之外，每年都需要重新评级，评级等级自高至低分别为 AAA 到 C 三等九级。[1]

一、地方政府信用评级中存在的问题

在我国，构建地方政府信用评级制度仍旧存在以下问题和挑战：

首先，评级机构缺乏对政府进行评价的经验。目前，我国的信用评级机构主要是针对企业债券进行评级的，还没有对政府债券进行评级的充分经验，而地方债券由于其还款资金是财政资金，因此其无论从收入、管理还是监督上都与企业的现金流存在差异。评级机构能否从有限的经验中得出相对公正的评价结果往往会引发人们的担忧。而对于地方债券投资人来说，信用评级的结果直接影响着其投资决断，因此评级机构作出的判断对于投资人的财产权益来讲至关重要，在相关法制或自治规定不完善的情况下，评级机构还需要提升对政府资信进行审核的能力。

其次，由财政部门选择评级机构可能诱发利益勾连。目前，信用评级机构的选取权归于地方财政部门，而地方财政部门本身又是被评价的对象，因此被评价者在潜在的市场中更倾向于选择对其作出高于实际资信状况的评级单位。而在我国"官本位"浓厚的行政环境下，由"民"评"官"本身就存在着一定的难度，由"官"选择特定的"民"对其进行评价更难以保证结果的公允性。此外，虽然法律法规并没有加以明确，但对于评价机构来说，其提供评价服务并不会是无偿的。因此，在一定程度上，地方财政部门是评价机构的"客户"，[2] 而在评级机构之间也存在着对"客户"源的竞争，评级机构更倾向于作出对其有利的评价。这样的评级结果对于投资者来说借鉴意义有限，其评级制度的设立就无法满足最初的制度目标。温来成教授就指出，从各评级机构发布的评级报告来看，我国各家机构似乎并没有严格按照规定的评级框架来进行信用评估。"主要问题有二：一是侧重当地经济发展、财政状况的分析，基本忽略对地方政府治理因素的评估，对当地政府债务情况的分析也不够深入；二是不披露初步评级结果，使得从评级要素分析到最终评

---

[1] 参见《财政部关于做好 2015 年地方政府一般债券发行工作的通知》（财库〔2015〕68 号，2015 年 3 月 19 日）。

[2] 参见杨珊："论地方政府信用评级法律制度的建设"，载《西南交通大学学报（社会科学版）》2014 年第 5 期。

级结果的过程成为'黑箱'。从目前各地方政府的评级结果来看，所有省份及获得发债试点的计划单列市政府均获得了与我国主权相同的评级等级，不具有区分度。笔者认为主要原因有以下三方面：一是地方政府信用评价结果对地方融资至关重要，直接影响到其融资成本与融资规模，地方政府对提升评级等级的迫切愿望与地方政府较强的资源调度能力，对评级机构的独立客观性造成了一定负面影响；二是目前评级机构对地方政府债券的信用评级全部采取发行人付费模式，生存压力之下评级的独立性受到了制约；三是我国评级行业发展起步较晚，评级行业的自律性和独立性还不高，相关监管措施也有欠缺，导致行业内级别竞争时有发生。"[1]

再次，不同的评级指标下可能产生不同的评级结果，导致标准选择套利，而在没有法定标准时各项标准都不能被认定是违法的，因此难以对评级机构进行问责。我国《地方政府一般债券发行管理暂行办法》规定，评级机构应当勤勉、忠诚，不能弄虚作假，否则就要对其进行问责。但在实际的评级过程中，除了虚假信息可以明确作为问责依据之外，其余的评级操作空间很大，在选择不同的评级指标及权重的情况下结果可能千差万别。例如，杨胜刚教授给出的政府信用评级指标和结果如下：[2]

表 4-1 地方政府评级指标（杨胜刚教授版）

评价体系	核心指标
区域经济	GDP、人均 GDP、GDP 增长率；产业结构、支柱产业
财政收入	地方财政总收入；地方一般预算总收入；本级财政总收入、一般预算实际收入、基金预算收入、财政结余；本级一般预算实际收入/财政总收入、税收/一般预算收入
财政支出	建设性支出、建设性总支出；建设性支出/本级一般预算支出、建设性总支出/本级财政总支出
政府债务	刚性债务；刚性债务/建设性支出、刚性债务/建设性总支出；刚性债务/一般预算实际收入、刚性债务/本级总收入

---

〔1〕 温来成、刘洪芳："我国地方政府信用风险评估体系的构建及运用"，载《中央财经大学学报》2016 年第 9 期。

〔2〕 参见杨胜刚、张润泽："政府信用评级与市政债券发债规模探讨"，载《现代财经》2011 年第 5 期。

表 4-2   地方政府信用评级结果（杨胜刚教授版）

评级等级	评分范围	担保比例	省份
AAA	≦1	≧95%	苏、沪、浙、京、粤
AA	1~2	85%~95%	鲁、津
A	2~3	75%~85%	辽、闽、蒙、豫、川
BBB	3~4	65%~75%	鄂、渝、冀、皖、湘
BB	4~5	55%~65%	陕、晋、黑
B	5~6	45%~55%	吉、赣、琼
CCC	6~7	35%~45%	滇、宁
CC	7~8	25%~35%	藏、黔、青
C	8~9	15%~25%	甘、新
D	≧9	≦15%	无

而闫明博士采取了不同的指标体系，其研究结果如下：

表 4-3   地方政府评级指标（闫明博士版）[1]

序号	指标名称	权重	权重级次	
			级次 1	级次 2
1	地区 GDP 规模与增速	10.658	最重要	一级核心指标
2	地方政府级次	10.658		
3	一般预算收入	10.23		
4	转移支付收入	8.55		
5	债务依存度	8.55		
6	地区固定资产投资规模与增速	7.78		
7	地区存贷款规模	6.67		
8	经常性支出占比	5.82		

---

〔1〕 参见闫明、顾炜宇："我国地方政府信用风险评级体系构建：框架与方法"，载《中央财经大学学报》2014 年第 3 期。

续表

序号	指标名称	权重	权重级次	
			级次 1	级次 2
9	基金收入	5.65	重要	二级核心指标
10	三次产业结构	3.85		
11	多元化水平	3.85		
12	分税体制稳定性	3.56		
13	财政政策	3.23		
14	转移支付制度稳定性	3.1		
15	现行债务规模	208	一般	次级指标
16	平均受教育程度	2.03		
17	R&D 投入占 GDP 比重	1.78		
18	货币政策	1.23		

表 4-4　地方政府信用评级结果（闫明博士版）[1]

序号	类别	样本数量	样本
1	A	4	京、沪、浙、鲁
2	B	5	宁、青、甘、藏、琼
3	C	16	新、陕、贵、滇、渝、桂、湘、鄂、赣、皖、闽、吉、黑、晋、蒙、津
4	D	2	苏、粤
5	E	4	冀、辽、豫、川

　　以上两种不同的评价指标和结果只是在不同学者及评级机构的样本中选出的两例，在具体情况中的分歧绝不仅于此。例如，陈志勇和庄佳强利用2011 年的省级经济数据，采用包含地区经济发展状况、地方政府财政状况和地方政府对地方融资平台支持情况三个一级指标的评价体系来评估我国省级地方政府的信用，评价体系包含地区宏观经济、财政补贴和政府项目应收款

　　〔1〕　参见闫明、顾炜宇："我国地方政府信用风险评级体系构建：框架与方法"，载《中央财经大学学报》2014 年第 3 期。

等七项二级指标，指出天津、江苏等地方政府信用风险较低，云南、贵州等地方政府信用风险相对较高。[1]温来成教授等人利用手工整理的 2012 年至 2014 年间省级层面数据，采用上述评估体系，对除西藏、港澳台地区外的 30 个省份政府信用状况进行评估，认为我国省级地方政府的信用状况可以被分为五个档次：广东、江苏处于第一档次，浙江、北京、福建、山东、上海处于第二档次，天津、河南、辽宁、江西、海南、河北、湖北、内蒙古处于第三档次，四川、山西、安徽、新疆、重庆、云南、湖南、吉林、宁夏处于第四档次，黑龙江、陕西、广西、甘肃、贵州、青海处于第五档次。[2]以上每一种评级方法和结果都有其相对合理性，难以明确证明某种方法是合法的或不合法的，这就给评级机构留下了裁量和选择的余地，导致地方政府和评级机构可以在这种选择中进行套利。对于投资者而言，在无法获取准确、客观的外部评级情况下，建立有效的内部评级体系是必要的。而相比于外部评级机构，多数投资者通常难有与之相匹配的人力、物力从事庞大的评级工作。因此，向一般投资者提供简单、有效的评级方法就显得十分有意义。

最后，缺乏对评级机构的市场准入机制和监督机制。所谓市场准入，是指对特定主体进入某一行业所设置的门槛，只有达到相应的要求才允许从事特定行业。对于信用评级机构而言，由于其做出的评级结果对于公众的证券投资行为有着重要的引导作用，关系到地方政府融资和债券投资人的利益，且其工作具有经济性与专业性，需要具备特定的财政、财务、法律知识方能胜任，因此，需要对其设置市场准入制度。而对于评级机构来说，单纯由其进行自我约束或者行业自治是不够的，还需要对评级机构进行监督，或曰对评级机构的信用进行再评级或再评定，这需要通过市场的调解来进行。

二、地方政府信用评级制度的改进

要改进我国地方政府信用评级制度，解决现实评级实践中出现的问题，需要从以下几个方面来进行：

第一，确定统一的评级标准。财政部应该拟定地方政府信用评级标准，

---

〔1〕 参见陈志勇、庄佳强："地方政府信用评级方法比较及在我国的应用"，载《财政研究》2014 年第 7 期。

〔2〕 参见温来成、刘洪芳："我国地方政府信用风险评估体系的构建及运用"，载《中央财经大学学报》2016 年第 9 期。

对于各项指标及其比重进行限定，防止不同的评级机构采用不同的评级标准造成评级结果的差异，更防止评级机构人为选择不同的标准或调整其比重而操纵评级结果的现象发生。与一般发债主体不同，地方政府主要依靠财政收入作为还款来源，筹集资金主要运用于基础设施建设，投资长、资金回收慢，故地方政府债券及主体的评级思想和理论方法均有别于一般经济主体评级。美国作为市场化高度发达的国家，以标准普尔、穆迪和惠誉为代表的国际评级机构均建立了相对完善的地方政府债务评级体系。在信用评级标准方面美国虽然没有联邦或州的干预，但各大评级机构基本上都采用了与最大的评级机构——穆迪公司——相一致的思路和方式，[1]在客观上也保证了信用评级标准的一致性或类似性。信用评级指标选取应当以地方经济发展水平为基础，与地方的财政能力相匹配，[2]同时，兼顾地方财政收入的灵活性及政府理财水平。在评级对象上，三大评级机构均区分为美国与国际评级体系，并设定了不同的评级标准。在评级思路与方法方面，普遍采取定量与定性相结合的打分卡机制，首先通过确定的评级框架结构获得初始地方政府评级，而后通过一些先决指标对初始评级进行调整以获得最终评级，从而兼顾了评级的全面性。在评级要素与指标方面，三家机构均选取行政体制、经济实力、财政表现和债务状况几类指标构建基础评级框架。每类要素内包含若干指标。同时，均将行政制度、上级政府支持等定性因素作为评级的重要考量，尽管将其纳入评级体系的方式有所不同。

　　第二，改革评级机构选任程序，采取多选抽签制。现行的由地方财政部门单方面决定评级机构的做法，使得评价主体和被评价主体的关联性过强，二者之间容易发生利益勾连。对此，应当改革评级机构的选任程序，剥夺财政部门单方面的决定权，只允许其有建议权，且有权建议评级机构的机关不限于财政部门，人大及其常委会也应当有权推荐评级机构。地方政府应当在市场中选择专业能力强、信用好的评级机构建立评级机构动态名录，由人大或政府在该名录中选择机构进行推荐。推荐采用差额制，从候选的评级机构中通过抽签的形式确定最终的选择。这样一方面赋予了人大对评级机构进行民主选择的建议权，又可防止由特定的机关提前确定评级机构产生暗箱操作。

---

　　[1]　参见苏英："地方政府债券信用评级研究综述"，载《改革与战略》2010 年第 5 期。
　　[2]　参见曹瑞彤、刘姣："地方政府信用评级体系的构建与实现路径"，载《陕西行政学院学报》2015 年第 2 期。

此外，还可以在选择评级机构的同时聘任另一评级机构进行评级，即用"双评制"的方式防止地方政府"绑架"评级机构。[1]

第三，建立评级机构准入门槛。市场准入是对特定主体进入某市场进行的否定性限制，只有符合特定标准的主体才能开展业务活动，而对其进行限制的方式包括设定标准、准则、核准或特许经营等方式。对于地方债券的评级机构，应当采用核准制，即在设定该主体时除了要取得工商登记之外，还必须经过财政部门的审核，审查其是否具有地方债评级的能力和资格；对于评级机构的从业人员而言，应当设立相关的从业资格考试，确保其有从事评级工作的财政、金融、法律知识和从业道德。从业资格考试的组织可以参照国家司法资格考试，由政府牵头进行，也可参照注册会计师资格由行业协会牵头进行，但组织者一经确定即不得随意更改。

第四，建立行业协会，进行自律监管及同行业监督。近些年来，行业协会的自律能力越来越受到人们的重视。相对于政府监管来讲，行业协会自律没有那么强的拘束力，但行业协会自律同时拥有着政府监管所不能比拟的专业性。建议组建地方证券评级协会，对所有的评级机构进行管理，评级机构违反法律法规的，行业协会可以以自己的名义向相关地方政府出具意见函要求予以惩戒；评级机构工作人员违法违规的，行业协会可以剥夺其从业资格。此外，还应当鼓励行业成员之间相互监督，这也是构建良好的地方债券市场的需要。美国金融危机之后为了保障债券投资者等金融消费者，在新出台的法律中规定了罚没款分成制度，即任何主体向政府提供举报有金融违法行为并查证属实的，举报者可以获得罚没款 10%~30% 的分成，[2]此为金融监管过程中向市场借力的典范。我国可以借鉴此制度，对于评级机构间的相互举报，查证属实的，可以对于举报者给予奖励。

第五，建立特定情况下对评级机构的连带求偿制度。目前，财政部的规定只有对评级机构违法违规行为的信用罚和刑罚依据，即采用负面名单公示制惩罚其评级机构的信用，或者在其涉嫌犯罪时追究刑事责任，但对于民事求偿责任并没有规定。信用评级的本质就是对政府还款能力的评判，而投资者正是基于评级机构作出的正面评价才购买了地方债券。因此，从这个层面

---

〔1〕 参见蔡国喜："市政债信用评级制度构想"，载《中国金融》2014 年第 7 期。

〔2〕 See Dodd-Frank Wall Street Reform and Consumer Protection Act; Final Rules for Implementing the Whistleblower Provisions of Section 23 of the Commodity Exchange Act (17 CFR Part165).

来说，评级机构实际上是对地方债券的信用进行了保证背书。如果评级机构由于故意或者重大过失造成了评级失准引发投资人的损失（例如地方政府破产或者违约），应当赋予投资人对评级机构的连带追偿权。而在具体的求偿诉讼中，应当采用举证责任倒置的制度，即作为原告的投资人没有义务证明评级机构存在故意或者重大过失，评级机构需要自行证明自身评级行为不存在瑕疵。通过连带求偿制度的设立，可以使评级机构与评级结果产生利益上的联系，可以倒逼其审慎评级，防止或减少违法违规行为的发生。

此外，还有学者提出要改进评级机构盈利模式。"改进评级机构盈利模式是增强评级独立性的必由之路。只有改进评级机构的盈利模式才能遏制其'重量轻质，重短期利益轻长期信誉'的目标。虽然当前国际主流评级机构的盈利模式为发行人付费模式，但在当前国内环境下采用该盈利模式的弊端十分突出。而在金融危机后，主流机构以发行人付费为主的盈利模式本身也受到国际社会的广泛质疑。""目前我国已推动成立投资人付费的新型信用评级机构（如中债资信评估有限责任公司），以此为载体推进评级行业发展运营和业务模式的变革。但鉴于国内机构公信力不够的现实，以发行人付费为主的模式具有其现实依据。在发行人付费模式基础上进行一定程度的改进或许是平衡各方面利益的更优选择。例如，要求发行人将评级费用交由第三方（如财政部）托管，由第三方负责向评级人支付。也可以探索由中央拨付专项资金开展信用评价工作，从而避免因评价对象付费而导致的级别套利。"[1]但发行人付费的评估模式还会涉及新的问题，即发行人支付的评估成本最终会摊销在地方债成本中，实际上压缩了地方债的利率，且这种由发行人付费的方式还是没能解决前述提及的发行人与评估机构的利益关联问题，因此在实践中很难起到应有的效果。

---

〔1〕 温来成、刘洪芳："我国地方政府信用风险评估体系的构建及运用"，载《中央财经大学学报》2016 年第 9 期。

第五章 地方债券二级市场规制的完善

"随着地方债发行市场的扩大，地方债二级市场的交易量也不断扩大。统计显示，从现券交易量来看，2016 年以来，全年地方债现券累计成交 20120.84 亿元，同比增长 6.39 倍，平均月度交易额超过 1600 亿元。从回购交易量来看，根据银行间市场数据，地方债质押式回购交易从 2016 年以来持续增长，全年交易量为 13.22 万亿元，较 2015 年全年增长了 78.41%；买断式回购交易量增速更快，全年累计交易量为 2962 亿元，是 2015 年全年的 6.69 倍。二级市场的地方政府债券的流动性对一级市场的发行具有举足轻重的影响。"[1] 为了增加二级市场的流动性，《2015 年采用定向承销方式发行地方政府债券有关事宜的通知》确定了地方政府债券可以全面纳入抵押品范围。2016 年 6 月 30 日，财政部和中国人民银行联合发布《关于中央和地方国库现金管理商业银行定期存款质押品管理有关事宜的通知》，明确了质押的具体操作规范。这些举措旨在增加地方政府债券在二级市场的流动性，提高其吸引力。地方政府债发行以来的换手率[2] 呈倒 V 型变化，该值在 2012 年达到 3.2 的峰值，2013 年经历债市稽核风暴影响，地方政府债快速回落，之后换手率一直下降，2015 年降至历史最低 0.06。

第一节　二级市场和一级市场的区分

"地方债成为债市第一大单一品种，未来随着流动性改善，将吸引更多投

---

〔1〕 择远："地方债投资主体必然会实现多元化"，载《证券日报》2017 年 2 月 23 日。

〔2〕 换手率是指证券成交额与证券流通市值的比值，该概念充分考虑了存量规模的因素，能够更好地反应地方政府债在二级市场的流动性。通常而言，换手率越高意味着债券在二级市场的成交越好，流动性越好。

资者参与。截至 2018 年 3 月底，地方债存量规模高达 14.96 万亿元，超过 13.41 万亿元的国债存量规模，已经成为债市第一大单一品种。政策一直鼓励 地方债多市场发行，推动地方政府债券投资主体多元化，充分发挥市场在地 方政府债券发行中的决定性作用。而目前地方债定价逐步市场化，同时流动 性略有改善，地方债参与投资者也有所增多。通知也提及鼓励各地通过政府 购买服务等方式，引入第三方机构参与地方政府债券发行准备工作，提高地 方政府债券管理专业化程度。"〔1〕这充分说明了地方债券一、二级市场建立的 必要性。

所谓地方债券一级市场，是指地方债券在发行过程中形成的市场。所谓 地方债券二级市场，是指在地方债券发行之后，进入流通环节而形成的市场。 地方债券在发行之后，就进入了新的流通环节。由于地方债券资金会被用于 长期投资收益项目中，财政资金需要分年计提偿债储备金，因此其期限比较 长。虽然许多投资人看重地方债券之收益并愿意长期持有，但若没有二级市 场，则意味着投资人只能持有至债券到期，这样就锁死了投资人的投资期限。 投资人如果亟须资金需要将地方债券变现，不可交易的地方债券就成了无效 资产，这样会使投资人在一级市场认购地方债券时不得不考虑时间成本及债 券期间内的经济变动情况，很可能就会使其踌躇不前，影响地方债券的发行。 所以，真正良好的债券市场，既应当允许债券首次投资认购人可以持有至到 期，又应当允许其在特定的情况下提前变现，即应允许其通过二次转让的形 式实现地方债券的流动性。一级市场和二级市场的区分，并不仅仅源于地方 债券在交易环节中所处的不同阶段，而是由于不同的阶段中市场参与主体、 市场功能、监管要求、交易制度等方面的不同而形成了市场分割。具体而言， 地方债券一、二级市场之间存在着以下差异：

一、市场参与主体不同

地方债券一级市场的参与者，可以做广义与狭义的区分：广义的参与者 包括作为发行人（债务人）的地方政府、承销商，作为债权人的地方债券投

---

〔1〕 屈庆、李俊江："地方债与地方政府债务化解"，载《中国金融》2018 年第 8 期。本段话中 所指的通知是指前文中所引用的《关于规范政府和社会资本合作（PPP）综合信息平台项目库管理的 通知》。

资者，作为审批机关的地方人大，作为监管机关的中央政府财政部门和证券监管部门等；狭义的参与者仅仅指地方债券的债权人与债务人，即地方政府和债券投资人。但地方债券一经发行，就成了一种权利凭证，记载着政府到期还本付息的承诺，而作为权利凭证的地方债券可以由债券投资人进行二次转让，在这个过程中形成的市场就是二级市场。与一级市场不同的是，地方政府虽然作为债券记载权利的最终保证人，但是地方政府本身不参与二级市场，即地方政府不是地方债券二级市场的参与者。因为地方政府正是因为可用的财政资金不足以支撑现行的支出需求才在证券市场举债的，所以，往往没有闲置的财政资金用于回购自己的债权。而从程序角度来讲，地方政府回购地方债券属于财政支出项，需要地方人大进行预算审批，但即使经过人大审议的回购行为也未必能在二级市场上取得对应的债券出售支持，因此从预算程序角度来看地方政府也难以成为二级市场的参与者。在真正的二级市场中，作为权利凭证的地方债券连同其上记载的权利一同从原投资人手中转移到新的投资人手中，在二级市场中，买卖双方都是地方债券投资人（有前手、后手之分）。此外，由于二级市场发生的场所不同，二级市场的参与者还可能会有交易所和柜台市场等主体。

二、市场功能不同

地方债券一、二级市场有着不同的市场功能定位。对于其一级市场来说，设立该市场的主要目标是为了满足地方政府投融资方面的需求，其服务的对象主要是地方政府，通过地方债券一级市场的运作，地方政府取得了推动本地发展或者提供必要服务的资金支持，而作为债权人的投资人可以在这个过程中通过资金的拆借来获利。地方政府的融资仅发生在一级市场，地方债券进入了二级市场之后，将不会对地方政府筹集财政资金的行为产生影响，地方政府也不得在二级市场中获利。

二级市场的存在主要是为了解决地方债券的流动性和变现问题。由于地方债券的期限一般都比较长，投资者未必会持有至到期，作为一种可以转让的债券凭证，必须给予其一定的途径进行转让和变现。对于地方债券的转让者而言，相当于放弃了转让后的时间段所能获得的利息收益，提前将资金进行回拢；对于地方债券的接受一方而言，相当于在前一债券持有人取得贴现收益后，持有并收取剩余债券期间的收益。如果没有二级市场，则意味着一级市场的债权人只能持有至债券到期，期间发生任何特殊情况都不得变现，这在经济状况千变万化的当代市场条件下就会使债券的持有风险增加；而通过二级市场的方式允许地方债券转让，实际上就是允许地方债的债权人进行债权转让，原债券持有人作为原债权人退出债权债务关系，使地方债券持有的时间成本降低，也方便债券持有人作出更加灵活的经济决策。

三、监管需求不同

无论是地方债券的一级市场还是二级市场都需要监管，但是，由于一、二级市场的主体不同和市场功能定位不同，对其设置的监管目标和侧重点也不尽相同。虽然财政的稳健运行和金融安全是地方债券一、二级市场共同的监管目标，但具体到微观监管目标上，二者之间就存在着明显的差异。

对于地方债券一级市场监管而言，其主要目标是驯化地方政府，遏制地方政府的发债冲动。地方政府作为地方债券的发行人，也是财政资金的需求方，对于发债有着天然的冲动。同时，地方政府作为社会的代表行使着公权力，如果地方政府在发债的过程中滥用公权力，可能会发生违规发债、滥发债的情况，不但可能会造成财政资金的低效利用，还可能使地方财政陷入危局影响财政稳健运行。因此，国家必须通过预算监督、限额控制、程序规制等手段对地方政府的发债行为进行监督，将其纳入法治化的轨道，接受民主的监督和质询，保证财政资金的配置符合林达尔均衡，保证地方政府有偿还债券的财政能力。遏制地方政府的发债冲动有两个方面的潜在收益：一是保护地方债券投资人的利益。如果地方政府的发债冲动得不到有效遏制，很可能导致其在偿债能力以外发债，如果财政资金链条不足以支持其还本付息，就可能发生地方债违约的情况，危及地方债券投资人的利益。二是保护本地居民的利益。从地方债券的偿债来源来讲，债券本金和利息的负担最终都会以地方收入的形式转嫁到本地居民或曰纳税人身上。如果地方政府超额发债，会使财政资金用于不必要的支出中，相当于本地居民最终负担了不必要的支出。因此，规训地方政府也就是将本地居民的负担降到人民同意的范围之内，在这个过程中又大大提升了资金使用效率，使本地居民享受到更好的公共服务。

而对于地方债券二级市场而言，本身不涉及地方政府的收入，而只涉及债券在不同债权人之间的转让。因此，其监管目标更侧重于构建一个开放、健康、完善的市场环境，增加债券的流动性，保护投资人的权益。就我国目前的债券二级市场实践而言，主要包括证券交易所、银行间市场和柜台市场等，由于信息垄断、内幕交易、市场操纵等违法行为的存在，给投资者带来了潜在的风险，只靠追究法律责任的事后问责方法难以保障债券投资人的利益，需要对于债券市场进行事前、事中、事后的监管，而监管的直接目标就是建立一个开放、健康、完善的市场环境。可以说，构建良好的交易环境和保护债券投资人的利益是一个问题的两个方面，二者统一于二级市场的监管环节。在美国，地方债券的投资者被列入金融消费者的范畴予以保护，并通过各种金融消费者保护的立法对其权益予以保障，而在这个过程中就净化了金融市场秩序。我国的许多部门虽然都成立了金融消费者保护机构，但是对于金融消费者的定义一直没有一个官方的界定，对于地方债券投资人是否属于金融消费者也没有一个定论，更没有一部针对所有金融消费者进行保护的立法。在这种情况下，只能通过微观渗透的方法，针对地方政府债券投资人的权利保护进行单独的规定，待我国就金融消费者的内涵及保护方法达成立法共识之后再进行统合立法。

四、交易制度不同

地方债券二级市场与一级市场相比，虽然仍旧涉及债权债务方面法律关系的问题，但是一级市场是地方债法律关系的原始产生，而二级市场是既有债务关系的转让，二者遵循的交易制度存在区别。

在地方债券一级市场中，交易双方是地方政府和债券投资人。按照现行规定，地方政府发债需要由特定的金融机构承销，在发债时就需要确定好利率，并面向不特定的主体公开发行。对于投资者来说，只需要根据地方政府公开的信息及评级机构出具的报告来评估地方债券的风险，并在可以接受的风险范围内自行向承销机构购买地方债券即可，在交易的过程中，地方政府不能采取任何方式强迫当事人购买债券。虽然地方债一级市场的交易双方在法律地位上是平等的，但是在实际的经济力、信息力对比上却是不平等的，这种实力上的不平等很容易对投资人的意思自治产生影响。为了保障公平交易，法律规定了各种对地方政府权力进行限制的条款，以免强势的国家公器侵犯证券投资者的自主选择和意思自治。

而在地方债券二级市场中，交易双方是前后手的债券投资人，彼此之间的地位是平等的，因此，不必对其中的一方进行更多的限制或者对交易的条款进行过多的干预。但是，在地方债券转让的过程中，涉及对被转让的债券的重新估价，使前手债券投资人取得持有期间获得的利息，使后手买受人负担相应的对价。而在这一环节，可能由于地方政府财政状况的恶化导致债券偿付风险加剧、债券在二级市场上贬值等后果。因此，财政信息公开和对交易所的监管成了二级市场的侧重点，具体的交易规则也应当围绕其建立。

我国自 1988 年开始批准国库券的转让，标志着国债二级市场的初建。而在中央国债的基础上增加了地方债券之后，债券二级市场构建面临着新的挑战。当然，对于地方债券二级市场的构建而言，在相当大的程度上要借鉴甚至套用国库券转让市场的经验。正如"路径依赖"理论所阐述的那样，人们一旦选择了一种路径模式，就会在接下来的发展中强化它并形成习惯。而另一方面，我国政府债券市场还远远没有完善，只是停留在特定的发展阶段中，现行的规则也只是针对目前的阶段而提出的针对性规则，远远不是经过长期演变形成的顶层设计结果。[1]我国地方债券制度刚刚建立，而地方债券二级市场的相关交易规则存在制度供给的不足，需要在证券市场的不断完善中弥补疏漏。

第二节　世界主要国家政府债券市场经验

我国的地方政府发债权刚刚解禁，地方债券二级市场也在经历从无到有的构建历程，在这个过程中，对世界主要国家的政府债券市场进行考察并采用扬弃的态度进行借鉴是必要的。目前，世界上最大的政府债券市场主要集中在东京、纽约和伦敦。就东京的日本政府债券市场而言，其债券规模已经超越美国成为世界上最大的政府债券市场；而美国市场作为世界上老牌的政府债券市场，监管水平高、监管规则精细、市场流动性也强；英国政府债券

---

〔1〕　参见庞红学、金永军、刘源："美国债券市场监管体系研究及启示"，载《上海金融》2013年第 9 期。

市场的创新性和流动性都略低，但是交易机制简洁，节省了交易成本，也为英国的政府债券市场提供了巨大的支持。[1]三大债券市场各有特色，为我国地方债券二级市场提供了他山之石。

一、日本政府债券市场

日本地方公债的历史久远，一直可以被追溯至明治初期。当时也没有法律方面的规定，都是由地方自治体分别进行实质性的借款。在明治十二年（1879年），日本确立需要地方议会决议之后才可以发行地方公债的原则。昭和时代，日本曾提出除需要紧急发行公债的事业之外一律不批准发行公债的方针。但是，在1937年爆发侵华战争之后，随着战线的不断扩大，财政以及经济对策开始去适应战时体系，作为国家政策中的一个层面，地方公债发行事业也为当时的战争服务而需要每年制定年度计划。战争结束后，为复兴化为废墟的日本国土，地方自治体也出现了旺盛的资金需求。这期间，1945年11月24日发行的《关于战中获利的去除以及财政重建的摘要》中规定，地方公债的发行属于联合国总司令部（GHQ）的批准事项，通过此种方式强化了对地方公债发行总额的限制。但是，战后日本财政的严峻状态，通过地方自治体普通会计的年度支出数字就可以看出来，1947年为903亿日元，在1954年却达到了11 281亿日元。这表明，在这短短的7年的时间里，财政支出膨胀了约12倍，而该期间日本的国家经济增长了约4倍，这就不难发现战后的地方年度支出膨胀得如何激烈。在这种情况下，连收紧的地方公债也增加了6.6倍（从143亿日元增加至946亿日元）。在2012年的地方公债余额的国际比较中，关于GDP中地方公债余额所占的比重，英国为5.9%、法国为10.3%、意大利为12.6%，而日本却达到了47%。日本成了世界上最大的地方债务市场。[2]

日本地方债券二级市场采取了场内市场与场外市场相结合的做法，但二者的比重并不相同，场外交易市场中的地方债券买卖占据绝大多数，且交易方式多样，不仅仅包括零售交易，还包括拍卖、经纪人交易以及前后手投资

---

〔1〕 参见财政部财政科学研究所课题组："积极推进政府债券二级市场的发展"，载《经济研究参考》2012年第19期。

〔2〕 参见大东辰起，『地方债の課題と対応−地方債マネジメントの検討について』，商大ビジネスレビュ，2015年第1期。

人的直接对手交易。设置这么多的交易方式，是为了方便地方债券投资者进行选择，根据自身的条件选择最佳的交易方案。而在交易过程中，交易手续费、佣金甚至是刺探证券信息的费用都会形成交易费用。场外市场之所以如此发达，正是因为日本的场外市场可以最大限度地降低交易成本。

在具体的地方债券市场监管中，日本采用了"政府-行业协会"的双头监管模式。日本的政府监管主体是证券交易委员会，负责宏观监管、市场监督、信息披露以及民刑事金融案件的调查等。而行业协会自律监管的主体是证券业协会，该协会除了对场内市场和场外市场进行监管外，还可以根据其在事前自行拟定的自律法规对违法行为进行处罚。另外，日本证券业协会还负责组织证券资格考试，设立债券市场从业准入门槛并进行资格审查，在发生金融违法行为时还为金融消费者提供法律援助。[1]

二、美国政府债券市场

美国地方债券市场是世界上最复杂也是相对来讲最完备的市场。美国市政债券的利率一般为 5%~7%，投资回报率非常高。虽然美国历史上发生过多次市政债券违约甚至地方政府破产的案例，但是总体来讲，其风险还是仅次于联邦国债，且其期限比较长，偿还期限为 30 年~50 年的市政债券也不鲜见。在这样的长期债券中，从一级市场购入并持有至债券到期的投资人并不多，因此，二级市场交易十分活跃。对于市政债券的二级市场，美国采取了以市场调节为主的方式，只需要在信息披露环节保障投资人的知情权，大部分情况下都由投资人自行决定转让或者购买市政债券。另外，由于美国存在大量的收入债券，即有明确收益项目做担保的市政债券，在二级市场交易中对债券的剩余价格评估也比较方便。由于许多市政债券采取的是浮动利率，因此为了冲抵风险，二级市场中市政债券与金融衍生品的搭配方式也十分丰富。

美国对于市政债券二级市场的监督以行政监督为主，以行业自律为辅，且行业自律也在行政监督的控制之下。行政监督的主体主要是证券交易委员会（Securities and Exchange Commission，SEC），SEC 享有对债券市场规则的制定权、执行权以及纠纷解决权，如果把债券市场比作一个独立王国的话，

---

〔1〕　参见范瑞星："国际债券二级市场监管框架比较研究"，载《中国货币市场》2010 年第 1 期。

SEC 就是在这个王国中同时享有立法、行政、司法权的利维坦。当然，美国财政部也基于《政府债券法》等的授权享有对债券二级市场规章的制定权，并对市场的大额头寸报告或交易记录等进行规定。而要成为市政债券二级市场的自律组织，必须得到 SEC 的审核授权，经过审查的自律组织需要在 SEC 登记并接受其监督。[1]

三、英国政府债券市场

英国政府债券市场的特点是种类少、国际化、互通性强及二级市场自治。就英国的债券市场结构而言，政府债券数额远远多于公司债券，达到了 75%~80% 的比例，该比例也远远高于美国。但英国政府债券的种类并不多，因此并没有太多复杂的政府债券衍生品，方便投资者了解和投资。而英国作为欧盟的成员国，国际化水平很高，其政府债券市场并不是只针对本国公民的，外国公民、组织甚至国家都可以参与到英国的二级市场中。在特定的情况下，英国债券市场甚至可以发行其他国家的政府债券。由于其国际化水平较高，吸引了大量的国际投资者，二级市场中的大额交易也很多。英国政府债券在发行时需要在交易所中挂牌，但在二级市场交易时几乎都是场外交易，即交易所只提供一个平台，具体二级市场交易过程中还是依靠市商的询价交易。

伦敦作为老牌的金融中心，历经长时间的债券市场发展，积累了大量的金融人才，也培育了良好的信用体系和交易氛围。虽然 1998 年英国成立了金融服务局对金融市场进行监管，但是，在政府债券二级市场中还是以行业自律为主。任何有权发债的政府想要在英国市场发债，其一级市场的进入需要向金融服务局提交申请，由其进行监管，但是到了二级市场的交易政府就不再插手。而在政府奉行不干预政策的二级市场，其秩序维护的关键就是在市场中存在的 34 个证券协会，其中包括发挥巨大作用的 5 个国际资本市场协会。这些协会拥有证券市场监管规则的制定权，由这些协会制定监管规则更加能凸显金融法制的专业性。这些规范对英国债券市场参与者具有拘束力，违反禁止性规范的主体可能会受到行业协会剥夺其从业资格等方式的处罚，在必要的情况下，行业协会甚至可以建议政府监管部门对违反市场规则的主

---

[1] 参见范瑞星："国际债券二级市场监管框架比较研究"，载《中国货币市场》2010 年第 1 期。

体施加强制性惩罚。[1]当然，这种行业自治监管是建立在长期的市场发展和金融文化培育的基础上的，我国缺乏这样的条件，无法对地方债券二级市场实现完全的行业自律监管，但是，行业协会仍旧是金融市场监管的重要力量则是不争的事实。

第三节　我国地方债券二级市场存在的问题及改进

一、监管体制

我国地方债券作为一个新的债券类型刚刚得到法律的认可，在二级市场中专门针对地方债券的监管规则甚少，而从二级市场宏观监管的层面来看，也存在着监管体制不健全的弊病，其中最突出的特征就是监管依据重数量、轻层级。从法律层级上看，只有《证券法》和《中国人民银行法》，其余的内容都是国务院出台的各种规定，虽然数量繁多，但效力不高，其实效性值得商榷。从西方国家的经验来看，真正的法治国家都有完善的法制支撑，对于政府债券也有明确的监管规定，多数国家都有专门的《国债法》或《政府债务法》，我国在财政方面的立法还仅限于《预算法》及税法等内容，仍有很大的改进空间。

由于地方债券一、二级市场的分割，导致在发行阶段和流通阶段的监督主体不同。对地方债的发行进行监督的主要是人大、国务院财政部门，而在二级市场中应该分别根据交易市场的不同采用不同的监管模式：对于交易所二级市场中的地方债券买卖，应当以证监会监管为主，交易所监管及行业自律监管为辅；对于银行间市场，监管主体应该为央行，辅之以银监会等机关。由于监管机关的不同，可能会在监管标准上有分歧，国家应该统合这一标准，防止不同监管体制下市场准入制度的不同，防止交易人通过选择不同监管机构而进行监管套利。

在地方债券二级市场的监管中，应当坚持行业自律与外部管制相结合的原则。对于交易所等金融机构的监管一般都有一个较为完整的系统，其中既有政府公权力介入，又有金融机构的内部风险控制，还有行业内部的自律约

---

[1]　参见范瑞星："国际债券二级市场监管框架比较研究"，载《中国货币市场》2010年第1期。

束，这些方式力度不同，作用也各异。但是，不能忽视的是自律监管在进一步深化其作用，能通过自律监管达到目的的，就不需要政府过多地插手。对于地方债券二级市场而言，由于处于起步阶段，自律监管显得更加直接和重要。当然，美国对于金融危机的总结报告给了世界许多启迪，其中就包括单纯依靠金融机构自身的自律无法促进金融稳定，其逐利性和稳定性之间具有天然的冲突和矛盾。只有将具体的行政监管措施和行业自律措施结合起来，才能更加高效、务实。

对地方债的二级市场监管要注意丰富市场避险工具，增强做市商的做市意愿。增强做市商的做市意愿，关键是要解决做市商所面临的市场风险问题。在成熟债券市场中，衍生品市场发达，做市商有较多对冲保值工具可以降低头寸管理风险。为此，可以借鉴国外的经验，逐步稳妥推出远期、期货、期权以及互换等金融衍生品工具，逐步培育构造一个由债券即期市场、远期市场、期货市场等共同组建的完整的债券市场；进一步完善对做市商的融资融券支持，尽快推出做市商的日间买空与/或透支、自动质押融资和融券制度、隔夜拆借等必要的政策支持，为做市商有效管理存货头寸和控制存货风险提供条件，提高做市商的做市积极性和做市能力，从而促进债券市场做市商制度的健康发展，提升地方政府债的流动性。[1]

二、地方债券投资人的金融消费者地位

自从 1995 年英国经济学家迈克尔·泰勒提出"双峰理论"以来，金融消费者保护即成了全球性的命题。该理论的核心为金融监管存在两大并行目标，即旨在维护金融稳定、防范金融风险的审慎监管目标，以及规范金融机构经营行为和保护消费者利益的行为监管目标。正如徐孟洲教授所言，消费者是经济法的核心主体，以人为本的理念要求以消费者为本。[2]但对于什么是金融消费者，学者们则众说纷纭，组织能否成为金融消费者、是否需要以生活消费为目的、专业投资机构能否成为金融消费者是主要的争议焦点。有学者认为，金融消费者是"基于非营业目的而购买或者使用金融产品或服务的自

---

〔1〕 参见汪慧："我国地方政府债流动性问题探析"，载《福建论坛：人文社会科学版》2016 年第 8 期。

〔2〕 参见徐孟洲：《耦合经济法论》，中国人民大学出版社 2010 年版，第 101~102 页。

然人"。[1]杨东教授认为，金融消费者的定义应当为从金融机构购买金融投资商品或者接受服务的自然人、法人和其他组织，分为专业金融消费者和一般金融消费者。其中，专业投资机构和符合一定财力、专业能力和风险承受能力的自然人、法人或其他组织是专业金融消费者，一般金融消费者是非专业的金融消费者。[2]在地方债券二级市场中，作为买受人的主体可能是自然人也可能是非自然人，如果对其进行区别对待，则可能使个别的买受人受到歧视待遇，产生违背实质正义的结果。对此，原则上应当将购买地方债券的投资人都认定为金融消费者，专业投资人除外。

首先，金融消费者之概念虽然源自消费者这一上位概念，但其提出就是为了解决金融领域内更加严重的信息不对称、地位不对等问题，此问题并不随着投资人是否是自然人而变化，除非其本身具有专业金融知识而实质上拥有了较为平等的地位。限定自然人作为消费者主体，考虑的主要因素之一就是消费者为了生活需要而购买使用商品，但在金融消费领域，这一情况显然发生了变化。可以说，凡是与金融机构发生交易的主体，只要自身缺乏知识，且处于交易弱势的一方，都有可能被纳入到金融消费者的范畴中。

第二，从投资者到金融消费者的身份嬗变是金融法演进的大势所趋。在以往的实践和学术研究中，往往纠缠于消费者的行为必须是"生活消费"或"非经营性消费"，但在金融领域的交易中即使作为弱势一方的投资人，其行为也具有投资获利的表象，体现出一定的营利性。在地方债券二级市场中，投资购买债券就是一种消费形式，如果将所有营利的金融消费都排除在消费领域之外，那么"金融消费者"的概念将不复存在。在金融交易中，传统的交易风险被再次放大，需要法律制度的重建来施以新的保护。而在法律制度重建的过程中，在我国金融制度还不发达的情况下，各种金融消费者保护措施才刚刚起步，确立范围较大的金融消费者概念没有实践操作上的障碍。

第三，并非所有的地方债券投资人都是金融消费者。对于在二级市场交易中掌握了专业知识、具备一定财力和判断能力的专业投资人（即以金融投资为业者），无需向其提供倾斜性保护。因为金融消费者之间是平权法律关系，但是由于大部分的金融消费者在专业知识、经济力、谈判能力等方面的

---

〔1〕　廖凡："金融消费者的概念和范围：一个比较法的视角"，载《环球法律评论》2012年第4期。

〔2〕　参见杨东："论金融消费者概念界定"，载《法学家》2014年第5期。

劣势，如果不对其提供倾斜性保护，则会发生不公平的交易结果。然而，对于专业投资者来说，这种事实上的不平等地位并不存在，如果对其继续提供倾斜性保护，则可能使其滥用这种资格，让自身处于交易优势地位。对于这种专业投资机构，应当设定一定的条件，由金融消费者保护机构予以认定，将其排除在金融消费者范畴之外，使其坚持"买者自负"的原则。

三、持续信息披露和说明义务

对于地方债券投资者的保护，最核心的内容是信息披露，只有在完善的信息披露的基础上，才能实现债券的透明化。虽然我国《证券法》《预算法》《地方政府一般债券发行管理暂行办法》等文本也规定了信息公开原则，但彼此之间的衔接却存在着问题。《地方政府一般债券发行管理暂行办法》虽然对地方政府对于债券信息的披露作了较为详细的规定，但却只是针对发行阶段，即一级市场中地方政府的信息披露义务，而对于二级市场中的信息披露或地方债券发行之后进行的持续性信息披露则没有涉及。《证券法》虽然规定了发行人的持续信息公开义务，但是现行《证券法》只是针对公司债券而不针对地方政府债券，地方政府本身也不是二级市场参与者，因此没有明确的规定要求地方政府在二级市场中进行信息披露。这意味着在地方债券流通阶段，地方政府的财政状况能否为投资者所获知处于不确定状态，这对于二级市场的买受人而言是十分不利的。同理，《证券法》对于交易所的信息披露义务能否适用于地方政府债券领域也不确定。

对此，国家应当尽快出台相关规定，明确《地方政府一般债券发行管理暂行办法》中关于发行阶段（一级市场）地方政府的信息披露义务也适用于债券流通阶段（二级市场）；《证券法》对于公司债券的发行人之持续信息披露也适用于地方政府债券，对于应当进行披露的信息之内容、格式、时间都要进行限定，防止信息垄断者拖延披露或者不完全披露。对于交易所而言，在地方债券投资人询价过程中，应当将相关信息如实向投资人披露，不得进行误导或者欺瞒。

另外，借鉴美国金融消费者保护制度，对于所披露的地方债券信息，金融消费者保护机构以及地方政府、金融交易机构应当有说明义务。金融消费者在进行地方债券投资时，需要参考所披露的信息，但是并不是所有的金融消费者都有能力读取这些信息中隐含的内容并预估其风险，而债券的发行人或者交易人往往会故意使用繁杂的术语使信息变得晦涩难懂。这种情况下再放任金融消费者"自担风险"会产生两个可能后果：一是金融消费者望而却步，影响债券在二级市场的流通性；二是在未读懂披露信息的情况下放大金融风险损害其利益。对此，仍需要国家对金融消费者进行倾斜性保护，当金融消费者对地方债券信息存在疑问时，可以向上述机构进行咨询，要求其作出进一步说明，而上述机构具有说明回应的义务，应当对金融消费者咨询的问题进行解答和回应。

四、金融 FOS 制度的构建

近些年来，"替代性纠纷解决机制"（Alternative Dispute Resolution，ADR）的浪潮在全球范围兴起。在人类各种纠纷解决方式中，谈判是最基本的手段，如果需要引入第三方居中裁断，就需要让渡一部分对程序和结果的控制权，由法院或其他有权组织实施。[1]在我国，金融消费者纠纷数量多、维权难的问题十分突出，但仲裁、司法等传统纠纷解决手段存在局限。仲裁虽然中立性强、较为私密，但成本高、时间长，许多金融消费者甚至不知道仲裁程序为何物。诉讼作为主要的纠纷解决途径，虽然国家对当事人的诉权保障进一步加强，但除了成本高、时间长的弊端之外，还需要进行举证、庭审甚至强制执行。这些因素使得许多中小金融消费者面对维权望而却步。

为了保护我国地方债券市场中的金融消费者，可以引入英国的 FOS 制度（Financial Ombudsman Service），又称金融申诉专员制度，该制度是统合型 FOS 制度的典范，在全世界范围存在着影响力。[2]FOS 的纠纷处理一般要经过如下步骤：金融纠纷开始需要经过 FOS 管辖的金融机构内部投诉处理，该投诉机制被要求强制设立并需要在交易开始即向金融消费者说明，如投诉未解决问题则进入 FOS 正式处理程序。首先，由 FOS 在正式调查前组织调解或协商，如果仍未成功则由裁决人员进行调查询问，出具裁决报告；之后需告知各方具体裁决意见，如果双方接受则纠纷解决。如果仍未形成一致，则由申诉专

---

〔1〕 参见 ［美］斯蒂芬·B. 戈尔德堡等：《纠纷解决：谈判调解和其他机制》，蔡彦敏、曾宇、刘晶晶译，中国政法大学出版社 2004 年版，第 3 页。

〔2〕 参见杨东：《金融消费者保护统合法论》，法律出版社 2013 年版，第 292 页。

员出具最终裁决意见。裁决作出后，若金融消费者不接受该裁决可以在一定期限内向法院起诉；若金融消费者认可其裁决内容，则对双方都发生法律效力。发生法律效力的 FOS 裁决，当事人可以向人民法院申请强制执行。我国 FOS 制度的构建应当与现阶段的金融监管体制相适应，可以根据一二级市场的不同，分别在证监会和银监会设置 FOS 机构，待金融监管体制改革后再行整合。

五、地方债券二级市场中的强制执行

一般情况下，地方债券的转让听凭当事人的意思自由，但是，在特定情况下，可能发生地方债券的非自由交易，即强制交易。具体而言，若地方债券投资者负有到期债务无法偿还，而其债权人向人民法院申请强制执行时，地方债券作为一种有价证券财产在当然的可执行范围之内。在对地方债券进行强制执行的过程中，原债券权利人并不想交易该债券，交易是基于人民法院的强制行为发生的，且由于强制执行发生在二级市场，应当遵守二级市场的相关规则。我国一般地方债券属于记账式、无纸化国债，因此，人民法院查封被执行人的地方债券应当到证券交易部门进行网络查封，并由评估机构对地方债券的剩余价值进行评估。司法拍卖要通过报纸、网络等手段公告拍卖地方债券信息，通过公开竞价的方式进行司法拍卖。司法拍卖成交后，买受人可以持人民法院出具的拍卖裁定向证券交易部门请求办理过户手续。

第六章 地方债预算监督的补强

对政府的财政活动进行预算管理是现代民主、法治国家的通行做法。所谓预算,是指政府在财政年度内的收支计划。[1]一般而言,政府作为社会的代表必须担负起提供国防、外交、教育、医疗等基础服务的职责,这一切基础服务加之政府自身运转的成本必须有强大的资金予以支持,政府需要通过征收税赋、罚款以及进行公有资产运作等方式筹措资金。财产关乎自由,而要保障人的自由,就需要"用公众意见所赞同的长期原则来约束一切权力"。[2]而对于政府而言,由于背后具有国家强制力的支撑,其对社会资源的再分配能力是十分强大的,如果对其没有制约,很可能对公民的财富造成过分地侵夺。预算的产生就是为了将政府的权力限制在笼子里,防止对公民和社会组织的财产进行过度攫取。而协商民主制在这一过程中的作用至关重要。它不但可以通过政治对话强调公共利益,还可以通过对政治意愿的辨别来支持那些追求公共利益且具有集体约束力的政策。[3]预算对公共收入的规制之"核心在于法律保留和公债的审慎发行"。[4]

在过去相当长的一段时期里,我国政府预算的编制和执行状况并不尽如人意。具体到地方债这个领域来说,由于全口径预算管理原则的缺失,地方债的收入并没有在政府预算中予以体现。所谓全口径预算管理原则,是指政

〔1〕 参见包丽萍、刘明慧、贺蕊莉编著:《政府预算》,东北财经大学出版社 2000 年版,第 1 页。

〔2〕 [英]哈耶克:《法律、立法与自由》(第 2、3 卷),邓正来译,中国大百科全书出版社 2000 年版,第 421 页。

〔3〕 See Jorge M. Valadez, *Deliberative Democracy, Political Legitimacy, and Self-determination in Multicultural Societies*, Berkeley: Westview Press, 2001, p. 30.

〔4〕 郭维真:"转型中国:公共财政重构与中国梦的实现",载刘剑文主编:《财税法论丛》(第 13 卷),法律出版社 2013 年版,第 64 页。

府的所有财政收入和支出活动都应当被纳入预算管理的范围，不允许存在不经预算的财政收支活动。地方债作为政府筹措收入的重要方式，是当然的政府收入，如果将之排除在预算管理之外，会使得地方债的收入和支出都缺乏监督，地方债的使用就可能变得低效，地方债的筹措就会缺乏财政民主的支持。我国于2014年修改的《预算法》在放开了省级政府发行公共债券限制的同时，也确立了全口径预算管理原则。这意味着，2015年《预算法》生效后，无论是新发行的地方债券，还是对已有的存量地方债进行置换的地方债券，都应当被纳入到预算管理之中。因此，对于地方债券的预算监督就成了地方债运行过程中的重要一环。

第一节　预算监督

一、预算监督概述

作为现代"预算国家"所要求的两个基本条件之一，预算监督是指包括立法机关在内的各个主体对政府财政预算进行监督的活动，它贯穿于预算编制、审批、执行、调整以及决算等各个环节，既相对独立又与其他环节交互影响。按照预算监督权的行使主体，我们可将我国的预算监督分为立法监督、行政监督、审计监督、司法监督、社会监督等多种形式，其中，立法（人大）监督是效力最高、最具权威性的监督，其实质是立法权监督制约行政权，是权力机关对行政机关的财政行为的监督制约。

预算监督权是现代各国立法机关普遍享有的一项重要权力，是立法机关财政权的核心权能。1787年《美国联邦宪法》第1条第7款对国会的预算监督权作了原则性规定："征税法案应在众议院中提出，但参议员可以以处理其他法案的方式，制定修正案提出建议或表示同意。"《美国法典》第2编对国会编制审批预算的方式和程序等进行了具体规定。1882年，英国议会正式确立预算制度，明确规定国会享有预算的审批核准权，并在1911年的《议会法》、1937年的《内阁大臣法》和1972年的《地方政府法》中对议会预算监督权作出了进一步规定。《法国宪法》第39条规定："财政法案应首先送至国民议会进行审议。"[1]1967 年德国的《经济稳定与增长促进法》第 2 条也规定了议会享有对联邦政府行使预算监督的权力。该条规定：联邦政府必须在每年 1 月向联邦议院和联邦参议院"提交年度经济报告，说明联邦政府在本年度内要致力实现的经济上和财政上的目标年度计划，并对本年度内计划中的经济政策和财政政策加以说明"。[2]

人大预算监督是人大监督体系的重要组成部分，是各级人大及其常委会的一项重要的法定职权和工作职责，也是人大代表人民依法管理国家事务的重要途径和形式。其主要功能有：第一，及时纠正政府预算编制、执行中可能存在的偏差，保证政府施政目标的顺利实现。第二，使政府预算编制、执行、调整、决算等程序符合法律规范。维护财政预算法律法规、相关制度和政策的权威性、稳定性以及严肃性。第三，确保政府财政行为符合公共财政要求，使社会公共资源真正用于满足社会公共需要。第四，促进政府预算决策民主化和科学化，推进公共财政和民主财政的建设。[3]

二、预算监督的"预算信托"理论

国家预算实质上是一种法定的公益信托和自益信托相混合的特殊信托。在这一信托关系中，人民基于对国家的信任而让渡部分财产形成公共经济资源（即信托财产），政府则基于职权分配使用和运营这些经济资源，以实现人民的信托利益。[4]早在 1829 年美国政治家亨利·克莱 就指出："政府是一个信托机构，政府官员则是受托人；信托机构和受托人都是为了人民的利益而设立的。"[5]其揭示出了人民与政府、政府官员之间为信托关系，为委托人、受益人与受托人之关系。1946 年《日本宪法》序言部分宣称日本的"国政源于国民的严肃信托，其权威来自国民，其权力由国民的代表行使，其福利由国民享受。这是人类普遍的原理，本宪法即以此原理为根据"。人民选举政府

---

〔1〕　许振洲编著：《法国议会》，华夏出版社 2002 年版，第 192 页。

〔2〕　谢怀栻译："联邦德国经济稳定与增长促进法"，载史际春主编：《经济法教学参考书》，法律出版社 2000 年版。

〔3〕　参见朱大旗、李蕊："论人大预算监督权的有效行使——兼评我国《预算法》的修改"，载《社会科学》2012 年第 2 期。

〔4〕　朱大旗："从国家预算的特质论我国的修订目的和原则"，载《中国法学》2005 年第 1 期。

〔5〕　[美] 哈维·S. 罗森：《财政学》（第 6 版），赵志耕译，中国人民大学出版社 2003 年版，第 5 页。

并基于对政府的信任，直接或间接地通过制定预算、税收、规费方面的法律、法规，直接或间接地通过编制和审批预算，授权政府有关部门及其人员筹集、分配和使用公共经济资源（财政资金），以提供公共产品和服务，进而满足特定社会范围的公共需要。在预算信托过程中，人民作为信托资金（财政资金）的来源者，既是预算信托的委托人，也是预算信托的受益人，是预算信托结果的最终承担者。而受托的"政府"必须对公众负责，尤其是在资金的汲取和使用上。正如有学者所言："要建立一个民主的政府，首先要让它看得见；要让它看得见，它就得有一个统一的、受监督的预算。"[1]我国是人民共和国，人民当家作主是社会主义民主政治的本质和核心。我国《宪法》第2条规定："中华人民共和国的一切权力属于人民。"人民通过他们选举产生的代表和人民代表大会行使管理国家的权力。在国家预算过程中，人民是委托人和受益人，政府是受托人和执行人，人大及其常设机构作为人民的代表机构代表人民对政府预算行使监督权。

此外，现代经济理论中的公共财政、分权制衡、官僚机构行为等理论也为人大预算监督权的行使提供了充足的理论依据。公共财政理论认为：国家财政权是公众依契约暂时让予的权力之一。社会公众是政府财政收入的提供者，政府收取社会公共资源是为社会公众提供公共服务。所以，作为社会公共资源的提供者和公共产品受益者的社会公众，他们有权通过其代表对社会公共资源的使用以及政府预算进行监督，使其能真正满足社会公共需要。预算监督是立法部门对行政部门的一项权力制衡措施，预算的编制执行和监督机关应相互制衡。官僚机构行为理论认为：政府机构往往有追求预算最大化的冲动。若没有有效的预算监督，直接后果必然是政府机构被无限扩大，公共财政资金被浪费，社会公共需求得不到真正满足。

三、参与式预算

社会公众参与是社会公众对国家机构或其运营的事业的重复自愿运用和积极作为，是国家对社会控制的较高层面。社会公众只有对政府行为信服才会参与，否则社会公众会不屑一顾。财税法对社会控制的强弱应体现在社会公众对政府财税行为的参与程度，而参与式预算是社会公众参与政府财税行

---

[1] 王绍光："从税收国家到预算国家"，载《读书》2007年第10期。

为的典型表现。参与式预算是社会公众对政府预算行为信服的一种体现。参与式预算是指社会公众参与到政府的财政预算过程中，通过对政府预算行为的控制来影响政府的决策和行为，实现对公共资源的公平分配，是一种直接民主的体现。从财政信托理论角度来看，政府受全体社会公众的委托为社会公共利益之目的筹集、管理、经营和使用财政资金，作为委托人之社会公众有权监督受托人的行为。

实行参与式预算是基于推行协商民主的需要。根据协商民主理论，政治决策之所以是正当的（或合法的），是因为它能在不同观点之间通过自由对抗过程获得多数人的赞同。多数人意志之所以是正当的（或合法的），是因为这种意志在所有公民（或者至少是那些愿意参加协商的公民）参与的协商过程结束之时得到了确认。[1]协商民主就是公民参与政治生活和公共决策，通过理性协商实现公共政策满足最大多数人的公共利益需求，以控制政府的行为，其核心理念为参与性、平等性、协商性和偏好转换。预算作为政府行为的风向标和控制器，公众只有控制了预算才能控制政府偏离公共利益的恣意行为。"预算是关于政治的经济，而非经济的经济。"[2]政府所有的政务活动以及公益行为，都与预算有关，公民的预算参与是实现协商民主的核心路径。我国实行民主集中制，民主是基础，而协商民主是我国民主的应有之义。因此，我国通过协商民主实现民主集中制，必须首先实行参与式预算。

实行参与式预算是公共预算取得社会认同的需要。第一，减少批评。通过社会公众参与整个预算过程，提升对预算的认可程度，减少对政府预算行为的批评。第二，教育预算参与者。政府预算是一个复杂的、涉及多方因素的决策过程，通过参与预算教育社会公众，纠正或者转换其错误偏好。第三，实现集中决策，获得公众对预算议案的支持。社会公众参与到预算过程中，对议案提出意见和建议，政府通过修正议案最终获得社会公众对预算议案的支持。第四，改变资源分配。政府预算就是公共资源分配的过程，社会公众参与

---

〔1〕 See Bernard Manin, "On Legitimacy and Political Deliberation", 3 *Political Theory*, 1987, pp. 338~368.

〔2〕 [美] 阿伦·威尔达夫斯基：《预算与治理》，荀燕楠译，上海财经大学出版社 2010 年版，第 306 页。

预算最终会影响和改变资源的分配。第五，增进信任和培育社会认同感。[1]通过参与式预算增进了社会公众和政府之间的信任，同时认识到作为公民的重要责任，培养社会认同感。因此，参与式预算所能实现的社会认同目标，也是协商民主所追求的目标。

参与式预算是财税法实现社会控制的较高层级，通过参与制度可以提升社会公众对政府预算的接受和认可，然而，我国参与式预算还未真正起步。我国除了一些乡镇（如温州的一些乡镇）试验推行之外，很少有更多或者更高级别的政府实行参与式预算。其原因在于《预算法》没有参与式预算的相关规定，政府不会主动让社会公众监督其财政行为。参与式预算受政治民主化程度制约，在我国不可能一蹴而就，需要渐进式的推行。预算层级越高，社会民众参与的可能性越低、参与的方式越有限。中央政府预算更多的是通过代议机构代社会公众行使参与式预算权利。实现参与式预算最重要一步就是，作为社会公众的代议机构——全国人民代表大会及其常委会实质性地参与到预算编制、审批、执行、调整、决算等环节。2015 年《预算法》与旧法相比在落实人大预算监督权力方面有了较大进步（如延长预算草案初审时间、预算草案编制更细化等），但因受全国人大常委会预算专业委员会人数、专业知识等限制，人大全面审查监督政府预算还有很长的路要走。[2]

四、通过预算监督实现对"权威政治的支持性参与功能"

财税法是现代国家治理体系中重要的理财治国工具，除了调节财税法律关系之外，还衍生出了对发展中国家权威政治的支持性参与功能。权威政治的支持性参与，其概念起源于美国学者萨缪尔·亨廷顿的"权威政治"和"政治参与"的理论。亨廷顿认为，东亚国家民族独立之后会经历由封建制度到现代民主制度的过渡阶段，这个过渡时期的政治体制就是权威政治。[3]这种权威政治既包括民主的内容，又不同于现代西式民主，而是由一个有现代化意识的政治强人或组织构建出一个具有过渡性质的权威政府，这种权威主

---

〔1〕 See Carol Edbon and Aimee L. Franklin, "Citizen Participation in Budgeting Theory", 3 *Public Administration Review*（2006），pp. 437~447.

〔2〕 参见付大学："财税法社会控制功能分析范式与制度构建"，载《法律科学（西北政法大学学报）》2017 年第 4 期。

〔3〕 参见卢正涛：《新加坡威权政治研究》，南京大学出版社 2007 年版，第 2~19 页。

体不同于传统语境下的权威，因此又可以称为是"新权威主义"。

亨廷顿认为发展中国家（以东亚为典型，例如菲律宾）应当建立一个具有权威的政府，在权威政府的治理下组建权威政治，以保持政治的稳定性，而保持政治稳定的关键因素之一就是民众的政治参与。亨廷顿将政治参与定义为"平民试图影响政府决策的活动"，[1]从该概念本身来讲，并不包括政治参与的目的性导向，即不包含直接的支持性的态度。[2]但亨氏认为，政治稳定依赖于政治参与程度和政治制度化程度之间的相互关系，[3]并提出了"政治秩序=政治参与/制度化程度"的公式。[4]以亨氏理论为逻辑起点进行展开，在政治参与不具有鲜明支持性目的的前提下，可以通过制度的设计来引导对权威主义的支持，从而使公民的政治参与具有对权威主义的支持性功能，而财税法就是其支持性制度中的重要一环。

不同民众对于政治参与的积极性不同，有的主体积极主动地参与到国家的政治活动中，此为自主参与模式；而有些主体对于政治参与的积极性不高，虽然也会有相应的政治参与行为，但这种参与往往是被动的，是在他人的干预、影响或动员下进行的，此为动员参与模式。[5]而对于政府而言，不同时期的权威主体对于民众政治参与所持的主观态度是不同的。但是现代社会中抽象的民众总体与国家、政府的形象高度相容，对于个人，他就是主权者的一个成员；而对于主权者，他就是国家的一个成员。[6]随着社会经济的发展和文明的进步，民众的权利意识会越来越强烈，参与政治的诉求也会随之增加，一旦这种诉求无法被当前的政治秩序所满足，就会引发失序。[7]

值得注意的是，民众通过政治参与实现对权威政治的支持，不同于民众对政府决断的支持。许多时候民众会反对，甚至激烈反对政府的某一项具体

〔1〕　［美］塞缪尔·P. 亨廷顿、琼·纳尔逊：《难以抉择：发展中国家的政治参与》，汪晓寿、吴志华、项继权译，华夏出版社 1989 年版，第 5 页。

〔2〕　参见罗爱武："亨廷顿和维巴的政治参与观比较"，载《行政论坛》2015 年第 4 期。

〔3〕　［美］塞缪尔·P. 亨廷顿、琼·纳尔逊：《难以抉择：发展中国家的政治参与》，汪晓寿、吴志华、项继权译，华夏出版社 1989 年版，第 60 页。

〔4〕　参见王正绪："亨廷顿：主要著作和缺陷"，载《开放时代》2009 年第 2 期。

〔5〕　［美］塞缪尔·P. 亨廷顿、琼·纳尔逊：《难以抉择：发展中国家的政治参与》，汪晓寿、吴志华、项继权译，华夏出版社 1989 年版，第 43 页。

〔6〕　［法］卢梭：《社会契约论》，何兆武译，商务印书馆 2003 年版，第 22 页。

〔7〕　［美］塞缪尔·P. 亨廷顿、琼·纳尔逊：《难以抉择：发展中国家的政治参与》，汪晓寿、吴志华、项继权译，华夏出版社 1989 年版，第 6 页。

决断，只意味着民众反对该项决断本身，并不代表民众反对权威政治。恰恰相反，某项政府决断正是由于缺失了民众的支持性基础而对政治的权威造成了损害，人民正是通过反对有损政治权威的失当决断而促使政府重塑其权威。因此，从这个意义上来讲，反对、问责都是支持性政治参与的一种模式，而财税法就为这种功能的实现提供了平台。

政治上的权威与财税法治是分不开的，我国财税法的这一功能体现得不那么明显是由于我国特定的历史背景与革命历程。纵观西方革命，无论是英国为了反抗国王查理一世跳过国会直接征收顿税和磅税而进行的资产阶级革命。还是法国第三等级为了反抗国王路易十六肆意开征新税而进行的法国大革命，其原因都是财税制度的不公导致了国民对国家政治的不支持，使国王和税法都失去了权威，最终导致剧烈的社会变革形成了新的权威秩序和新的财税制度。美国反抗英国进行的独立战争虽然也有独立之目的，但究其根本仍是为了反抗英国对其北美殖民地征收的高额印花税和茶叶税等。相对而言，新中国的革命被赋予了更多的民族独立与反帝反封建使命，其财税因素的重要性并不凸显。[1]

国家是权威政治的主体代表，也是公民社会的总代表。虽然对于国家起源不同学者有着不同解读，但无论国家最初为何而产生，现代意义上的国家都应当作为国民利益的总代表而存在。正如康德所言，统治者，作为人民义务的承担者，主要是为了与人民自己生存有关的目的而向人民征收赋税。[2]在这样的共识下，权威主体对政治权力运用和政体构建也应当以人民利益为出发点和归宿。在财政信托理论的视角下，人民通过设立一个公共信托机构来管理公共事务，并赋予该信托机构以权威地位，这个信托机构就是政府。政府行为应当以人民利益为本，而人民在组建该信托机构的过程中就已经开始了政治参与的过程，由于政府的目标是抽象的人民总体的利益，因此该设立过程必然是一个支持性的参与过程。

以我国为例，我国政府作为代表人民利益而设立的信托机构，是由人民代表大会产生的。虽然并不是每一个公民都有机会参加人民代表大会会议，但是通过人民代表大会制度这一代议制形式，最大多数的人民直接或间接地

---

[1] 参见朱大旗、李帅："纳税人诚信推定权的解析、溯源与构建——兼评《税收征收管理法修订草案》（征求意见稿）"，载《武汉大学学报（哲学社会科学版）》2015年第6期。

[2] ［德］康德：《法的形而上学原理》，沈叔平译，商务印书馆1991年版，第155～156页。

参与到了财政信托组织的设立过程中。由于政府的建立和运作都需要经费，因此，国民需要从私人财产中让渡一部分给政府，为了使自己让渡的财产份额最小且收益最大，人民必然要选举出最为人民谋利的政府，这样的政府就是民选的、天然的政治权威，这种权威并非来自暴力的维持，而是来自人民支持性的组织参与，权威主体的权威性与公民政治参与活动的支持性在财政信托理论下天然地啮合。

作为国家政治制度的重要组成部分，财税法的制度设计正当性与否直接影响着国家政治秩序的运转，也对公民的政治参与活动产生着重大影响。为了保障财税法对权威政治的支持性参与功能，学者、立法者应当尽可能使财税法制度避免瑕疵，而我国财税法还存在着许多制度失洽的情况。第一，人大的预算监督能力有待加强。预算审查和监督专业性强、工作量大、内容繁杂，需要多个专门机构通力协作才能完成。以全国人大及其常委会为例，目前全国人大及其常委会预算审查主要依靠全国人大财政经济委员会和全国人大常委会预算工作委员会进行。就财政经济委员会而言，它的职能很多，很难集中精力研究、审议和拟订有关财政预算方面的议案；就预算工作委员会而言，它的编制有限。在地方除少数省级人大常委会单独下设了预算工作委员会外，多数省市是在财政经济委员会下成立预算审查处，或直接由财政经济委员会行使预算监督权。各级人大预算监督机构普遍面临数量不足、层次过低、编制不够等问题，这些问题直接制约着人大预算监督权的有效行使。完善的预算监督组织体系，是预算监督发挥实效的前提。第二，听证制度不完善。我国现行《预算法》规定人民代表大会代表或者常务委员会组成人员可以就预算中的有关问题提出询问或者质询，但并未规定代表可以对有关事项进行辩论或举行听证。缺少在关键性问题上的辩论和广泛征求意见的听证环节，导致人大审议预算时的监督力度减弱。第三，人大缺失对预算的修正权。发达市场经济国家立法普遍规定：议会在预算审批过程中有质询、调查、修正权和否决权。我国《预算法》仅规定：预算草案由行政机关负责编制，由人大审批。未对人大是否享有预算草案的修正权作出规定，制约了人大预算监督作用的发挥。依据现行《预算法》规定，人大只享有对预算的概括性批准权，而无法对其具体项目分别进行表决，更无权对具体项目进行调整。

第二节　地方债券融资过程中的预算权分配

地方债券的预算监督从其预算权的分配来看，可以被分为纵向和横向两个层面。所谓地方债券预算的纵向权力配置，是指地方债券的发行权在中央和地方之间的分配以及在省级与下级权力部门之间的分配，其实质是财政法治框架下的财政权力层级关系问题；所谓地方债券预算的横向权力配置，则是指地方债券在发行过程中，政府及其部门与人大之间的关系，其本质是预算管理过程中议会与行政机关之间的关系。

一、地方债券预算权的纵向分配

在地方债券问题上，预算权的纵向分配又可以细分为"央-省"权力分配与"省-地"权力分配两个层面。

1. 地方债券预算权的"央-省"权力分配

在"央-省"预算权的分配中，省级人大和政府拥有有限的地方债自主权。之所以说省级人大和政府拥有地方债自主权，是因为根据我国的相关规定，地方债券实行的是自发自还制，[1]省级政府是发债主体，也是当然的还债主体。省级政府在编制预算草案时，可以在规定限额内自行决定举债的数额，并可以根据财政部下发的关于地方债券的管理办法，自行选择发债期限。而所谓有限的发债自主权，是指省级政府的发债权并不是随心所欲的，必须受到一定的限制，除了受到财政部关于地方债券发行的管理规定这种静态文件的限制之外，还受到国务院关于发债规模的限制。根据相关规定，省级政府只能在国务院确定的发债限额之内进行举债。换句话说，中央会给定一个发债上限，省级人大、政府可以在这个限度之内决定是否发债以及发多少债，通过这种总量控制的形式，省级政府的地方债自主权受到了一定的制约。

赋予地方发债自主权源于财政分权下的地方财政自主权。地方政府是地方公共服务的提供者，但是到底提供多少公共服务、需要支出多少成本，则需要进行预算决断。形式上的预算虽然只是根据《预算法》形成的静态预算文件，但实质上的预算则是指预算管理的动态过程。对于地方政府来说，其

---

〔1〕　参见《地方政府一般债券发行管理暂行办法》（2015年3月12日）第5条。

收入是有限的，即能够为公共服务提供的成本是有限的，地方政府需要在潜在的支出项中进行选择，从而将有限的资金在不同的领域中进行分配。预算决断者面临着一个问题，即要在有限的信息中，列举出尽可能多的潜在支出方案，并对其进行精密的衡量以辨别利弊，从而确定出特定的支出政策。[1]易言之，地方政府可以做哪些事、应当做哪些事都是需要财政资金支持的，确定了财政资金的支出项实际上就是确定了地方政府的事权，因此，预算的本质就是通过管理政府的钱来管理政府的事。[2]而在地方债发行的预算管理过程中，财政自主权包含了由本地人民自主选择预算权主体和预算内容两个层面：[3]前者是指人民有权通过选举的方式选出政府和人大进行预算的编制和审批，后者是指人民有权通过代议机构决定包括地方债券发行在内的预算内容。而地方财政选择能否代表本地人民的意愿，最重要的条件之一就是代议主体能否作出代表人民利益和意愿的决策，这一决策的出发点和归宿就是地方人民的意见。也就是说，地方人大、政府关于地方债券的决策并不能（也不该）是凭空产生的，所谓其自主发债权，实际上是地方人民的自主发债权，地方党政机关不过是作为形式上的决策者，真正的决策者是人民。人民的议员只是人民的办事员，其本身不能独立作出任何决定，而必须代表人民进行授权或批准。[4]地方债券的资金会被用于地方建设，最终受益的是本地居民和组织，而本地居民和组织当然有权选择是否用将来的纳税义务来进行贴现式的预支。

2. 地方债券预算权的"省-地"权力分配

目前，我国法律规定只有省级政府具有地方债券的发行权，这意味着省级以下的地方政府对于地方债仍旧难以染指，但是，对于地方债券筹集的资金，省级以下各级政府则可能予以支配。从代理理论上来讲，被代理人的意见需要代理人予以表意，而代理的关系越紧密，越能反映被代理人的真实意思，如果经过二次代理或者转代理，则可能在此过程中与被代理人的原意产

[1] See A. Wildavsky, "Political Implications of Budgetary Reform", A. C. Hyde, *Government Budgeting*: *Theory*, *Process*, *Politics. Belmont*, CA: Brooks/Cole Publishing Company, 1990, pp. 39~42.

[2] 参见李帅："司法改革中'央—省'二阶独立司法预算的构建"，载《云南社会科学》2015年第5期。

[3] 参见廖家勤："中国地方预算决策自主权缺失问题分析"，载《中央财经大学学报》2006年第5期。

[4] 参见［法］卢梭：《论法的精神》（上册），张雁深译，商务印书馆1961年版，第158页。

生偏差。从财政民主的角度来说，某一地区的居民或曰纳税人，对于公共服务的要求只有本级政府和人大最为了解，很难要求省级政府对本省内不同地区的居民都有清晰的把握，进而生成财政支出的需求。因此，对于省政府而言，无法亲自掌握全省辖区内所有的支出需求，再将之与财政收入进行比对确认地方债券的规模。其有两种模式选择：一是在国务院确定的额度范围内举债，再根据本省内下级地方政府的申请将地方债收入向下分配；二是先由省级以下各级地方政府根据代议规则确认本级政府的支出，再将各级政府支出由省级政府汇总，并对支出需求与预算收入进行比对，从而决定地方债券规模。我国对于这一过程并未有明确规定，但相对而言，后者更加合理，建议我国今后的省级政府债券发债数额以此种方式确定。

在此种模式下，省级地方债券的收入仍旧向省级以下各级政府分配，具体的资金使用单位可能是市、县甚至乡级人民政府。在这一"省-地"关系中，由于地方债券的债务人和还款人都是省政府，因此，债务人和实际用款人之间会存在分离的现象。正如2015年《预算法》出台前财政部代理发行地方债，也存在着这一现象。但在现行法律框架下，"省-地"关系在地方债券问题上并非是严格意义上的代理与被代理的关系，因为省级以下各级政府本没有发债权，不能通过代理的方式绕过法律的禁止性规定，该关系属于财政管理体制下的内部管理关系或曰资金拆借关系，省级政府举债之后分配给下级政府使用，下级政府在债券到期时需要上缴相应的财政收入，用于省级政府偿还地方债券的本金和利息。

二、地方债券预算权的横向分配

地方债券预算权的横向分配，是指在省级权力机关中，对于地方债券的发行、使用及偿还等相关事宜决断权的分配。具体来讲，是指省级政府与省级人大对于地方债券预算内容的编制、审批、执行、监督之权的具体配置。在地方债券预算权的横向分配中，涉及两个预算权主体：一是省级政府，二是省级人民代表大会，中央及省级以下各级政府及人大不在地方债预算权讨论范围之列。

根据预算法的理论可推定，省政府对于省级预算中涉及地方债券的部分，享有编制和执行的权力。省级政府得根据本省预算收入和支出情况编制本省预算草案。其中，可能涉及地方债券的发行等内容，但预算草案并非是生效的预算文件，还需要经过法定的批准程序。同时，省级政府亦是省级预算的执行机关，得依据经过批准的预算文件执行其中的收支活动。从这个意义上讲，作为预算执行机关的政府不能再作为预算的审批机关，否则可能会形成自我编制、自我审批、自我执行的财政利维坦，公共资金的收支就会失去制衡。

在一般情况下，根据《预算法》的规定，对预算草案享有决断权的主体是同级人民代表大会。人民代表大会制是我国的基本政治制度。它采用代议制的原则选举出人民代表组成人大机关，再通过人大议事规则采用多数决原则投票表决以通过或否定某些公共决议。具体到预算问题上，人大对于政府编制的预算草案享有审批权和监督权，这意味着，对于存在问题的预算草案，人大享有否决权，以此制衡政府的预算权力。此外，在预算执行的过程中，如果出现了在编制预算过程中所没有预料到的情况，需要增加预算支出或者减少预算收入等，则需要由同级人大常委会对已经经过审批的预算进行调整，在预算法中被称为预算调整。也就是说，预算调整的职权也是由人大（常委会）享有的，从而防止政府绕开人大的预算审批流程在执行环节私自调整预算内容。

在地方债券预算方面，现行《预算法》并没有明确地规定相关的法律流程，但根据《地方政府一般债券发行管理暂行办法》第 3 条之规定可知，对于地方政府发行地方公债的行为，我国的财政管理规定虽然也采用了预算管理模式，但却只能采用预算调整模式。即在既有的预算执行过程中，通过预算调整的形式增加地方债券的收入筹集需求，而预算调整的草案按照相关规定仍旧是由省级政府进行编制，审批预算调整草案的主体则是省级人大常委会。

第三节　现行地方债券预算管理模式的弊端

我国地方债券尚处于初创阶段，各方面的规则还不完备，既有的规则也存在一定的瑕疵，这是一个事物发展所必须要经历的阶段。对此，在态度上不必求全责备，但是在对待具体问题上必须精益求精，使我国的地方债券预算管理制度尽快地完善起来，使其符合现代财政国家的要求。具体而言，目前，我国地方债券预算管理模式存在以下弊端：

一、地方债券预算管理规范位阶过低

当今《预算法》中虽然也规定了预算的一般管理内容及地方债券的原则性规定，但是对于地方债券预算管理规定得并不具体。修改后的《预算法》的实施条例一直没有出台，旧的实施条例与新的法律之间存在巨大的鸿沟，现行地方债券预算管理的依据主要就是财政部发布的《地方政府一般债券发行管理暂行办法》。根据我国《立法法》的相关规定，有关财政问题的规定属于法律保留内容，即除了法律位阶的规范，其他规范性文件无权加以规定。长期以来，我国财政改革的不断试水都存在着一个问题，即对于财政问题的处理过于政治化，而忽视了法律的相关规定。例如，1994 年我国实行分税制财政管理体制改革时就是国务院的改革规定先行，相关的财税法规予以修改配合。虽然史际春、邓峰教授将之解读为经济法的"政策性特征"，即经济立法、执法、司法往往随着政策的改变而改变，[1]"政策性原则是对立法机关一定时期内在各种可能方针中作出选择的反映"，[2]但是却没有解决原本应当由法律加以规定的经济法如何被政策所取代的问题。低位阶的管理模式如何与《预算法》规定的预算管理模式兼容，是未来地方债券预算管理中必须解决的问题。

当然，在法律保留原则具体执行的过程中，还可能出现授权立法的情况，即原本应当由法律加以规定的内容由于立法经验不足等原因，先由全国人大授权国务院或部委机构制定暂行规范，待积累了相关经验之后再行立法。以避免盲目立法之后，再根据实施过程中出现的问题修改法律造成法律不稳定的情况，我国许多税收方面的法规就是如此。被授权制定的规范其效力位阶一般等同于授权机关自行制定的规范，即全国人大及其常委会授权制定的规范一般也被认为是"法律"。[3]这一过程中的关键前提就是，必须要有全国人大的授权。

---

[1]　参见史际春、邓峰：《经济法总论》（第 2 版），法律出版社 2008 年版，第 62~65 页。

[2]　徐国栋：《民法基本原则解释》，中国政法大学出版社 1992 年版，第 15 页。

[3]　有学者认为，立法权只能由人民独享，不得进行授权性转让，因为立法权只是人民委托给部分代表的，而被授权人不得进行转委托或者再委托。参见［英］洛克：《政府论》（下篇），叶启芳、瞿菊农译，商务印书馆 1964 年版，第 88 页。

二、地方债券预算管理的刚性不足

自 1995 年颁布《预算法》以来，我国的财政预算管理逐步走向法治化轨道，但是在财政具体运行过程中，预算的刚性约束还是不足。

纵观当今世界发达国家，实行严格规范的预算管理硬性约束已经成为通例。美国预算硬性约束性强，预算执行透明度高，预算编制合理，科学运用零基预算和滚动预算，预算监督严格，并且预算管理注重公共部门绩效评估。美国地方高度自治，财政自收自支，地方债被全面纳入州政府预算管理，注重预算收支平衡。同时，美国制定的政府预算会计准则，强调政府管理责任。美国政府会计准则委员会（GASB）还要求国家和地方政府在发行地方债时应公布养老金负债，使用低贴现率，披露关键假设（如计价基础、收支活动的暂时性或持续性、财务资源的用途限制等）。《法国宪法》规定，只有议会才能通过公共预算，但议会不能改变公共预算草案中的项目。预算法案通过后，议会的专门委员会和审计法院对政府部门和事业单位的支出进行审计监督。法国的政府债务被完全纳入了公共预算管理，地方债的形成、偿还和变更等事项必须遵守预算编制程序与原则，予以反映和报告。完善的公共预算编制与报告体系为提高法国地方政府债务管理的透明度以及防范地方政府债务风险，打下了坚实的基础。瑞士各级政府必须实施中期平衡预算，在此基础上进行短期平衡预算。瑞士建立有封闭和统一的支出账户运作机制，将行政管理账户分为经常账户和投资账户，规定借债只允许在资本（或投资）账户运作，而经常账户必须保持平衡，所有年度账户和预算都必须经审计机构年审，并定期发布对地方公共财政的监管报告。瑞士还设有公共财政单一的会计框架，规定了具体事项的执行标准。日本实施严密的国家地方财政计划体系，总务省和财务省每年编制掌握地方财政总体状况、调整国家预算和宏观经济政策的国家财政计划，包括地方债发行总额、用途、方式、金额等。日本的《地方自治法》指出，各地方政府要实行收支平衡的预算，举债资金不得用于弥补预算赤字。日本由地方监察委员会负责对地方政府财政收支及行政行为进行审计监督。[1] 以上这些做法都给我国提供了可借鉴的经验。

---

〔1〕 参见中国人民银行连云港市中心支行课题组："国际地方政府债券监管经验及对我国的启示——以美国、日本、欧洲部分国家为例"，载《债券》2016 年第 7 期。

三、地方债券预算被围于预算调整之中

根据《预算法》第 35 条及《地方政府一般债券发行管理暂行办法》第 3 条的规定，省级地方债券的预算未被列入年度预算草案，而是作为预算调整方案，这样的管理模式设置不但与《预算法》中关于预算调整的规定相违背，而且不利于地方债券设计的科学性和合理性。

首先，我国《预算法》第 67 条规定，在预算执行过程中，若发生增加借债的情况，需要进行预算调整。这样的规定是为了防止在预算执行中行政机关擅自举债，脱离人大的监督以及全口径预算的管理，在制度设计上是符合财政法治的要求的。但是，《预算法》第 35 条及《地方政府一般债券发行管理暂行办法》第 3 条的规定却将之进行了限缩解释，即所有的涉及地方债券的预算文件全部需要按照预算调整草案处理，从而绕开了预算草案在省级人大的审议过程。虽然预算调整过程也需要经过人大常委会的审批，但那是因为在预算执行过程中遇到第 67 条规定的突发情况，再行召集省人大代表召开省人大会议的成本过高，因此委托给省人大的常设机构——省人大常委会——进行民主审议。但对于地方债券预算而言，完全有必要（也有可能）通过省人大进行审议。

其次，所谓预算调整，其发生原因是在预算执行过程中发生了预算编制、审批时所未能预料到的情况不得不进行调整。对于预算编制机构而言，应当提升预算编制的专业性和科学性，将本财政年度内可能发生的财政收支情况全部列入预算草案，而不能将本年度即将发生的或可能发生的情况故意遗漏在预算草案之外，否则就会增加预算调整的成本。将地方债券的发行全部列入预算调整，无异于将地方债券全部视为突发性、不可预料的情况。这种在本财政年度内可能随机增加债券收入的预期，可能对其他内容的预算草案的编制、审批产生不利影响。

再次，从立法技术角度而言，《预算法》第 35 条内容存在抵牾。《预算法》第 35 条存在于该法第四章，是关于预算草案编制的规定，规定了量出为入、收支平衡的原则等内容，其主要目标就是针对每年人大会议要审议的预算草案进行的规定。而在第 35 条第 2 款中突然出现了关于地方债券预算调整的内容，可对其进行两种不同的解读：一是所有的地方债券内容都不得进入

每年人大审议的预算草案中，而必须在执行过程中予以单独调整；二是在省政府编制预算草案时国务院已经下达举债额度的，将地方债券的举借列入预算草案由人大审批，在执行过程中国务院下达举债额度的，按照预算调整处理。从预算法的立法目标来看，后者更符合立法原意。但是《地方政府一般债券发行管理暂行办法》第 3 条的规定采用了前者的解读，使得《预算法》第 35 条存在了抵牾，在预算编制草案的规定中出现了根据全口径管理原则必须进行预算管理，但却不允许列入预算草案的内容，这在法理上是没有根据的。

最后，从预算调整的通过程序来讲，对地方债券预算调整草案进行审批的主体是省级人大常委会，而与省人民代表大会相比，省人大常委会对省政府的监督无论在力度上还是在能力上都存在问题。首先，从省人大常委会的构成来讲，人大常委会主任属于省领导四大班子之一，与政府部门关系密切。其次，人大常委会成员相比人大来讲在数量上偏少，也没有专门负责审议预算的部门。

四、地方债券的管理与收付实现制不兼容

现行《预算法》和《地方政府一般债券发行管理暂行办法》都没有对地方债券的会计方法作出明确的规定。对于会计核算的方法有收付实现制和权责发生制两种不同的范式：前者是指"以会计期间款项的实际收付作为确认收入和费用的标准"，[1]后者是指以取得债权、债务作为确认收入和支出的标准。[2]实际上，许多发达国家在财政预算管理中或者政府财政报告中都采用了权责发生制。例如，澳大利亚的预算编制就遵循权责发生制原则。我国《预算法》规定政府预算原则上仍然采用收付实现制，但政府财政报告采用了权责发生制。[3]

在一个财政年度内的常规预算收支采用收付实现制，可以更方便、直观地反映本年度内的财政现金流情况。但是，对于地方债券来说，其期限一般较长，除了 1 年期的短期地方公债之外，还包括最长达 10 年的长期债券。也

---

〔1〕 石英华：《政府财务信息披露研究》，中国财政经济出版社 2006 年版，第 134 页。

〔2〕 参见石英华：《政府财务信息披露研究》，中国财政经济出版社 2006 年版，第 134 页。

〔3〕 参见《预算法》第 58、97 条。

就是说，地方债券的期限往往会跨越好几个财政年度，如果采用收付实现制进行预算编制，那么公债在收入年度只体现为单纯的收入，而在债券到期之前在地方预算之中都没有相关的债务的反映，直到债券到期年度才体现为应付账款（即应支出款项）。与权责发生制相比，收付实现制记账简单，操作方便，但是无法在预算中体现出现有的债务量和未来的应付义务，因此，无法从总量上反映具体某一省份实际存在的地方债存量，不利于地方公债的公开和预算公开，不利于对存量债务提前计提地方债还款准备金，也不利于存量地方债的消化。

第四节　地方债券预算管理的改革进路

一、制定我国的《公债法》

"制定和贯彻国债法是世界各国管理国债的普遍做法。"[1]美国是公债市场较发达、公债职能较充分、公债法制较健全的国家，早在 1917 年就制定了《自由公债法》，主旨是授权财政部发行债券、限制债券面值余额等；1942 年又颁布了《公共债法》，主旨是授权财政部制定政府债券的法律条款；1986年制定了《政府债券法》，主旨是在以前国债法的基础上，针对国债二级市场的中间商和交易商作出规范；1993 年的《国债修订案》，主旨是对国债自营商、中间商及其客户、交易商、国债交易大户的持仓量、国债拍卖过程和国债限额作出新的规定。韩国为了保障国债的发行、运用以及维护国债投资各方当事人的合法权益，1949 年就专门制定了《国债法》，并根据国债市场的发展和金融改革需要，于 1994 年对该法进行了修改。[2]而从法理角度来说，对中央公债和地方公债进行立法层面的规制也是现代民主国家对行政权力进行制约、将权力放进笼中的必然要求。公共财产的存在是为了满足公共之需，不允许在支配过程中听凭政府的恣意，[3]因此财税法学研究（包括对地方公

---

〔1〕 邱本：《经济法研究》（下卷：宏观调控法研究），中国人民大学出版社 2008 年版，第 169 页。

〔2〕 参见邱本：《经济法研究》（下卷：宏观调控法研究），中国人民大学出版社 2008 年版，第 169~170 页。

〔3〕 参见刘剑文："公共财产法视角下的财税法学新思维"，载刘剑文主编：《财税法论丛》（第 13 卷），法律出版社 2013 年版，第 72 页。

债的研究）必须着眼于限制政府"脱缰"的权力。[1]

法律不仅仅为社会提供调整规则，还给人们提供一个评判非法与合法的价值判断标准。[2]我国地方债务实践中一个突出的特征就是政策治理，其治理依据大部分位阶都很低，且以行政法规和规章为主，这样的做法不但违背了立法保留原则，也使得行政机关的举债决定在更大程度上依附于现任行政首长或党政领导的好恶，无法让人民对国家的地方债券制度产生准确而合理的预期。我国目前还没有一部系统的《公债法》，立法机关应当加快立法进程，将中央和地方两级公债尽快纳入到法律规制的框架之下，且在立法的过程中，要注意与《预算法》等相关法律的衔接问题，提升立法技术，使国家对地方公债的管控更加科学、合理。

二、确立地方债券预算刚性管理

对于地方债券进行刚性预算管理包括两个层面的含义，一是预算法的刚性，二是预算文件的刚性。前者是指在地方债券的发行和偿还等各个环节，要严格依照《预算法》及相关管理规定进行，禁止非经法律授权的地方政府以任何非法的形式举债，违者将要追究相关人员的法律责任。后者是指经过省级人大通过的预算文件具有刚性约束力，省政府不得绕开预算文件所确立的内容超额发债或者创设新的举债形式。预算刚性的实现过程，实际上是我国国家治理活动从人治走向法治的一个缩影。实事求是地讲，我国当前的法治环境比改革开放前有了长足的进步，随着我国社会主义市场经济体制的建立，计划经济的阴影也逐渐褪色。但是，在肯定既有成绩的前提下，我们也要承认，当前的法治运行中行政色彩还很浓，虽然法律是政治上层建筑的一部分，但是将法律问题政治化的做法仍旧是与当今社会发展的趋势相违背的。对此，还是要加快法治建设的进程，在全社会（尤其是在党政机关内部）树立牢固的依法办事的理念，通过强有力的法律问责制和政治问责制规训政府和政府官员，使其在法律规定所授权的范围内行事。当然，我国目前的财税法制也不完善，有些法律规定本身就存在着瑕疵。例如，前面所说的关于地

---

〔1〕 参见熊伟："走出宏观调控法误区的财税法学"，载刘剑文主编：《财税法论丛》（第13卷），法律出版社2013年版，第77页。

〔2〕 参见［奥］凯尔森：《法与国家的一般理论》，沈宗灵译，商务印书馆2013年版，第89页。

方债券发债权的部分规定不符合财税规律，但修改法律本身是立法机关的责任，行政机关作为法律的执行机关，不得以法律存在瑕疵为由而在法律授权以外行权，否则法律存在瑕疵将成为行政机关违法的借口，预算法治将无从实现。

关于由人大批准的预算文件是否具有法律属性，存在"预算立法说"与"预算行政说"两种解释。"预算立法说"认为，预算的审批与立法的表决都是由议会（人大）进行的，都属于立法机关的决议，因此被议会批准的预算也具有法律或者准法律的效力，行政机关必须予以遵从。而"预算行政说"认为，虽然预算也是由议会审批的，但是预算的通过程序与立法表决程序是不一样的，且预算对于国家中的私人主体并没有约束力。最为重要的是，预算文本的通过一般是在年初，是对本年度内即将发生或可能发生的财政收支的一种预测，属于对未来活动的一种计划。在执行过程中可能会发生预料不到的特殊情况导致收入减少或者支出增加，预算制度本身也预留了预算调整方式对其进行修改，也就是说，预算计划本身在执行过程中就可能有不稳定性。因此，"预算行政说"认为，预算文本不是法律文本也不是行政机关作出的抽象行政行为，而是议会对行政机关本年度财政活动的一种授权。但是，无论是"预算立法说"还是"预算行政说"，都认为预算文本对行政机关的财政活动是有刚性约束力的，前者认为行政机关应当像遵守法律一样遵守预算计划，后者认为行政机关应当在议会授权的范围内行使权力。可见，预算文本应当对行政机关具有刚性的羁束效果，我国在构建地方债券体系时应该牢牢把握预算刚性的底线，确实需要对预算文本进行调整的，应当按照法律规定的调整程序由人大常委会进行预算调整或曰进行预算同意授权。

三、地方债券管理以年度预算为主

按照现行的地方债券预算管理规定，所有的地方债券发行都需要靠预算调整来完成，实际上是在政治上增加了地方债券发行决议的通过可能性，但是却排除了更大范围内的民主决议规制。其实，从规则设置角度来讲，用年度预算而非预算调整的方式来对地方债券的发行进行规制不但必要而且可行。根据预算法的相关规定，预算调整应当是发生在预算执行的过程中的，但预算调整还有一个前提条件，即应急性。例如，在预算年度内，由于发生了战争、自然灾害等需要立刻进行之前未预料的支出，如果这些支出被延迟，则可能发生十分严重的危害后果。[1]但如果这种突发事件并没有应急性，即使推迟一段时间也没有什么不良后果的话，那仍旧应当采用正常的年度预算加以规制，而不应进行临时预算调整。否则，任意通过预算调整程序对年度预算进行的修改都会破坏年度预算的刚性，也不利于人大对行政机关的授权和监督。因此，要判断某一事项是否必须要进行预算调整，必须要考察该事项是否具有紧迫性和应急性。就地方债券的发行而言，虽然省政府发行公债要根据国务院确定的限额，而国务院何时进行公债限额的下达并不确定，也可能发生在预算执行过程中。但正如前面所提到的，预算管理的目标是通过管钱来管事，所有的地方公债都可以起到筹措地方收入的作用，但是这些收入被应用于什么事项则决定了该地方公债是否具有紧迫性。其实，在预算执行过程中，总会有一些新的潜在支出项目出现，但如果所有的潜在支出项目都要进行财政支出，那么国民的财政负担就会变得畸重。为了使国家财政权力与公民的私人财产权达到平衡，所有的政府都应是有限财政的政府，即其财政收入是不能过高的，否则就会侵害其纳税人的权利。而预算管理制度之所以存在，就是要在潜在的支出项中进行筛选和甄别，对于那些可以不上马的工程进行剔除，对于那些可以暂缓支出的项目进行顺延。因此，在预算执行的实践中，有些潜在的支出项直接被排除，有些被顺延至来年的年度预算中进行表决，而有些具有紧迫性的支出等被以预算调整的方式予以通过。这些潜在的支出项是被支持还是被剔除，取决于这些项目的必要性；而有必要进行支出或筹措的财政项目到底是采用预算调整方式，还是推迟到后面财政年度的年度预算中，其甄别的标准就是紧迫性和应急性。例如，如果发生了2008年那样的金融危机，需要政府及时救市，否则就会对国民经济产生巨大的损害。在这种情况下，救市如救火，以地方债的形式筹措收入刻不容缓，地方债券的发行就具有了紧迫性和应急性，不必等到来年召开省人大会议在年度预算中进行审议。但如果只是增加了一些普通的基础设施项目，例如水利、地下管道、市政道路建设及教育投资等，这些项目的支出和资金筹措即使编入来年的年度预算进行审议也不会产生不利的影响，那就应当摒弃预算调整方案，以来年年度预算的形式进行规制。

---

〔1〕　参见刘剑文、熊伟："预算审批制度改革与中国预算法的完善"，载《法学家》2001年第6期。

因此，现行《预算法》和《地方政府一般债券发行管理暂行办法》对于地方债券的发行只能采用预算调整的限定是不合理的，应当及时加以修改，采用区别对待制。地方债券的发行，原则上应当由省政府编制在年度预算草案中，并提交省人大审批；在紧急情况下确有及时发债必要的，采用预算调整的方式进行。当然，值得注意的是，紧迫性和应急性的标准具有突出的主观色彩，需要地方债券予以支持的非营利项目对于不同的主体会产生不同的价值判断，地方政府官员、本地居民可能由于具有利益关联性而夸大特定项目的紧迫性。因此，对于紧急情况的认定应当采用一般认定标准，即以一般人根据常识的判断来决定该项目的紧急与否，应当由省人大、省政府以外的独立第三方来对其进行认定，建议由国务院对地方债的紧迫性来作出具体判断。即国务院下达各省地方债券的限额标准时，同时判断具体某省的地方债券是否具有紧急性，在下达地方债限额而不做特别说明的情况下，不允许地方政府采用预算调整的方式通过发债决议；从地方债限额的下达时间来讲，应当尽量在省预算编制的过程中下达。

四、采用权责发生制编制政府预算

过去，我国并未将地方债券纳入预算管理范畴时，绝大部分财政收入都是现实发生的，且很少有像长期地方公债那样的远期应付账款，因此，采用收付实现制进行预算编制可以降低编制难度，节约时间成本。但在全口径预算管理原则落实之后以及地方公债有条件开放以后，如何让预算的编制适应现在的财政收支内容是现行预算法必须要面对的问题。就当前的预算编制规则而言，政府预算采用收支平衡的原则来编制，在地方债券筹措收入之后即行支出，且在地方债到期之前不再体现在预算中。但是，当地方债券到期之后，便形成了需要即时偿还的应付债务，如果在债务到期之前没有计提还款准备金，在债务到期当年是很难依靠正常的财政收入偿还的，往往还需要以举借新债的方式偿还旧债。因此，就地方公债预算而言，应当在每年的预算中计提未来的还款准备金，同时，需要将应付账款在预算中予以体现，在地方公债举借之后即应当按照权责发生制原则记录在预算中。

权责发生制的采用与其说是明确责任义务，为了更加清楚地反映政府债务，更不如说是对存量资产的确认，也就是增加资产负债表的资产端，或者修复资产负债表。这种修复是预算会计模式下无法反映的，而必须采用权责发生制，进一步说便是政府会计在预算会计模式下重点进行编制收入支出表，或者说是现金流量表，而收付实现制下的资产负债表是一种消耗资产负债表。而要确认增值资产负债表，就必须通过财务会计进行核算，这也是政府会计改革着力建立政府财务会计的主要动因。通过权责发生制财务会计，政府的资产得以确认，资产负债表的资产端得以修复，随着资产端的增加，负债增加便成为可能，而接下来就是选择地方债抑或国际债务的问题。有了左端的资产做抵押，地方债首先可以发行，虽然地方债发行存在一定困难，但我们可以想象，政府可以通过行政干预将地方政府债券推向市场。而地方债发行则是为下一步的国际发债做好准备，国际债券发行需要更长的时间，资产端的修复将是提高信用评级的主要手段。因此，权责发生制综合财务报表是提供一个"国际化"的报表，需要得到全球认可。[1]

采用权责发生制记录地方公债预算还有一个优势，那就是具体某一省份当前的存量债务可以被清晰、直观地反映在预算文本中，有利于地方公债的公开，也有利于对地方债券的总量进行控制。而现行的收付实现制需要在地方债问题爆发后才能在事后进行计量和确认，无法反映举债行为对后来年度的财政运行的影响，对于地方债这种跨年度的预算编制难以胜任，这种信息滞后的情况也会反映在社保基金等问题中。[2]中共中央十八届三中全会通过的《中共中央关于全面深化改革若干重大问题的决定》就提出建立权责发生制的政府综合财务报告制度，在未来的财政管理体制中，应当逐渐摆脱编制方便、计量容易这些设计偏好，而采用更复杂但更科学合理的会计计量方式。而会计准则中"有借必有贷、借贷总平衡"的原则在政府预算中体现也符合收支平衡的形式要求。此外，对于以权责发生制编制的地方债券预算而言，应当注意在债券周期内的跨年度预算平衡，这也为跨年度预算的编制提出了更高的要求。

李靠队提出，权责发生制的采用与其说是明确责任义务，为了更加清楚地反映政府债务，更不如说是对存量资产的确认，也就是增加资产负债表的

---

〔1〕　参见李靠队等："政府债务、PPP与权责发生制综合财务报告"，载《地方财政研究》2016年第4期。

〔2〕　参见孙云鹏：《政府会计改革与地方政府债务报告优化研究》，经济科学出版社2016年版，第128页。

资产端，或是说修复资产负债表。如果对地方债进行权责发生制改革，我们要解决两个问题：一是由谁来编制政府资产负债表；二是政府资产负债表的范围究竟要多大。从资产负债表的编制方法来看一般会考虑会计方法，因此财政部门可能最为适合，但资产负债表本质是一种数量关系，而非一种过程。会计作为一种重在过程的信息系统，也可以提供一定的结果，但局限在纳入会计范围的资产负债关系，无法反映没有被纳入会计范围的资产负债。传统预算会计显然只核算了很小一部分政府资产，而且是消耗性资产核算，也即非资本保值资产的核算。要进行综合财务报表编制，除了预算会计形成的收付实现制下的资产外，还要纳入权责发生制确认存量资产，而这些资产是之前不曾确认的部分，即财务资产。这些财务资产的确认涉及政府财务会计，即要扩大政府会计的范畴，这里的财务会计不仅仅是从政府会计账务处理角度对财务会计从预算会计中的分离，而更为重要的是，纳入以往不曾确认的财务资产。如果政府会计"二元法"仅仅是区别预算会计与财务会计，那就不能编制出完整的权责发生制财务报表。所以，政府会计改革就是要适应这种需求，编制完整的财务报告，以确认政府的"所有资产"。从广义上来讲，权责发生制综合财务报表包括政府资产负债表、部门资产负债表和自然资源资产负债表，为了区分不同范围的资产负债表则形成了"国家资产负债表"（National Balance Sheet）和"政府资产负债表"（Government Balance Sheet）的概念。至于概念的范围有多大、具体包括什么，则可以根据"需要"而定，或进行调整。当然，这里也有一个国际标准的问题，究竟是采取 GFS 标准、还是 SNA，拟或 BOP&IIP，甚至 MFS，都需要进行考量。考虑到政府会计范围的限制，对于相对完整的资产报表，可以选择统计部门编制，也可以选择国库进行编制。而事实上，这二者都曾负责研究试编国际资产负债表。统计部门编制资产负债表的更加适合之处在于，其更注重结果的单一反映，而不用去考虑结果的来龙去脉，重在对引起结果的规律进行发掘，但忽略其运动关系。[1]

五、建立预算公益诉讼制度

目前，我国许多学者仍然将国家的预算活动视为是国家的宏观调控行

---

〔1〕 参见李靠队等："政府债务、PPP 与权责发生制综合财务报告"，载《地方财政研究》2016 年第 4 期。

为，〔1〕而宏观调控行为作为国家主义下的公权干预往往被许多学者认为是不可诉的。〔2〕然而，根据狄骥的公法理论，公共服务的提供应当在法律的框架下进行，如果违背了法律，公民就可以认为国家应当对其负担责任，法律应当允许公民采取诉讼手段进行司法救济。〔3〕因此，有学者提出要在我国的法律框架内，建立有自己特色的预算公益诉讼制度。〔4〕具体而言，应当采用以下制度设计：

第一，预算公益诉讼的起诉主体包括省级检察机关及一定范围的私人主体。作为我国的法律监督机关，检察机关对于预算违法行为享有当然的诉权。〔5〕而财政资金作为公共财产，纳税人得享有对其筹措和使用过程的监督权，因此，预算公益诉讼在有些国家被称为纳税人诉讼。〔6〕梁慧星教授就曾撰文建议引进这一制度。〔7〕但因为纳税人包括本国纳税人和非本国纳税人，因此，在这里应当将享有诉权的主体限于具有本国国籍的且享有政治权利的公民。另外为了防止私人主体滥用公益诉权，应当以检察机关作为前置诉讼主体，公民认为检察机关应当提起预算公益诉讼的，应当向检察机关提出申请，检察机关拒不起诉的，私人主体得起诉之。

第二，预算公益诉讼的对象是行政机关的预算违法行为。对于人大的预算决断，检察机关及私人不得起诉。因为人大是国家权力机关，是一切权力的来源，享有最高决断权，其决断是人民民主合议的结果，不能作为诉讼的对象。而经过人大批准的预算文件就成了具有准法律性质的财政授权依据，行政机关需要依照法律和预算计划组织财政行为，违反法律和预算规定的行为将要受到法律的否定性评价。

第三，在地方政府无法按照约定偿还地方债券本息时，或者已经有证据显示地方政府在债务到期时无法履约时，参照地方政府债务重整规则（政府

---

〔1〕　参见刘剑文、侯卓："财税法在国家治理现代化中的担当"，载《法学》2014 年第 2 期。

〔2〕　参见邢会强："宏观调控行为的不可诉性再探"，载《法商研究》2012 年第 5 期。

〔3〕　参见［法］狄骥：《公法的变迁》，郑戈译，中国法制出版社 2010 年版，第 52 页。

〔4〕　参见蒋悟真："中国预算法实施的现实路径"，载《中国社会科学》2014 年第 9 期。

〔5〕　参见颜运秋等：《经济法实施机制研究——通过公益诉讼推动经济法实施》，法律出版社 2014 年版，第 234 页。

〔6〕　参见［日］田中英夫、竹内昭夫：《私人在法实现中的作用》，李薇译，法律出版社 2006 年版，第 54~59 页。

〔7〕　梁慧星："开放纳税人诉讼以私权制衡公权"，载《人民法院报》2001 年 4 月 13 日。

破产案件）处理，不属于预算公益诉讼范围。

第五节　完善地方债券预算的人大监督

在我国，一切权力来源于人民，最高的权力也属于人民，人民通过人民代表大会制度行使国家权力，也对国家行政机关的行政权进行监督。在地方债券问题上，无论是通过年度预算还是预算调整的形式，都需要经过省人大或其常委会的审批。相应的，地方债券的发行、支出、偿还等一系列动态过程也要受到人大的监督。

一、地方债券信息公开

人大对地方债券相关内容进行预算监督的前提就是财政信息的公开。财政公开是现代民主国家的基本要求，而阳光财政是民主财政的基本要求。所谓财政公开，是指除法律规定的保密内容之外，政府及使用财政资金的所有单位都有义务向社会公开其财政资金的收支情况，包括数额、来源、使用方式、结果等，整个财政资金的收支过程都应当受到社会公众的监督、质询和约束。财政公开，是公民行使知情权、参政权和监督权的基本前提和应有之义，它对于规范财政权力的运行、规范各财政主体的收支活动、防止财政资金的滥收、滥支都具有重要的作用。

财政公开对应着财政透明，根据国际货币基金组织"财政透明度良好做法"守则，财政透明可以被归纳为四项原则：第一，作用和责任的澄清，这里的作用和职责的主体是政府，而财政透明涉及确定政府的结构和职能、政府内部的责任以及政府与国民经济中其他部门的关系；第二，公众获取信息的难易程度，本原则要求政府要在明确规定的时间内全面而准确地公布财政信息；第三，预算编制、审批、执行、调整的动态过程及静态的预算文件的公开，该原则强调与预算程序相关的信息的公开；第四，对信息真实性的独立保证，该原则强调政府和其他信息主体所公开的数据、信息的质量必须符合真实性要求，在必要的情况下应当对财政信息进行独立性检查。通过财政公开，国家方才具有财政透明度可言。

学理上一般认为财政公开的权利基础是人民"知"的权利，因此，在有关于政府资讯公开立法的国家和地区中，都将人民的知情权看作是立法的保障目标。现代财政法中有两个具有代表性的模型都支持财政公开理论。一是财政信托理论，该理论认为政府是为了公共利益而设立的一个信托机构，而人民是委托人，作为委托人，当然有权利知悉信托机构的具体运行状况。政府作为信托组织兼具公益性与自益性，[1]作为信托组织的政府必须要为了委托人的利益服务，否则就应当受到制裁。[2]二是财政合伙理论，其代表人物是美国前总统本杰明·哈里森。他提出，在当代公共财政国家，国家与纳税人（或曰公民）之间存在着一种类似于商业上的合作、合伙关系，一个合伙人对其余合伙人达成合伙目的和个人目标负有一定的责任。而通过"财政合伙"这种商业模型来解释国家的财政运作，意味着每一个合伙人都有权了解其他合伙人到底在合伙中做了些什么，[3]同时，每一个合伙人都有权利知道合伙组织的财务状况。

在美国，投资者可以通过"市政债券条例制定委员会"（Municipal Securities Rule-making Board，MSRB）主办的"电子市政债券市场准入系统网站"（Electronic Municipal Market Access，EMMA）免费获取披露的信息，该网站设置于2008年，主要就是为了保护中小投资者或曰个人投资者的利益。通过EMMA获取的文档包括承销商依照法律必须提交的官方声明，及最初发行时提供给投资者的信息，还包括由发行人或发行代理商提交的售后信息。例如，年度报告财务信息、某些重要事件的通知以及发行人自愿提供的其他类型的信息。发行人及其他责任主体必须对投资者进行提示的事件包括，本金和利息拖欠的情况、反映财政困难的计划外偿债准备金缩水、破产、无偿付能力、被破产接管及类似的事件。MSRB允许发行者自愿向EMMA提交有关财务、操作或与重大时间相关的任何类型的持续性信息，包括但不限于银行贷款信息、季度或月度财务信息、咨询报告和资本或其他融资计划等。根据MSRB的规定，用户可以使用以下任何一个或多个参数在EMMA进行检索：委员会

---

〔1〕　参见朱大旗："迈向公共财政：《预算法修正案（二次审议稿）》之评议"，载《中国法学》2013年第5期。

〔2〕　参见朱大旗："从国家预算的特质论我国《预算法》的修订目的和原则"，载《中国法学》2005年第1期。

〔3〕　See Benjamin Harrison, *The Obligations of Wealth*, *In Views of an Ex-President*, Indianapolis：Bowen-Merrill Co., 1901, pp. 348~356.

授权的安全认证程序号码、发行人名称、发行描述、责任人名称、州、到期日、发行日、利率以及评级。此外，EMMA 还提供其他参数用于检索持续性披露的文件和信息，包括交易信息等。

从信息反馈角度来说，美国地方政府债券市场的参与者普遍认为，地方债券的主要信息披露对投资者而言意义重大且现实有效，EMMA 增加了投资者和债券市场参与者获取公开信息的能力，但是，投资者或市场参与者获取的披露信息仍然有所限定。根据 MSRB 的官方说明，市政债券市场的参与者认为一级市场披露信息，即官方声明中包含了投资者需要知道的关于发行人和证券的主要信息。投资者与市场参与者的代表，诸如投资公司、证券律师、证券经纪人等主体都表示市政债券发行时所提供的信息较为全面。而且，相对于以前的披露方式，MSRB 的 EMMA 网站在很大程度上增加了民众获取信息披露的能力。一些市场参与者表示，对市政之债创建这种类似中央数据存储库，使民众可以更容易、更高效地找到所需要的信息，也有少部分市场参与者认为，允许投资者免费获取披露的信息才是方便获取信息的关键。

我国《预算法》和《地方政府一般债券发行管理暂行办法》对地方债券公开的事项作出了原则性的规定，但是还不够具体，到底什么信息应当公开、如何公开、在哪里获取、公开期限如何都不甚明晰，需要在具体的操作过程中进行二次解释。具体而言，地方债券信息公开的规定应当满足以下几方面的要求：

第一，地方债券信息公开的及时性。地方债券发行人在每个财政年度结束后，往往并不及时披露相关的财政信息，这导致投资者及市场参与者在需要使用这些信息来决定是否投资市政之债时往往无法获取相关信息。美国的"政府会计准则委员会"（Governmental Accounting Standards Board，GASB）曾经以国际通用的会计准则为标准对 2006 年至 2008 年美国各州和地方政府年度财务报告进行审计，发现年度财务报告的平均发行时间根据政府的形制和规模的不同而有所不同，规模较大的政府或者特区的报告发布时间平均晚于财政年度结束的 126 天，而对于一些小的县或者郡，其发行时间平均晚于财政年度结束的 244 天。根据美国国家审计协会的数据，在 2010 年，美国各州为完成复杂的年度财政报告平均耗时 198 天。2009 年，某中介机构对 EMMA 披露的 14 个地方债券信息进行了时间比对，发现不同的发行人或者责任主体向 EMMA 提供年度财务信息的延迟时间均有不同，非营利性医疗系统提供财务信息的时间平均在上一财政年度结束后的 55 天，而学区的财政信息一般要在上一财政年度结束后的 257 天。一些投资者或者市场参与者认为，政府财政信息在财政年度结束后披露影响了该信息的有效性。GASB 的调查问卷显示，上一财政年度结束 6 个月后再接到的披露信息仍觉得十分有用的人不足 9%，这种担心在地方政府面临信用危机的时候会被加倍放大。还有一个因素限制了地方政府财政信息的时效性，就是信息披露者往往都是在规定的时间之后才进行披露。根据加州债务投资顾问委员会的调查，在 2005 到 2009 年期间，超过 11% 的披露信息都是在规定的披露日期到期 30 日后才公开的。[1] 因此，我国在制定《公债法》时必须明确规定信息公开的时间，应公开的信息自信息生成后 15 日内即应通过报纸、公告或者互联网的形式向人大及社会公众进行公告。

第二，信息公开频率。对于投资者及证券市场参与者来说，仅靠每年一次的政府信息披露来评估地方政府债的风险是远远不够的，因此，他们往往还需要通过其他途径主动获取一些有关地方债发行者现时财政状况的信息，例如报纸、新闻、网络等。投资者往往需要通过报纸上的信息才能知道某一作为地方债发行者的市或者镇产生了财政问题。然而，这些信息不会在第一时间以年度报表的形式被公布，若投资者只把关注点放在政府的年报上，那获取该信息时就到了下一年度了。对于投资者而言，获取财政信息的频次是十分重要的，尤其是在经济紧张的时候，而在两个年度财政报告之间，投资者还需要关注未经审计的季度财务报告、预算调整情况以及当地政府的税收信息。因此，我国省政府及其财政部门应当至少每个季度向社会公开一次地方债券信息。

第三，信息完整性。在美国实践中，地方债的发行人并不总是按照持续性披露协议约定的那样，永久性提供与某一地方债券相关的财政信息、重大事件提示及其他信息。"美国审计总署"（The General Accounting Office，GAO）的分析报告指出，破坏信息披露完整性的方法主要包括：①完整性信息披露的缺失，即地方政府完全没有进行完整的信息披露，例如 2009 年发行的某两只地方政府债券到 2012 年 5 月都没有进行后续披露。②重大事件提醒的延迟

---

[1] See California Debt and Investment Advisory Commission，"Municipal Market Disclosure: CAFR Filings: A Test of Compliance among California Issuers"（CDIAC No. 11-04）.

或缺失。一般而言，地方政府发生了影响财政状况的重大事件，必然会反映在地方债券的价格和供求关系上，但是，许多地方政府对于此类重大事件都不对债权人进行公告或提醒，有些提醒也远远滞后于事件的发生。美国金融业监管局的一位官员曾经指出，投资者或者监管机构根本无法掌握一个应该报告的重大事件是否发生，除非这个事件的发生在 EMMA 有备案。③完整性信息提供行动上的虎头蛇尾，即在地方债刚发行的时候进行完整信息的披露，但随后持续性不足，在未来的几年里缺失了诸如税收数据或者操作信息等必要的信息。[1]我国在构建地方债信息公开制度时，应当尽可能完整地列举地方政府应当公开的内容，防止地方政府对信息的垄断。

第四，可理解性或曰"易读性"（Readability）。对于每个投资者来说，其做选择的时间是有限的，他们必须在有限的时间作出买入或者不买入某地方债的决定，因此，这也就意味着他们阅读相关信息的时间是有限的。但是，有关地方债信息披露的文件包含着大量的法律术语或经济术语，使没有受过相关知识训练的普通民众很难看懂，而且很多时候信息提供者故意将重要的信息淹没在大量的信息堆里让人不易察觉。美国政府的调查显示，有 1/3 的地方债投资者或市场参与者认为地方政府披露的信息文件写得过于晦涩难懂。此外，不同的发行人之间采用了不同的标准进行信息披露，大量的信息文件之间缺乏统一的制式，这种缺乏标准化的做法让投资者难以进行不同地方债券之间的横向比较。MSRB 在 2011 年向 SEC 提交的一份报告中也提到，对于地方债信息披露欠缺标准化的问题，投资者早已向 MSRB 反映过。[2]而投资者最想看到的标准化元素，包括证券资金被应用的流程、发行者及其他责任人的名称、还款资金的来源及其他信息。通过将披露内容标准化，可以让披露信息变得更加实用、可读，也可避免信息持有者对个别信息的隐瞒。

二、事前、事中、事后监督相结合

地方债券运行周期一般较长，往往跨越多个财政年度，因此，对其进行

---

〔1〕 See GAO, "Municipal Securities: Options for Improving Continuing Disclosure, Report to Congressional Committees", GAO-12-698, July 2012, pp. 8~12.

〔2〕 See Michael G. Bartolotta, "Municipal Securities Rulemaking Board's Recommendations for Update of 1994 Interpretive Guidance", MSRB comment letter to SEC, available at http://www.sec.gov/comments/4-610/4610-69. pdf, last visited Mar. 26, 2016.

的监督是一种追踪式的监督。具体而言，人大要从事前、事中、事后三个方面进行监督。

所谓事前监督，是指包含地方债券预算在内的预算草案在审议阶段，省人大就需要对其内容进行全方位审查，以保证其规模必须符合国务院下达的限额，保证其内容符合本地居民的利益，且按照复试预算的编制要求审查其资金支出的项目是否具有必要性、是否符合地方债券发行的要求。事前监督是对地方债券进行监督的起点，也是其最重要的一环，因为对于地方债券进行监督必须以民主的方式进行，而作为国家权力机关，人大对国家事务的决定作用是无可置疑的，一旦被人大审议、通过并批准，那地方债券预算内容就具有了准法律效力或曰对政府授权的拘束力，政府就可以依据其内容进行发债行为，即使预算文本本身存在瑕疵后期要进行弥补也会增加时间成本和经济成本。而就省人民代表大会的代表构成而言，省人大代表是人民选举产生的，但是作为人民的代表，他们未必具有专业的财政、金融、法律知识，其对地方债券事项进行的表决可以代表民主性，但是未必可以保证专业性。正如罗素所言，民主作为一种国家治理方法，也存在着一些弊端，例如效率性，以及民主决议的效果受制于民主代表的专业知识水平。[1]学者研究表明，人大在预算审批前提前介入预算编制程序，比直接在会议流程上进行审批对财政资源分配的合理性影响更大。[2]因此，在对地方债券的发行进行首次授权决断的时候就应当审慎，建议省级人大成立专门的地方债券预算管理办公室，对辖区内需要以举债方式筹集资金的支出项目进行彻底排查与清理，同时，对存量债务的余额进行摸排。在人大对年度预算草案进行审议前，可由人大地方债券预算管理办公室先对各位人大代表就本省的地方债情况作报告，以便各位代表作出更加专业的判断。

所谓事中监督，是指对地方债券的发行、使用和偿还过程进行的监督，其主要内容是审查省政府是否按照预算的内容及时、足额地发行了地方债券，地方债券筹措的资金是否按照复式预算中所列举的内容进行了支出，以及省政府在债务到期后是否按照债券发行时确立的还款承诺对债券还本付息。由

---

〔1〕　参见［英］罗素：《走向幸福——罗素精品集》，王雨、陈基发编译，中国社会出版社1997年版，第310页。

〔2〕　参见林慕华、马骏："中国地方人民代表大会预算监督研究"，载《中国社会科学》2012年第6期。

以上定义可以看出，事中监督覆盖了地方债运行的整个过程，是一种动态的监督。对于超出预算内容限定进行发债的，应当追究相关责任人员的法律责任；对于发行的地方债券无人认购导致地方债资金筹集不足的，省政府应当及时将此"减少收入"的情况向省人大常委会提请预算调整；对于省政府不按照规定将地方债券收入用于指定支出项目的，省人大可以向其提出改正建议，省政府拒不改正的，省人大可以向纪检监察部门和检察部门进行核举；对于省政府不能按照约定的时间和方式还本付息的，省人大应当责令其在下一个财政年度的预算草案中制定相应的还款计划，核减下一次发债的金额。由于对地方债进行事中监督的时间跨度大、专业性强，建议由专业人员组成的人大地方债券预算管理办公室对事中监督的情况向人大及其常委会进行报告。

所谓事后监督，是指地方债券偿还之后，对地方债的内容进行决算，审查其过程是否符合预算的规定和法律的规定。决算是一种事后的审计，是"审计机关依法独立检查被审计单位的会计凭证、会计账簿、会计报表以及其他与财政收支、财务收支有关的资料和资产，监督财政收支真实性、合法性和效益性的行为"。[1]审计的存在可以保障预算活动的合法合规，[2]使公权力不敢恣意。事后监督的存在，表示一个地方债券的运行周期并不是随着债券的偿还而结束，而是还需要对整个的运行周期进行一次决算审查，以保证其运行的合法性。事后审查的内容不仅仅包括地方债券是否及时偿还，还包括资金的投放是否符合预算规定、信息披露是否合法等内容，因此，其审查内容在很大程度上与事中监督是重合的，属于对财政运行活动的二次审查。

三、人大应对预算草案享有修改权

根据前文的制度构想，地方债券预算应当作为省政府年度预算的一部分，只有在极特殊的情况下才可以作为预算调整的内容，这意味着有关地方债券的预算内容将与其他政府收支计划被列入同一个预算文件提交人大进行审批。目前，我国《预算法》对于预算权的分配，只规定人大享有预算的审批权、

---

〔1〕 王晟：《财政监督理论探索与制度设计研究》，经济管理出版社 2013 年版，第 170 页。

〔2〕 参见 [日] 井手文雄：《日本现代财政学》，陈秉良译，中国财政经济出版社 1990 年版，第206 页。

监督权等，但没有赋予人大对预算的修改权。所谓预算修改权，是指人大对于政府提交的预算草案享有的对其部分内容进行修正的权力。由于目前我国人大没有预算修改权，当人大代表认为预算草案中涉及地方债券的内容存在瑕疵时，只有两个选择：一是全盘否定，将预算草案予以否决由省政府重新编制预算草案提请审议；二是全盘肯定，将存在瑕疵的预算草案审批通过。从目前我国的预算法治实践来讲，选择后者的可能性更大。因为预算编制过程是一个复杂的过程，需要消耗大量的时间和人力资本，我国省级人大会议召开一般是在 1 月中下旬至 2 月中上旬之间，[1]这本身就意味着在正常情况下省级预算需要在 1 月到 2 月之间才能通过，省政府在预算通过前的一个月属于没有预算计划的运行状态。而省级人大会议需要选举全国人大代表，因此，必须在全国人大会议召开前闭幕，这要求省人大必须在全国人大召开前处理好包括预算审批在内的所有事宜。在没有预算修改权的情况下，面临着存在瑕疵的预算草案，省人大若将该草案予以否定，那省政府需要重新对预算草案进行编制、修改并需要重新提请审批，这样在全国人大召开前就无法处理好预算审批事宜。如果要在全国人大召开后重新召集省人大代表召开省人大会议，无论是时间成本还是经济成本都过高，且会导致省财政预算推迟至 3 月之后才审议通过，这意味着省政府的前三个月财政收支无预算约束。这种节约时间成本和经济成本的无奈之选往往会给财政运行造成不必要的负面影响，因为这种财政收支选择并不是当前条件下的最优解。

因此，在面临有瑕疵的预算草案时，最佳的解决方案就是赋予人大预算修改权，在审议预算草案时就直接在草案中对存在瑕疵的内容进行修改并通过修改之后的草案。这样既可以节约修改、重新编定预算草案的时间成本和另行召开人大会议的经济成本，也可以在民主财政的基础上选择最佳的政府收支方案。其实，早在《预算法》的修改过程中就有学者提出了人大预算修改权的建议，例如，人大预算修改权只能减额不能增额。[2]但是，由于种种原因，这一建议未能在法律修改时被采纳。目前，湖北、山西、广东等地方人大已经在地方立法中对预算草案修正案的提出和表决等进行了规定，可以在《预算法》修订时加以参考。如《广东省预算审批监督条例》第 14 条第 1

---

〔1〕　参见方开燕："22 个省份确定 2014 年省人大会召开时间"，载 http://leaders.people.com.cn/n/2013/1227/c58278-23955201.html，2017 年 2 月 14 日最后访问。

〔2〕　参见朱大旗："预算法修正草案三审稿之评析"，载《东方早报》2014 年 8 月 5 日。

款规定："大会主席团、人民代表大会常务委员会、人民代表大会各专门委员会、人民代表大会代表十人以上联名，可以书面提出预算草案修正案。预算草案修正案必须对所提议的事项、理由作出详细说明；提出增加支出的修正案，必须相应提出增加收入或减少其他支出的具体方案。"第14条第4款规定："对交付表决的预算草案，有修正案的，先表决修正案，再就关于预算的决议草案进行表决。修正案通过后，同级人民政府应当按照决议修改预算。"但是，目前各地立法对于预算修正案提出的主体、条件、效力等规定却不尽相同，迫切需要由作为上位法的《预算法》明确赋予人大预算修正权，并就预算修正权的行使进行统一安排。地方政府债券虽然是地方政府财政收入的重要来源之一，但是，在内容上只占政府年度预算的一部分，如果没有人大预算修正权，地方债券预算设置中的问题很可能在总预算草案中被忽视。因此，从完善我国预算法治与地方债券规定的角度出发，从加强我国人大对预算的监督的立场出发，建议尽快通过修改法律的方式赋予人大预算修正权。

第七章 地方政府破产制度的构建

曾几何时，债券违约对于国人来讲只是存在于教科书上的风险，中国经济长期保持高速上行的态势使市场上债券违约的风险被无限放低。直到 2014 年，"11 超日债"成了打破中国债券市场刚性兑付神话的第一支违约债券，从此中国的债券市场开始了真正的市场化优胜劣汰。自此之后，债券违约现象频发，至 2016 年呈爆发式增长，2016 年全国违约债券高达 79 只，同比增长 243%，违约金额高达 403 亿元，同比增长 220%。涉及的 34 家违约主体中，地方国企 6 家，违约金额占比约 40%，民营企业 22 家，违约金额占比约 37%。[1]虽然目前债券市场的违约主要是发生在企业债券领域，但这并不意味着地方债券就一定是刚性兑付的。我国地方债券刚刚诞生不久，首批中长期地方债券还没有到期，但财政风险却是现实存在的，并不存在着市场机制无法作用到的债券领域。因此地方债券的违约也必然是立法者应当考虑的问题，由于地方债券金额大、涉及的债权人众多且关系到地方政府的财政运行，更需要进行完善的立法规制。

从我国地方债券制度由试点到立法确认的历程来看，存在着一个明显的趋势，即中央政府在地方债问题上试图逐渐摆脱兜底的家长式角色，进而建立地方政府自发自还的债券市场秩序，即"谁举债、谁偿还"。这样的地方债券制度设定符合债券市场规律，也引发了新的问题，即在中央不兜底的情况下地方政府无法偿还债券本息时，应当如何处理债权债务的问题。地方政府发债问题本质上是政府信用的问题，如果政府丧失了债券信用，新发行的债

---

〔1〕 参见中国人民大学重阳金融研究院：《破解中国经济十大难题》，人民出版社 2017 年版，第 87 页。

权无人认购，政府就无法借新还旧，债务危机就不可避免。对此，应当引入地方政府破产制度，由举债主体通过破产重组的方式解决债务危机，这也符合中央不兜底的承诺和地方债券市场改革的目标。其实，在完善我国地方债问题时，官方已经逐渐意识到了地方政府破产制度的作用，财政部的研究报告就建议用法律的形式明确地方政府举债的风险和责任，在地方政府资不抵债导致地方债违约时，允许其按照破产程序进行债务重组。[1] 但是，在中国语境下，地方政府破产制度的构建首先还是要解决观念问题，要让民众和政府了解何为地方政府破产，并树立相应的破产意识。[2]

第一节 前提廓清：地方政府破产 ≠ 主体消灭

我国破产文化并不兴盛，国人往往谈破产而色变，认为破产是一件丢脸、没有面子的事情。例如，企业在资不抵债、濒临破产时，企业主宁可让企业以"僵尸企业"的形式继续存续，也不愿去申请破产，所以，《企业破产法》虽然颁布已久，但破产案件的立案数量一直很少。对于地方政府而言，某些涉税大户的企业达到破产界限时，若债权人申请其破产，政府往往出面干预阻止法院进行破产立案。对于法院来说，审查处理一起破产案件的工作量远远大于一般民商事案件，而当前不科学的法院案件管理规则及工作评价体系使得法官办理破产案件时间长、成本大而绩效考核结果低，加之涉及破产企业的债权分配、企业员工安置等问题又容易触发社会矛盾造成信访后果，因此法院及法官都不愿意过多地承接破产案件。破产法并未在我国社会主义市场经济中起到应有的作用，反而在各方当事人的讳莫如深中加大了民众对破产的耻感。

当提到地方政府破产问题时，有许多学者基于对破产制度的偏见而盲目地反对地方政府破产制度。许多学者认为地方政府属于国家政权体系的一环，若地方政府因破产而消灭，不但会出现权力的真空，使相应地区的公共服务无法正常提供，更可能出现由于行政权力的更迭而引发的社会动荡。尤其是对于我国这样的单一制国家，在统一的中央政权下，地方政府与中央政府既

---

〔1〕 参见周潇枭："未来需研究地方政府破产法"，载《当代社科视野》2014 年第 12 期。
〔2〕 参见徐阳光：《政府间财政关系法治化研究》，法律出版社 2016 年版，第 90 页。

不是法律拟制的"本体–代理"关系，也不是联邦制国家中由地方向中央让渡权力而形成的权力契约关系，而是整体和部分的关系。地方政权也处于中国共产党领导下，根据我国宪法的规定，地方政府由地方人民代表大会选举产生，而人民代表大会又是我国最高的权力机关，因此由其选举产生地方政府被视为是一种权威决断，地方政府若因债务问题而消灭，则与宪法中人民代表大会的权威地位相违背，也与中国共产党的领导地位相违背。更何况，地方政府的破产若由法院来宣告，则违背了我国人民代表大会选举"一府两院"的制度设计。因此，在既有的财政法与破产法论述中，也有部分成果反对地方政府拥有破产资格。

实际上，上述反对地方政府破产的观点犯了一个原则性、起点性的错误，就是破产不一定意味着债务人主体的消灭。之所以许多人存在着"破产即意味着主体消灭"的误解，恰恰是因为我国的破产制度尚不完善。我国现行的破产制度只针对企业主体，即只有《企业破产法》，该法从源流上看脱胎于我国民事诉讼法的破产一章，后来单独立法成为独立的《企业破产法》。企业破产制度的出台，为我国社会主义市场经济条件下破产财产在多个债权人之间进行分配提供了法律依据，也部分完善了企业市场退出机制。但也正因为目前我国仅有这一部破产法，因此在社会大众甚至部分法律工作者眼中，所谓的破产法就是企业破产法，而所谓的破产制度，就是让资不抵债的债务人主体消灭的制度，这让大众对破产形成了畸形理解。

要扭转我国社会对破产的偏见就必须纠正这种前提性的错误，即破产并不一定意味着主体的消灭。首先，就企业破产制度而言，破产退市并不是破产法的唯一内容，完整的企业破产制度还包括企业的破产重整制度，即在企业资不抵债之时由债权人和债务人在法院的主持下达成重整协议，使企业重新焕发生机，帮助企业渡过难关。从这个角度来讲，《企业破产法》不仅仅是消灭企业之法，也是挽救企业之法。企业与企业破产制度的关系恰如病患与医院的关系，医院可能宣告病人由于抢救无效而死亡，也可能挽救病患的生命使之恢复健康。我国《企业破产法》对破产重整制度亦作了较为详实的规定，但由于破产消灭的观念太过深入人心，破产拯救的观念往往被大众所忽视。其次，完整的破产制度应包含以不消灭破产主体为前提的破产程序，只是我国目前的破产制度对这些规定有所缺失。如前所述，我国目前仅仅有企业破产之法，这与西方发达市场经济国家相比有一定差距，因此，笔者曾将我国企业破产制度戏称为破产制度的"半壁江山"。[1]若根据破产对象将破产制度进行分类，企业破产仅仅是破产制度"三分天下"之一。除此之外，还包括个人破产制度与政府破产制度，而后两者与企业破产最大的区别就在于主体破产而不灭。从不同的破产制度产生的顺序而言，个人破产在前。个人破产之后，并不能（也不该）在肉体上消灭该债务人，不能由于财产上的债权债务关系而剥夺债务人的生命权。所以，个人破产就是在债务人生命存续的前提下，将现有的个人财产视为一个公共鱼塘，将其中有限的鱼在不同的债权人之间进行分配。而在个人破产之后，又采取了一系列的限制权利的措施，使之无法进行与破产主体不相匹配的高消费活动，同时，对其债务予以免除或者部分免除，待到其清偿了全部债务或失权期届满之后，再恢复其权利。

目前，我国民事执行过程中对拒不执行生效文书的"老赖"的限制高消费制度已经具有了个人破产的雏形。例如，禁止"老赖"乘坐飞机、入住星级以上酒店等。但是仍有很多学者认为，在市场经济体系中个人信用体系不完善的情况下，推出个人破产制度可能导致消费者缺乏偿债的激励和压力，[2]进而催生"假破产、真逃债"的道德危机。加之我国传统文化中缺乏宽恕、免责的文化，[3]使国人崇尚"欠债还钱，天经地义"这样的朴素价值观而难以接受个人破产制度中对破产者的免责，导致许多人坚持认为在我国现阶段推出个人破产制度的条件仍旧不具备。从立法进程审视，我国《企业破产法》修改时，曾经在修改稿中提出将破产的适用对象扩展到个体工商户（自然人），但由于种种原因在最后通过的法律中删除了这一条，因此，破产制度的曙光还没有照耀到个人破产领域。这不但使我国破产制度不完善、市场经济秩序中缺失了重要一环，也使大部分国人对主体存续的破产制度颇感陌生，间接催生了地方政府破产就是消灭地方政府的误读，这不得不说是我国经济法治中的一大缺憾。

---

〔1〕 参见李帅："论我国个人破产制度的立法进路——以对个人破产'条件不成熟论'的批判而展开"，载《商业研究》2016年第3期。

〔2〕 Barry Adler, Ben Polak and Alan Schwartz, "Regulating Consumer Bankruptcy: a Theoretical Inquiry", 2 *Journal of Legal Studies*, 2000, pp. 585~613.

〔3〕 参见何骧："文化语境下的我国个人破产制度建构之路——以美国相关立法为研究视角"，载《贵州社会科学》2013年第1期。

具体到地方政府破产制度，没有必要将地方政府的破产与政权的更替相联系，更没有必要将之与政权的性质、国家的体制相挂钩。其他国家曾多次出现地方政府破产的实例，并未导致政府的倒闭、关门，也并未产生诸如颜色革命似的社会动荡。虽然可能在短期内对地方经济造成一定的冲击和影响，但是地方政府破产制度消解了地方政府债务危机，同时有利于政府诚信体系的维护与重建。可以说，地方政府破产也是现代破产制度的重要一环，但是与企业破产、个人破产相比，地方政府破产并不是单纯的市场经济主体的债务清理行为，不仅仅涉及民商法的内容，也涉及预算管理、税收、公共选择决策等具有公私交融性的内容。这是市场管理主体参与市场活动的必然结果，也是其必然要求。由于地方政府破产问题具有公私交融的特性，同时具有"以公为主，公私兼顾"的特性，因此，地方政府破产已经不能被民商事法律所囊括，应当属于经济法调整的范畴。

第二节　构建地方政府破产制度的必要性证成

经济法律关系主体可以被分为经济管理主体和经济活动主体，[1]而随着市场经济的发展和深化，现代经济法治中的市场管理主体与市场活动主体之间的界限并不是牢不可破的。例如，美国的《多德·弗兰克法案》就规定了市场活动主体对于金融机构的不正当行为可以进行举报，举报者可以获得罚没款分成的制度，[2]这就使市场活动主体也在一定程度上具有管理、监督的职能。而地方政府作为经济管理主体，也可能在一定情况下参与到市场活动中，变为经济活动主体。作为经济活动主体的地方政府，也就必然在一定程度上受到了市场规则的约束。具体到地方债问题上，地方政府破产制度之构建有其必要性。

首先，没有破产风险的政府不是好的政府。我国仍有许多学者倾向于认为政府的信用是无限的，因为"枪杆子里面出政权"，所以在没有枪杆子威胁的情况下，没有暴力革命的情况下，政权是稳固的，因此政府就不会破产。实际上，这样的想法犯了两方面的错误：其一，政府破产不意味着政权的丧

---

〔1〕　参见刘文华主编：《经济法》（第4版），中国人民大学出版社2012年版，第81页。

〔2〕　See Dodd-Frank Wall Street Reform and Consumer Protection Act; Final Rules for Implementing the Whistleblower Provisions of Section 23 of the Commodity Exchange Act（17 CFR Part165）.

失；其二，不存在破产风险的政府未必就是好的政府。在不同的时代，不同的经济理论的视角下，对于"好政府"的定义是不同的。例如，在亚当·斯密时代，在自由市场经济理论下，好政府就是管的最少的政府，若政府"管的最少"甚至是垂拱而治，那就不用提供过多的公共产品或服务，不必对经济运行进行干预，政府预算支出就会降到最小，相应的，在同等预算收入的前提下政府破产的风险也就无限趋近于零。如今，这样的"无为"政府已经在现代经济理论中被淘汰，国家和政府应当在国民经济的运行中起到相应的调节作用，政府也应为了最大多数人的幸福而对市场进行必要的调控，相应的预算支出也会增大，破产风险也就随之而来。

对于中央政府而言，可以在欠债之时开动印钞机偿还债务，而对于地方政府而言，只能通过有限的预算收入偿债。即使像美国那样的联邦制国家，虽然各州都有自己的税收立法权，看似可以通过地方性税种的创立或者税率的提高增加收入以消除地方政府破产风险，但是"无限税收权"是不存在的。任何民主国家都需要遵循税收法定原则，创立新的税种或者提升税率都需要通过议会的民主决议和决断，地方政府无权自行决定。因此，在有限税收的情况下，当地方政府公债数额过大，就会产生破产的可能。我国亦是如此，人民对于政府所提供的公共产品需求越来越大，而地方政府的财权是有限的，收入是有限的，公共资金不断扩张的需求与有限收入之间存在着天然的矛盾，在这种情况下，地方政府财政资金出现流动性枯竭从而达到破产界限的风险也是客观存在的。从权力限制的角度出发，地方政府破产风险并不该是一件令人谈之色变的事情，其应当被视为是民主财政下对政府权力的限制和对公民权利进行保护的一种措施。地方政府的破产风险的存在意味着政府在公共产品提供上的担当，也意味着地方政府在税收上的有限权力，意味着地方政府在提供公共产品的同时无法对公民的财产进行肆意的侵夺，这恰恰是良性政府的特征。易言之，地方政府破产事件本身对人民没有什么益处，但是，地方政府有破产的风险和资格对人民是有益的，恰如企业破产对企业而言不是幸事，但企业有破产的资格则是市场经济正常运行的必要条件。

其次，允许地方政府破产能避免中央兜底情况下地方财政的逐底竞争。逐底竞争是经济学中的概念，是指多个主体在相互竞争中共同追求低层次、低效率的产品，从而形成劣币驱逐良币的后果。在我国过去的实践中，在部分地方政府乃至某些国有企业出现大额亏空的时候，中央政府都会动用国帑予以兜底。

如果采用允许地方政府破产、中央政府有条件援助的做法，则会使地方政府尤其是地方政府意识到量能举债的重要性，意识到地方经济的发展不能寅吃卯粮、透支未来的财政收入，否则可能导致地方破产的恶果。不但影响地方政府对当地居民提供公共必需品的能力，从而使其在举债时更加审慎。当然，这里所谓的允许地方政府破产，并不意味着中央政府对地方债完全听之任之，放任地方政府破产，中央政府在面临地方债危机时也应当采取一定的措施进行破产挽救和债务重组，但这种破产挽救应当在法定的条件下、法定的程序中进行。例如，中央政府可以通过临时性转移支付的形式对产生破产危机的地方政府进行援助，但是，必须经过全国人大的预算调整程序并经人大决断，且这种援助应当是以帮助为目的，而非替代性偿还。简而言之，在地方政府破产时，中央政府应当进行有限的援助。

再次，允许地方政府破产有利于提升地方政府投资决策的科学性和合理性。财政法不仅要解决财政资金"如何来、如何去"的程序性问题，还要解决"从哪里来、到哪里去"的实体性问题。[1] 虽然目前我国《预算法》规定，地方政府的财政支出必须由同级人大进行预算约束，但是由于人大会议议程的时间限制以及人大代表缺乏相关财政知识等原因，这种约束更多的只是一种形式上的软约束，地方政府的预算草案对于国帑支出的决定性更具实质意义。当然，我国地方政府亦是由地方人大选举产生的，但地方政府领导本身往往亦是地方人大代表，二者在利益代表上具有趋同性。现代财政学理论认为，地方政府之所以有权决定地方财政支出，是因为该地方的居民有权决定自己让渡财产而形成的地方收入究竟被用于何处，即有权决定在现有财政收入范围内享有公共产品的种类、数量和质量，这在本质上与美国历史上所提倡的"州的权力"理论有异曲同工之妙，[2] 或可被称为公共选择理论。但正如人类学家尤瓦尔·赫拉利所言："人类在历史上一直不断重蹈覆辙，道理都相同：因为我们无法真正了解各种决定最后的结果。"[3] 虽然政府和人大在使用财政资金时都希望用最少的支出实现最大多数人的幸福，但公共干预

---

〔1〕　参见熊伟：《财政法基本问题》，北京大学出版社 2012 年版，第 12 页。

〔2〕　参见平新乔：《财政原理与比较财政制度》，上海三联书店 1992 年版，第 338~339 页。

〔3〕　［以色列］尤瓦尔·赫拉利：《人类简史：从动物到上帝》，林俊宏译，中信出版社 2014 年版，第 86 页。

本身就存在着目的性与结果性的偏差问题。许多地区出于花钱造政绩的需要，上马了一批并不合理的、不能持续利用，甚至一次性利用后就荒置甚至重建的项目或者设施，极大地浪费了政府资金。虽然这些不科学、不合理的支出费帑甚巨，但没有破产压力的地方政府更愿意花钱试错，而不愿意在项目立项、审批时过多地加以审查。因为如果地方政府只举债而不破产，意味着其有无限的融资能力，这就不符合在有限的财政资金中进行预算支出选择的制度设计初衷，而是隐含了无限财政的假设。在这种假设之下，地方政府的财政资金就不再具有经济学上的稀缺性，对其的闲置、浪费就会纷至沓来。要避免这种情况发生，提升政府支出决策的科学性，必须使地方财政资金具有稀缺性，必须赋予地方政府破产资格，使其在融资的同时认清有限还债能力带来的有限融资能力，进而将有限的地方收入通过更科学的筹划进行支出。

复次，允许地方政府破产有利于地方债的处置，帮助地方政府摆脱债务危机，此所谓地方政府破产的重生理论。地方政府破产制度之所以存在，主要基于两大理论基础：一曰"重生论"（fresh start theory），二曰"契约论"（contractual theory）。[1]地方政府之破产并非是简单的偿还程序，还包括债务和解、制定再生计划等一系列的债务处置方式，使已经濒临破产界限的地方政府不至于在债务泥淖中越陷越深，而是采取积极的措施帮助地方政府度过危机，实现复兴，这就是破产重生论的价值内涵。

以日本夕张市债务危机为例。21世纪初，夕张市债务陷入危机，不得不经总务省与北海道政府批准，先后实行财政重建计划（2007年）与财政再生计划（2010年），并采取了一系列债务处置措施。例如，将一般公务员的工资削减20%，市长工资削减70%，副市长薪金削减64%，发行重建转账特别债322亿日元（2010年3月25日发行，截至2011年，夕张市债务总额仍高达200万亿日元），同时强化税收征收措施，充分利用市政财产，确保收入，在减少市立诊所水暖费、减少新型产业创新扶助的同时，科学合理地保障道路维修、洪灾恢复、育儿补助等基本服务。[2]

1994年，美国橘县（orange county）宣布进入破产保护状态，由于其74

---

〔1〕 See Omer Kimhi, "Chapter 9 of the Bankruptcy Code: a Solution in Search of a Problem", 8 *Yale Journal on Regulation*, 2010, p. 354.

〔2〕 参见魏加宁等：《地方政府债务风险化解与新型城市化融资》，机械工业出版社2014年版，第36~71页。

亿美元的财政基金面临着 16.9 亿美元的亏损，因此不得不依《美国破产法》第九章向法院申请破产保护。而《美国破产法》之第九章名为"地方政府债务调整"（adjustment of debts of a municipality），地方政府申请破产主要是通过破产程序与债权人达成新的债务清偿协议，一般会设计债务展期及利息减免。橘县政府承诺通过裁员 12%、减少资本性支出、减少投资、提供担保等方式尽力偿还债务，一旦新的债权债务协议履行完毕，地方政府即对原债务免责。8 个月后，橘县结束破产状态，政府各项工作回归正轨。[1] 类似的情况也发生在"底特律破产案"中。在破产状态下，联邦法院法官批准其消减 70 亿美元的债务。[2]

通过以上案例我们可以看出，对于陷入债务危机的地方政府，设置破产保护程序是一条帮助其财务重生的有效之道。我国《地方政府性债务风险应急处置预案》的内容已经具有了地方政府破产重组程序的雏形，它囊括了地方政府"失权"与"复权"的相关规定，但是其规定尚不完善。例如，财政重整计划只有市县级政府才能制定，省级政府债券违约时则自行制定处置方案，随意性较大；整个《地方政府性债务风险应急处置预案》的侧重点在于对地方债风险的行政管控，真正与财政重整计划相关的内容只占 10%，且这些方案、计划的制定只由行政机关完成并没有给债权人参与的机会等。但可以预期的是，在破产制度日益发展、人民日益摆脱对破产一词的有色眼镜的情况下，地方政府破产制度在我国的建立之日为期不远矣。

最后，设置地方政府破产制度有利于保护地方债券的中小投资者。在破产契约论理念中，地方债虽然由国家公权力机关发行并偿还，涉及公权力机关的运行规则和程序，但是，其本质上仍然是一种私债，这一点与税收不同。虽然自德国法学家创立"公法之债"理论之后，当今主流财税法学界已承认税收是一种债权，[3] 但这种债权具有突出的公法属性，与具有私法性质的地方债不尽相同。首先，税收之债具有强制性，地方债具有合意性。税收之债虽名为"债"，但是却是纳税人必须承担的债，不因纳税人主观上的抗拒而免

---

〔1〕 参见魏加宁等：《地方政府债务风险化解与新型城市化融资》，机械工业出版社 2014 年版，第 103~105 页。

〔2〕 参见阮煜琳："美国底特律正式宣告退出美国史上最大城市破产案"，载 http://news. sohu. com/20141211/n406847352. shtml，2016 年 12 月 5 日最后访问。

〔3〕 参见刘庆国：《纳税人权利保护理论与实务》，中国检察出版社 2009 年版，第 255 页。

除，政府可以通过强制手段使纳税人承担纳税义务。正如日本学者长谷部恭男所言："为了国家尽自己的义务，人才会和国家产生特别的联系感。"[1]此言可以被看作是对税收之债的注脚。而地方债虽然是政府发行，但是是否购买则听凭债权人意愿，公民不愿购买地方债券时政府不得强制缔结合同。其次，税收之债具有固定性，地方债具有随机性。所谓固定性，是指税收之债的产生源于国家的刚性法律，法律在具有刚性的同时也具有相对的稳定性，税基、税目、税率、纳税期限等内容都相对固定。经过国家立法确认的税收之债既不因税务机关多征税款的意愿而改变，也不因纳税人少纳税款的意愿而转移。而地方债并不是地方政府常规的、固定的筹措收入的手段，法律只规定了地方债的发行规则，至于何时发行、发行多少仍需要通过相关程序予以确认。最后，税收之债具有无偿性，地方债具有有偿性。所谓税收之债的无偿性，是指国家取得税收收入之后，并不会直接以返还的形式给予纳税人利益，而是用于因公共需要而进行的支出，因而被称为"公共财政"。[2]"税捐是作为满足公共财政实现公共任务的需要之用。"[3]但对于公民而言，地方债不是法律规定的应纳义务，因此，地方政府筹措公债收入的做法仅仅是资金的拆借过程，日后还必须进行返还。而且，因为地方债的买卖不具有强制性，无法通过税收征收那样的国家强制力保证资金从私人到政府的让渡，因此需要通过一定的报酬来吸引闲散的私人资金。综上，地方债虽然具有公法属性，但也具有私法之债的属性，符合债的一般理论。

在债的一般原理中，债的平等性是其重要的特征。所谓债的平等性，是指不同主体之间的债务是平等的，彼此之间并没有先后顺位（有担保的除外）。但是，虽然债在理论上是平等的，但债权人在实际上是不平等的，拥有更强实力的债权人获得清偿的能力往往也更强，形成了在债务清偿中的"马太效应"。过去，我国地方债的债权人主要是国有银行等金融机构，但随着《预算法》放开了地方政府发行债券的权利，可以想见，在未来的地方债券市场中会有越来越多的自然人债权人、中小企业债权人出现。且随着地方债券的推广，由几个少数大银行做地方债债权人的情况会越来越少，地方债券的

---

〔1〕 [日] 长谷部恭男：《法律是什么？法哲学的思辨旅程》，郭怡青译，商周出版社 2012 年版，第 30 页。

〔2〕 参见高培勇主编：《公共财政：经济学界如是说》，经济科学出版社 2000 年版，第 6 页。

〔3〕 陈清秀：《税法总论》，元照出版公司 2006 年版，第 65 页。

投资者将是不特定的多数人，一旦出现债务危机，就会涉及如何在多数债权人之间进行公平清偿及如何议定债务重整协议的问题。由于各大国有银行或有国资背景的大企业在人事、财务上与政府都存在千丝万缕的联系，许多债权人（例如政策性银行）本身就是承担着一定经济管理职能的特殊企业，如果没有一套完善的地方破产还债规则，这些主体可能利用自己的优势地位优先获得清偿，那些无论是经济实力、信息获取能力还是谈判议价能力都处于劣势地位的中小投资者的权益将无法得到保障。此外，对于地方政府破产时的财政重生计划以及债务展期、债务偿还计划等，应当是由作为债务人的地方政府会同所有债权人或者是债权人代表进行商议拟定的。如果没有明确的地方政府破产制度，这些协议的制定和出台就可能只是地方政府完全无视债权人意见的自我决断，或是只和少数大投资者的协议，中小投资者的表意权就会被忽略。破产制度的设立就是为了在多数债权人之间实现公平清偿，因此，该制度对于中小投资者权益的保护具有重要的意义。当然，如前所述，地方政府的破产不以消灭债务人为前提，因此也就不是针对债务人的全部财产，这意味着地方政府破产（bankruptcy）不是对其财产进行清算（liquidation）。对此，笔者在下文的制度设计中会进行阐释。

第三节　美国市政破产制度的借鉴

一、美国市政破产实践

地方政府破产制度，在美国又被称为"市政破产"（municipal bankruptcy），而其"市政"之概念又较地方政府而言更加广泛，包括任何政治分区、公共机构或国家机构。[1]美国国会在1934年通过了全国第一个市政破产法。[2]后来市政破产制度在各种判例和修正案中不断发展。1978年，美国颁布了现代破产法典，[3]市政破产成为该法典的第九章内容，题为"调整市政债务"。即一个市政当局可以向联邦破产法院提出请求，该法院会自动搁置对市政当局债务人的债权强制执行，同时市政府保留提交调整债务计划的唯一权力。

---

〔1〕　U. S. C. §101（40）.

〔2〕　Ashton v. Cameron Cnty., Water Improvement Dist. No. One, 298 U. S. 513, 524（1936）.

〔3〕　Bankruptcy Reform Act of 1978, Pub. L. No. 95-598, 92 Stat. 2549（1978）.

在过去的三十年里，美国地方政府越来越依赖债务来维持经营。在 1945 年，地方和联邦未清偿的城市证券和贷款负债为 120 亿美元（考虑到通货膨胀折成现价美元 1460 亿美元）。2014 年的负债上升到 2.9 万亿美元以上。[1]在像费城这样的城市，未偿付的一般债务负债超过了年税收。[2]除依赖一般债务和收入债券外，城市开始尝试新的融资技术，如税收增量融资、[3]投资高风险证券和其他新的债务融资方法。市政债务在支持重建工作和市政当局的职能方面发挥着重要作用，但也使市和县面临着破产风险，2008 年金融危机就揭示了这种风险的程度。

美国的司法统计数据显示，自 20 世纪 30 年代地方政府破产制度在美国建立以来，地方政府提出的破产申请数量已经超过 500 件。[4]其中，地方政府破产申请数量还随着经济危机的出现产生周期性的变动，在经济危机的情况下地方政府债务危机也会增加，但是由于地方公债有着一定的期限性，总是在经济危机发生的后几年才能显现。例如，2012 年美国就有二十余件政府破产申请。[5]在 20 世纪 90 年代，很少有城市通过《破产法》第九章（以下简称"第九章"）申请破产以解决结构性预算危机。康涅狄格布里奇波特市（Bridgeport，Connecticut）成了早期的例外，因为它在 1991 年申请了第九章的破产保护，这是当时这样做的最大的城市。[6]该市提出破产保护申请，目的是解决"不合格的雇员工会合同"造成的赤字，以及无力提高税收以支付基本服务的困境。然而，破产法院驳回了该市的请求，认为该市仍然"有偿付能力"，它不能满足第九章下的救济要求。法院认为，只有当一个城市"在

---

〔1〕 Board of Governors of the Federal Reserve System (US), State and Local Governments, Excluding Employee Retirement Funds; Municipal Securities and Loans; Liability, Level〔SLGMSOAO27N〕, retrieved from Fred, Federal Reserve Bank of St. Louis, available at https://research. stionisfed. org/fred2/series/SLGM-SOA027N, last visited Mar. 26, 2016.

〔2〕 See CIY of Philadelphia, Comprehensive Annual Financial Report: Fiscal Year Ended June 30, (2014).

〔3〕 See Richard Briffault, "The Most Popular Tool: Tax Increment Financing and the Political Economy of Local Government", 1 *University of Chicago Law Review*, 2010, pp. 69~70.

〔4〕 参见张力毅："美国地方政府债务清理的法制构建及其借鉴——以《美国破产法》第九章地方政府的债务调整程序为中心"，载《北京行政学院学报》2014 年第 1 期。

〔5〕 See Correy E. Stephenson, "5 Things to Know about Chapter 9", *Michigan Lawyers Weekly*, 2013-07-23.

〔6〕 Dorothy A. Brown, "Fiscal Distress and Politics: The Bankruptcy Filing of Bridgeport As a Case Study in Reclaiming Local Sovereignty", 11 *Emory Bankruptcy Developments Journal*, 1995, p. 625

当前财政年度到期"或者基于"通过的预算"的下一年度不能偿还债务时，该城市才会破产，尽管该城市"深陷财政困境"，它仍可以切实地偿还债务。[1]

从 2008 年开始，越来越多的市政府通过申请市政破产解决结构性预算赤字。加利福尼亚州（简称"加州"）的瓦列霍市在 2006 年营运赤字超过 300 万美元，2007 年亏损 400 万美元后提交了破产申请。全国经济衰退，削弱了城市的财产税、销售税和其他城市收入来源，加剧了财政危机。加州法律限制了城市提高税率的权利，例如对物业税率设定了上限。同时，城市面临劳动力成本上升，该城市预计在其 9500 万美元的支出中有 7940 万美元的劳动成本支出。[2]

2011 年，亚拉巴马州杰弗逊县（Jefferson，Alabama）根据第九章提交了 41 亿美元的长期债务破产申请，这是美国当时最大额的地方债务破产。该县面临着 32 亿美元的债务，这是县政府在 1997 年至 2003 年间发行的债券，由县政府承担债务，以重建和修复下水道系统。当美国市政债券市场衰弱的流动性阻碍了郡县拍卖高利率、调整利率的认股权证时，该县便不能按期进行本金偿付，引发了该县的财政危机。[3]

2007 年美国抵押贷款市场崩溃后，加利福尼亚州斯托克顿市（Stockton，California）经受了全美最高的抵押贷款利率的考验。商业和住宅物业价值下跌 50%；销售税收入从 2006 财年的 4700 万美元降至 2010 财年的 3270 万美元；财产税和其他收入来源也在下降。2008 年之前，该市已经为融资新举借了长期债务，并与其员工签订了慷慨的合同，根据每位雇员合同最后一年的薪酬，免费提供医疗保险福利，包括累计假期和病假的薪酬。2012 年 2 月，该市不能再偿还债务，并于 2012 财年面临接近 70 万美元赤字，该市试图通过故意违约超过 200 万美元的债券付款解决当时的财政问题。2012 年 6 月，在削减支出未能阻止危机后，该市根据第九章提交申请。[4]

2012 年 8 月，在斯托克顿启动破产程序仅两个月后，圣贝纳迪诺市（San

---

〔1〕　In re City of Bridgeport, 129 B. R. 332, 339 (Bankr. D. Con n. 1991).

〔2〕　In re City of Vallejo, 408 B. R. at 286.

〔3〕　Shelly Sigo adn Jefferson County, "Takes Sewer Rating Hit, The Bond Buyer", available at http://www.bondbuyer.com/issues/117_ 36/-284135-1.html, last visited Jan. 26, 2017.

〔4〕　In re City of Stockton, Cal., 493 B. R. 772-783 (Bankr. E. D. Cal. 2013).

Bernardino）与加利福尼亚州中央区河滨分区提交了破产的申请。类似于斯托克顿，圣贝纳迪诺的赤字主要来自于 2007 年加州住房市场崩溃造成的物业税收入大幅下降。该城市无法维持基本服务的支出，因为其收入基础已崩溃。破产法院批准了圣贝纳迪诺的申请，理由是第九章规定"给予市政府从现金危机中获得喘息空间的机会，以及解决其长期偿债能力问题的机会……"而该市没有其他办法解决其在 2012 年至 2013 年面临的 4590 万美元现金赤字。[1]

在美国地方政府破产实践中，影响最大的是 2013 年的"底特律破产案"。底特律的破产申请是根据破产法第九章提交距今的最近的，也是迄今为止最大的一般市政府破产申请。该市利用利率互换来锁定新债务的固定利率，给城市带来了巨大的损失。[2]底特律的破产申请旨在解决城市在政府部门积累的部分债务负担，以弥补城市养老金负债的成本。该市与债权人达成协议并提交了债务确认计划，密歇根州东区破产法院于 2014 年 12 月确认，结束了其破产保护状态。该计划使该城的债务减少了 70 亿美元，像其他一般市政府一样，底特律使用破产程序来解决源自结构性财源短缺所引发的财政危机，而这些破产诱因中亦包括财务管理和财政政策不足等原因。

二、市政破产中司法干预不影响州权力的独立性

美国破产法中是不允许州政府提出破产申请的，而是只允许经过州授权的"市政体"在达到破产界限时提起申请，这种"市政体"又可以被分为县、乡镇、自治市和特别区。[3]这主要是由于美国是联邦制国家，国家权力的构架体系是自下而上的，虽然通过州让渡权力形成联邦政府的方式使许多权力保留在州和人民中，但是到底哪些权力是属于州的、哪些权力是属于人民的，即使是美国这样法律繁杂的国家也没有作出明确的界定。后根据美国联邦最高法院确立的"狄龙法则"，市被认为是由州创设的，是州的附属机构，[4]

---

〔1〕 City of San Bernardino, Cal. , 499 B. R. 776-791 (Bankr. C. D. Cal. 2013).

〔2〕 Wallace C. Turbeville, Dcmos, The Detroit Bankruptcy 5 (2013).

〔3〕 参见［美］文森特·奥斯特罗姆、罗伯特·比什、埃莉诺·奥斯特罗姆：《美国地方政府》，井敏、陈幽泓译，北京大学出版社 2004 年版，第 3~8 页。

〔4〕 参见［美］保罗·彼得森：《联邦主义的代价》，段晓雁译，北京大学出版社 2011 年版，第 64 页。

因此州对其享有生杀大权，可以修改、收回甚至剥夺赋予市的权力，[1]所以州可以授权允许市申请破产。例如，在宾夕法尼亚州，市政体要提出破产申请必须经过本州内部事务委员会书面批准。[2]而根据现行美国破产法的实践，这种授权可以被视为是默认授权，即如果州没有严格禁止市申请破产，那么地方政府的破产申请就会被视为是有效的。[3]例如，亚拉巴马州就明确规定其地方政府可以申请破产，而佐治亚州明确禁止其地方政府破产。[4]州作为向上让渡权力形成联邦政府、向下授权形成地方政府的权力之源，具有突出的地位，美国的《宪法》《破产法》都规定诸如本州的财政运行、税收、地方政府设置等权力都是州权力，联邦不得染指，即使州财政入不敷出，也不能动摇其地位和权力。因此，在借鉴他国的地方政府破产制度时，我们不能简单地采用"拿来主义"的方法，还必须结合我国的实际进行法律移植。

奥康纳法官在"纽约州诉合众国案"的论述中，提出了对市政破产制度有特别的意义的两个反思。第一，奥康纳法官采用设问的形式自问自答了一个问题，即市政当局可以通过自愿参与破产诉讼而放弃州在允许地方政府破产问题上的立法自主权。有些美国公民认为如果州官员事后同意颁布法规认可市政破产资格，那么，应该认为第九章市政破产条款没有侵犯州的主权。奥康纳法官提出，宪法的存在并不是以州的利益为本位而保护州的主权，而是为了"保护个人"，州官员的同意并不意味着国会能够超越宪法赋予的权力。奥康纳法官总结说："宪法赋予国会的权力不能因为获得了政府部门的同意而扩大，无论该部门是行政部门还是州。"[5]

第二，奥康纳法官对司法主导破产的原则的辩护揭示了它的局限性。其区分了国会权力和司法权力，提出破产法官可以以国会禁止的方式强制州及其下属部门。为了维护关于所有权的规定，联邦法院行使权力，命令州官员

〔1〕　参见李世安主编：《美国州宪法改革与州和地方政治体制发展》，人民出版社2009年版，第296页。

〔2〕　See National Association of Bond Lawyer（2011），"Municipal Bankruptcy: A Guide for Public Finance Attorneys"，available at http://www.nabl.org/uploads/cms/documents/municipal_ bankruptcy_ a_ guide_ for_ public_ finance_ attorneys.pdf, last visited Jan.6, 2017.

〔3〕　See Eric W. Lam，"Municipal Bankruptcy: the Problem with Chapter 9 Eligibility—a Proposal to Amend 11 U.S.C § 109 (c) (2) (1988)"，22 *Arizona State Law Journal*，1990，pp.635~636.

〔4〕　See Daniel J. Freyberg，"Municipal Bankruptcy and Ex-press State Authorization bo Be a Chapter 9 Debtor"，23 *Ohio Northern University Law Review*，1996，pp.1008~1016.

〔5〕　New York, 505 U.S. at 182.

遵守联邦法律。而奥康纳法官则指出："宪法文案明确地赋予联邦法院这项权力。"虽然不清楚奥康纳法官认为司法权力有什么限制，但其论述表明，即使司法主导行为遭到了反对，行使司法裁量权时仍存在主导性行动。然而，在破产诉讼中行使司法裁量权并不需要强制执行明确的联邦准则，而且根据破产法第九章提出破产申请的债务人未必违反了联邦法律，因此，破产法无法确保破产法官在市政破产中拥有更大的权力。最重要的是，若发生市政破产，根据最高法院的主导原则，不会由联邦政府强制对市政破产主体进行制约。奥康纳法官的意见表明，主导原则源于最高法院想要保留联邦制度的三个特征：地方立法自主权、联邦代表的政治责任和联邦政府部门的划分，而联邦破产法院的干预并不涉及这三个关注点。

首先，司法干预保留了州和市政府的立法自主权。司法权只会在特定的条件下干预地方政府，即地方政府面临破产风险时。由于破产法在立法时就考虑到了司法会强制进行资源调整或管理结构改革，所以破产法本身在设计时就不会对地方自治产生较大影响。此外，破产法官不可能在未列出确切的法律特征的情况下就要求进行立法，这使得地方政府能够决定如何精确地实现必要的改革。

其次，司法干预不影响政治责任。地方官员可以酌情决定如何按照法官的决议进行改革，而对改革措施的后果负有最终责任的主体是地方官员而非联邦官员。此外，是否根据第九章作出破产申请决定取决于地方官员，因此，地方纳税人可以对因为申请破产带来的后果向这些官员进行合理问责。

最后，司法干预尊重宪法在立法、行政和司法部门之间的权力分配。在"普林茨案"中，国会对地方官员直接采取行动，从而避开了行政部门对立法权力的督查。另一方面，法律只是用司法机关取代行政机关对破产诉讼进行司法干预；而破产法官在未经国会授权的情况下无权采取行动，国会也不能根据第九章获得独立的权力来强迫地方政府。国会可以进行授权来强迫政府行动，但破产法官在评估如何使用国会授权的权力时保留着自由裁量的权力。

三、司法对市政破产的干预

破产法有两个基本目的：首先，在"契约理论"下，破产法旨在通过增加债务人对债权人所提供的价值及其保护性程序来使债权人受益，并通过减少信贷成本来协助债务人，易言之，破产提供了一种在债务人破产时更便利的偿债制度。民商事法律一般以先到先得的方式优先考虑债权人对债务人资产的权利，因此，当债务人接近破产时，国家法律的补救措施会激励债权人迅速采取行动收回资产，造成"共同池问题"。当债务人仍然是一个可运行的实体时，索赔债务人资产的一方将导致债务人财产分配。破产制度通过禁止任何一个债权人对债务人之资产提出排他性或优先性清偿请求，消除了"共同池问题"，从而使债务人对债权人群体的价值最大化。其次，在"重生理论"下，破产为债务人提供了金融康复的机会，帮助债务人摆脱破产，降低债务。因此，破产的目的是使债务人的财政金融状况恢复正常并重新获得参与经济活动的能力和机会。[1]从历史上看，17 世纪和 18 世纪个人破产的重生意味着个人债务人从债务的牢笼中释放，[2]而联邦破产法官则可以通过适用第九章程序来帮助市政当局恢复其财务状况，从而达到同样的效果。第九章提出了地方政府因缺乏政治意愿而主动寻求债务调整以消减债务的可能，会催生道德风险。[3]例如，加利福尼亚州橘县（Orange County）在其对金融衍生品的 66 亿美元投资崩溃后提出了债务调整申请。[4]县财政的管理策略对该县的投资组合带来了重大风险，造成的损失会使该县已经存续了十多年的县销售税增加 0.5%，于是该县居民拒绝了该提案。[5]该决定意味着这将由该县的债权人承担损失，而不是纳税人。橘县的破产案例说明，现有的联邦破产制度允许市政府将成本转移给债权人，它也可能将破产成本转移到负责救助的联邦政府，以保护其他部门的财政健康。这种责任分配使得市政当局可能主动寻求避免财政政策制定成本的内部化，而破产法官有助于解决这个问题。

第一，因为只有"无力偿债"的地方政府才可以根据第九章提交破产申请，而法官有权解释市政府"前瞻性的"支付其账单的能力，要求该违约是"即将而确定的"，这意味着市政当局在没有资源调整选项之前不会有第九章

---

〔1〕　Omer Kimhi, "Chapter 9 of the Bankruptcy Code: a Solution in Search of a Problem", 8 *Yale Journal on Regulation*, 2010, pp. 351~372.

〔2〕　See, e. g. , Cent. Va. Cmty. Coll. v. Katz, 546 U. S. 356, 364 (2006).

〔3〕　Clayton P. Gillette, "Fiscal Federalism, Political Will, and Strategic Use of Municipal Bankruptcy", 1 *University of Chicago Law Review* (2012), pp. 283~284.

〔4〕　In re Cnty. of Orange, 183 B. R. 594, 598 (Bankr. C. D. Cal. 1995).

〔5〕　Gillette, supra note 79, at 284.

的申请破产资格。第二，破产法院可以依据债务人是否正在与债权人谈判而考虑资源调整的可能性。第九章要求市政当局要"证明与债权人真诚谈判"，"未能取得债权人的协议……"破产法官可以考虑债务人是否愿意实施资源调整，作为评估第 109 条谈判是否真诚进行的一个要素。拒绝破产申请（即否认其破产资格）的决定或这种拒绝的威胁可能迫使市政当局实施资源调整。第三，破产法官可以通过确认债务调整计划来激励资源调整。计划必须服务于"债权人的最大利益"。资源调整可以消除对债务调整的需要或减少调整的程度，因此，破产法官在评估一项计划是否符合债权人的最佳利益时，均可考虑资源调整的可行性。最后一点在先于现行破产法颁布之前的前一部破产法实践中已有先例。1940 年，第九巡回法院拒绝了灌溉区提出的债务调整计划，因为它没有为"债权人的最大利益"服务。[1]即虽在本财政年度该地区没有足够的资金来偿还债务，但没有证据表明其税收权力不能产生足以履行其义务的收入，于是，法院驳回了该不符合债权人最佳利益的计划。

另外，第九章虽然允许司法在特定情况下干预市政破产，但是在地方政府还债过程中，破产法院无权要求地方政府增加税收或者强制地方政府征税。凯文·科达纳教授就认为，第九章未能赋予破产法院"强制征税"的权力是正当的。第一，司法对地方政府破产的干预可能因为增加税收的"道德风险"引发声誉问题而导致失败，另外，地方政府需要保持对投资的吸引力，并管理"市政机会主义"。第二，科达纳教授认为，投资者比该市的居民更适合承担风险，[2]即市政债券的投资者应该比本地纳税人承担更多的风险。

但司法主持下的税收增加或其他资源调整，确实能起到减轻道德风险的作用。首先，机会主义并不能为市政决策者试图在危机期间避免增税提供唯一的解释。选举政治、利益集团政治和社会政治分裂可能阻碍市政府真正努力增加收入或削减支出。虽然债务调整计划不能颠覆州法律的限制以图增税，但司法干预可能给纳税人施加压力，批准其他形式的增税。即使不需要选民批准，政治压力也可能促成增税，从而允许通过一项需要增加税收的债务调整计划。破产法院通过认定第九章的破产资格及确认资源调整等方式，可以帮助市政府实施它无法单独实现的债务调整。其次，正如吉列教授所说，财

---

〔1〕 Fano v. Newport Heights Irr. Dist. , 114 F. 2d 563, 566 (9th Cir. 1940).

〔2〕 Kevin A. Kordana, "Tax Increases in Municipal Bankruptcies", 83 *Virginia Law Review* , 1997, pp. 1035～1038.

政联邦主义为司法干预提供了强有力的理由。[1]财政联邦主义认为集权政府应当保护地方政府的财政独立性，以便他们可以追求独特的政府偏好。市政当局可以根据第九章的规定战略性地采用提交破产申请的方法，最大限度地保留地方政府权力，使资源调整保留财政自治。市政当局也可以利用破产的威胁作为从上级政府（例如州政府）获得救助的一种手段，而中央政府通常对地方政府施加严格的义务，以作为救助的条件。然而，免责破产程序的可用性可能使市政府以较低的成本从上级政府获得救助。因此，破产法院可以根据第九章对市政府资源调整能力的规定，限制市政府战略性使用破产的机会，这反过来保护了中央政府在管理其资源方面的独立性。

对于面临结构性债务危机的市政府，债务调整本身不能使一个市政当局返回财政健康的状态。虽然第九章允许市政府减少其债务上的责任，但这往往不会解决导致财政困境的政治、社会经济和政府问题。作为一个解决方案，吉列和斯基尔教授建议市政破产程序应使法院有权"能够解决导致财务失败的核心——政治失败"。[2]正如他们所说："市政破产过程的逻辑需要政府改革。"[3]正如在《美国破产法》第十一章"程序"中，法院经常干预公司治理，例如有权改革董事会，以解决导致债务人破产的公司决策过程中的缺陷。法院还可以在一段指定的时间内将投票控制权转让给受托人或其他机构，以产生集中决策的制度效果。

市政财政危机的解构表明，政治治理中的缺陷在产生财政困境的过程中所起的作用甚大。首先，政府结构可能使市政当局面临预算风险。例如，拥有更多投票区的城市倾向于承担更大的、更昂贵的政府。证据还表明，将权力集中于市长的治理结构，特别是通过否决权，可能会削减政府支出。[4]这些一般性观察表明，分裂（用以描述政府隔离决策者内部化预算选择成本的程度的术语）在破坏健全的财政管理方面发挥了作用。其次，政府结构也会

---

〔1〕　See Clayton P. Gillette, "Political Will and Fiscal Federalism in Municipal Bankruptcy", 11 *Social Science Electronic Publishing*, 2011, pp. 14~22.

〔2〕　Clayton P. Gillette and David A. Skeel, "Governance Reform and the Judicial Role in Municipal Bankruptcy 2 (unpublished manuscript)", available at https://bfi. uchicago. edu/research/working‐paper/governance‐reform‐and‐judicial‐rolemunicipal‐bankruptcy, last visited Jan. 26, 2017.

〔3〕　参见卢文莹:《中国公债学说精要》，复旦大学出版社2004年版。

〔4〕　See Reza Baqir, "Districting and Government Overspending", 6 *Journal of Political Economy*, 2002, p. 1321.

影响市政府领导人的偏好以及决策的制定，这会反过来影响地方财政状况。为了解决治理缺陷，吉利教授和斯基尔教授建议，破产法院对城市实施重组的要求作为计划确认的条件之一。[1]破产计划必须补救由于管理分散而产生的问题；重组必须使官员受到预算限制，并将决策的后果内部化。虽然任何重组要求的确切内容都将根据具体情况而变化，但重组要求通常涉及重新制定市政预算、改革制定程序、组织关系和审计政策等。

　　总之，破产条款可以授权联邦政府干预地方政府的核心职能。最高法院在"弗吉尼亚州社区学院诉卡茨案"的裁决中表明，在非破产情况下强制进行资源调整或管理结构改革的做法会违反联邦制原则，这相当于承认了市政破产的制度设计为有效行使联邦权力提供了机会。以上论述表明，虽然根据州的自主权要求，美国破产法院无法直接强制要求地方政府征税，但是破产法院和破产法官仍然可以通过确认地方政府提出破产申请的资格，以及确认重组协议中资源配置的条款等方式对地方政府的财政状况进行干预，这种干预是联邦权力的运用，符合权力的分立与制衡的原则，也符合破产法之契约理论与重生理论。

第四节　我国地方政府破产制度的构建进路

一、地方政府破产的原则

　　要构建具有中国特色的地方政府破产制度，必须遵循以下几项原则：

　　第一，破产主体不消灭原则。目前，在没有个人破产制度这种以主体不消灭为前提的制度做基础时，要推出相应的政府破产制度必须将这一原则作为前提性、基础性的原则予以重点强调。可以说，地方政府破产制度与个人破产制度的构建过程也伴随着破产文化的大众普及过程。

　　第二，地方政府破产而不清算原则。在单纯的企业破产制度下，人们往往将破产和清算联系起来（虽然破产清算也并不是企业破产制度的全部），但实际上，破产和清算是具有相互关联的异质性制度。破产是债务人在资不抵债的情况下利用其处理债权债务关系的制度，而清算是指将债务人全部资产

---

〔1〕　参见卢文莹：《中国公债学说精要》，复旦大学出版社 2004 年版。

用于债务分配的制度。我国是社会主义国家，政府代表国家使用国有财产，财产的范围包括但不限于国有企业、城市土地所有权、财政资金及机场、铁路、高速公路、公园等国有公共基础设施。这些财产有的因关系到国计民生而不宜被私人所有，有的因关系到本地居民的基本生活保障不宜进行私有化或商业化，有的财产由宪法规定只能由国家所有而不能转让给私人（例如城市土地所有权）。因此，不是所有的政府财产都可以被用于清偿地方债，清算并不能在地方政府破产中适用。前述美国橘县、底特律市政府破产的实例也说明，地方政府的破产是以破产挽救为目的的，并非是为了处置其全部财产。同样，在不清算的前提下，政府破产并不像企业破产那样需要将全部资产在不同债权人之间按照比例进行分配，而是通过还债协议、财政恢复计划等方式变更还款期限、利率、减少不必要的支出、确保应有的财政收入，使地方政府的财政状况回到正轨。

第三，地方政府财政破产与事权运行相分离原则。此原则与破产主体不消灭原则相对应。虽然地方政府进入了破产程序，但主体不消灭，只是处理其债权债务关系，并不能因此免除其作为国家权力体系之一环应当承担的职责。具体而言，就是地方政府的事权必须得到基本保障，相关市政基础服务必须提供，不得以破产为由进行推脱。之所以要将地方政府财政破产与事权运行相分离，是因为政府本身是由人民选举而生并代表人民利益进行社会管理的，所以，人民在选举政府的同时为了满足政府的事权需求才让渡了一部分财产权利，从而形成了政府财权。从财权与事权的关系角度来讲，政府的财权是服务于政府事权的，而政府的事权又受到财权的反向制约，二者应当相匹配。政府的事权是政府存在的原因和基础，不承担基本事权的政府没有存在之必要。正如托马斯·潘恩所言，政府的存在是为了防止个别人作恶进而消极地增进社会福祉，在必要的情况下是一种"惩罚者"的角色，人民缴税是为了让渡一部分财产，进而让政府保护其剩下的财产，因此，安全是政府的目的和结果。[1]虽然现在的政府职能已经远不止于此，但是这仍旧说明了政府的产生是服务于一定的目标的，这也是政府存在的意义。当政府财权运行出现问题、陷入破产危局时，仍然不能免除政府的基本事权。"归根到

---

〔1〕 参见［美］托马斯·潘恩：《常识》（经典全译版），周喜峰、李静宇译，民主与建设出版社 2015 年版，第 3~4 页。

底，还是要有公共部门，因为某些服务和功能——经济学家所谓的公共物品（public goods）——只有政府才能提供。"[1]在经济法视角下，经济管理主体的责任和权力是统一的，此所谓"责权利效相统一原则"，[2]地方政府的事权也是其必须履行的职责。在地方政府破产之际，地方居民对于基本生活的服务需求并不会因此而减少，这直接关系到人民群众的基本生活，也关系到人民对政府甚至对该政权的支持性。可以说，地方政府破产时其基本事权的保障程度比地方政府破产本身与政权稳定性更具相关性。

以美国为例，美国地方政府破产就并非是以破产清算、消灭法人人格为目的。因为政府这一主体的设立自美国建国时就由宪法所规定，作为破产法之上位法，破产制度不能被用于消灭宪法制度所创设的主体。同时，这也意味着破产法不能免除其宪法意义上的责任，进入破产程序的政府也必须为本地居民提供必要的服务，[3]即无法免除地方政府提供公共服务的责任。因此，美国《破产法》第九章其实施的内容和效果多是达成债务协议以及还款承诺，前者一般包括对债务利息的减免和对债务期限的延展，后者包括作为债务人的地方政府承诺增加税收、减少支出等。易言之，美国的地方政府破产制度不但不是"消灭"政府的制度，反而是"保全"政府存续的制度，是在维护地方政府存续、维持其职责运行的前提下，通过法律调整债权人的请求权的手段。[4]从这个意义上来说，即使在美国也有许多学者认为，地方政府破产制度名不副实，其本质上只是政府债务重组制度或者债务调整制度，不具备企业破产那样的清算与消灭债务主体的功能。[5]当然，正如德国法学者沃尔夫冈·费肯杰所言，对于本国法制或者法律问题的研究，比较法应当立足于一个更上位的观察视角，据以考察两种制度的差异及原因。[6]因此，我国在构

---

〔1〕 参见 ［美］弗朗西斯·福山：《政治秩序与政治衰败：从工业革命到民主全球化》，毛俊杰译，广西师范大学出版社 2015 年版，第 48 页。

〔2〕 参见高桂林、李帅："责权利效相统一是经济法的总原则——论刘文华教授为代表的人大经济法学派对经济法基本原则的理论贡献"，载《广西社会科学》2013 年第 4 期。

〔3〕 See Kunibert Raffer, "Internationalizing US Municipal Insolvency: a Fair, Equitable, and Efficient Way to Overcome a Debt Overhang", 6 *Chicago Journal of International Law*, 2005, p. 369.

〔4〕 See David S. Kupetz, "Municipal Debt Adjustment under the Bankruptcy Code", 3 *Urban Lawyer*, 1995, p. 532.

〔5〕 参见张力毅："美国地方政府债务清理的法制构建及其借鉴——以《美国破产法》第九章地方政府的债务调整程序为中心"，载《北京行政学院学报》2014 年第 1 期。

〔6〕 See W. Fikentscher, Methoden des Rechts in Vergleichender Darstellung, Bd. I, 1975, S. 39.

建具有本国特色的地方政府破产制度时，一方面不能闭门造车，另一方面也要立足我国的国情，有选择地扬弃西方国家的先进经验。

二、地方政府破产中公务员待遇的处理

在美国、日本等国家，当地方政府申请破产保护时，一般都会想办法加大税收征管力度以"开源"，同时会减少财政资金的不必要支出以"节流"。而在这些节流的举措中，往往会涉及公务员待遇问题，主要包括两方面的内容：第一，削减公职人员的数量。例如，在日本夕张市财政重建计划中，公职人员的数量被从2006年的309人，削减至2007年的165人，仅一年时间内公职人员的数量就减少了46.6%，至2013年已经降至143人。而根据夕张市的财政再生计划（此计划预计用时21年，自2009年始至2029年止），到2024年，夕张市公职人员名额仅有126名，远低于同规模的其他城市。为了缓解由政府裁员造成的人少事繁的矛盾，该计划同时规定2013年以后由北海道政府向夕张市派遣道职员，但最多为4人。[1]1975年，纽约市在遭遇债务危机时裁减了20%的公务员；橘县破产时政府改组，17 000名公务员被裁2000人，比例达到12%。第二，降低公务员待遇。削减公务员薪金支出是破产的地方政府经常采用的方式。例如，在夕张市债务危机中，其公务员薪金被降低到了当时全日本的最低水平，但在再生计划中仍然进行了进一步减缩，一般公务员工资平均减少20%，市长减少70%，副市长减少64%，教育长减少59%，议长减少40%，副议长减少42%，议员减少42%等。[2]美国纽约债务危机中，纽约市通过"财政3年计划"共削减了公务员津贴4100万美元。

但是，这种以削减公务员薪金及降低公务员数量以缓解地方债务危机的做法并不适用于我国，或者不完全适用于我国。我国的公务员制度基于历史、人文等方面的原因已经形成了自己独特的文化，而相对于制度的变迁，文化的改变要缓慢得多。[3]历史上，我国的公务员形成机制经历了三个主要历史

---

〔1〕 参见魏加宁等：《地方政府债务风险化解与新型城市化融资》，机械工业出版社2014年版，第53页。

〔2〕 参见魏加宁等：《地方政府债务风险化解与新型城市化融资》，机械工业出版社2014年版。

〔3〕 See Francis Fukuyama, *The Great Disruption*, New York: International Creative Management, Inc., 1999, p. 76.

阶段，即世卿世禄阶段、科举阶段及统一招考阶段。第一，世卿世禄阶段。自春秋时代开始，我国逐渐形成了以门阀世袭为主的文官形成机制，要进入官场必须要出身自官宦世家，平民很难跨越阶级的壁垒进入仕途。这种情况在东晋时达到了顶峰，形成了世卿世禄的门阀政治，国家权力长期被王氏、谢氏、萧氏等大门阀所控制，这些官宦家族在某种程度上已经拥有了超越皇权的特权。当然，也会有某些例外，例如，战国时代秦国的军功授爵，汉末三国时期魏国的唯才是举，但总体而言，世卿世禄才是官员选拔的主流做法。第二，科举选仕阶段。自隋朝开始，我国形成了独特的科举选仕制度，即国家组织统一的科举考试，不同阶层的人可以经过乡试、会试、殿试等环节得到进入官场的资格。科举制下一个考生能在仕途上达到的级别往往与其所通过的考试级别及取得的考试名次是正相关的。例如，举人虽也具备一定的为官资格，但是在一般情况下，通过殿试的进士能做到的官员级别更高，而进士当中名次靠前的庶吉士未来入阁的概率更大，在特定的历史时间段甚至存在着非庶吉士不能入阁的传统。科举制度的设立，使得出身平民的读书人有了一个向上的通道，一个"朝为田舍郎，暮登天子堂"的愿景，也在一定程度上减少了世卿世禄制度下文官选拔的不科学性，相对地保证了文官的质量。但是，由于科举考试的内容被限制于儒家学说，许多通过科举的文官对于国家的治理之道并不了解，具体的地方治理还是要靠那些了解钱粮、刑名等具体工作的幕僚来进行，催生了师爷这一特殊的职业群体。更为重要的是，由于儒家学说崇尚"法先王"，即向过去的圣贤学习，凡学问即法孔孟，凡治国即法尧舜，形成了"师古"的思潮。其副作用就是阉割了自己接受新鲜事物、与时俱进的能力。第三，国家统一招考阶段。新中国成立之后，我国逐渐形成了较为科学、现代的公务员选拔机制，即通过统一的公务员考试的方式选拔人才，考试内容涉及数学、逻辑、文学、常识、政治、经济及公文写作等方方面面，以最大限度地保障所选拔的人才之知识储备的综合性、实用性、有效性。同时，在法治理念下，我国采用了依法治"吏"的方式，用《公务员法》对我国公务员的选拔、任用、管理、辞退等内容进行了规范。而在这个漫长的历史过程中，形成了相对固定的文化，相对于美国的聘任制、民选制的政务官、事务官制度，我国的公务员制度更加稳定，其人才的流动也不像美国那样频繁。民众对于公务员这一行业也形成了相对稳定的职业期盼。虽然公务员已经不再是"铁饭碗"，但至少不应该处于随时可能因本地财政问题而"被炒"的风险之下。正是由于这样的历史背景和现实情况，我国地方政府在破产时不宜采用辞退公务员或者降低公务员待遇的方式。

从立法角度来说，我国《公务员法》对公务员的身份、待遇给予了法定的保障，而地方政府破产并非是限制公务员待遇的法定理由。我国《公务员法》规定，对于地方公务员的工资、薪金，地方财政必须予以充分保障，任何主体不得予以克扣。而对于在职公务员而言，非有法定的违法、违纪事项不得予以辞退。根据以上规定，公务员的资格、待遇不得因地方财政问题而被限制或剥夺。以公务员薪金为例，《公务员法》第 79 条规定国家实行全国统一的公务员"级别-工资"对应标准，这意味着公务员的工资与地方财政状况不是挂钩的，而是有全国统一标准的，财政状况好、收入充足的地方，与财政状况有问题、陷入破产危机的地方之公务员，其工资待遇应当是一样的。我国领土广袤，地区之间发展极不均衡，许多西部地区财政本身就有困难，需要财政转移支付予以保障，若以地方财政资金不足为由对其公务员工资加以限制，会使欠发达地区的公务员进一步流失，进而影响地区政府的施政能力。同理，地方政府由于债务危机、破产等原因影响财政能力时，根据前述财政破产与事权运行相分离原则，仍应该保障地方政府的基本施政能力，因此，破产不应成为削减公务员工资的理由。

此外，从权责利效相统一原则出发，我国地方政府破产规则中也不应出现对公务员待遇的削减规则。在代议制规则之下，立法机关和行政机关的职责相分离，其责任也应分离。具体而言，行政机关负责推荐公共政策，而立法机关负责审议并决议政策。[1]在我国，虽然国务院负责分配各地发债限额，但决定全国发债总额的是全国人大常委会。省政府只负责编制预算调整方案，推荐发行债券的政策，真正决议地方发债的有权机关是省人大常委会。行政机关本身并没有完整的地方债决定权，由行政机关为人大代表的错误决议负责是不符合权责利效相统一原则的。尤其是那些非财政部门的普通公务员（如警察、法官等），其本身对于地方债的发行往往既没有推荐权也没有决定权，却让其处于地方政府破产后的下岗风险中是不公平的。当然，的确有一些在领导岗位上的公务员须对于不当的地方债发行负有责任，例如为了追求

──────────

〔1〕　参见［美］阿曼·卡恩、W. 巴特利·希尔德雷思编：《公共部门预算理论》，韦曙林译，格致出版社、上海人民出版社 2010 年版，第 79 页。

政绩而通过政治影响迫使人大代表赞成发债决议的，在发债过程中对于承销机构有利益输送的，贪污、挪用地方债之资金的，对于这些公务员，应当通过法律手段进行制裁，追求其民事、刑事责任。此种裁员方式为问责免职，而非作为市政破产之后的通行做法。

三、关于地方政府的加税权

美国地方政府破产时所达成的还款承诺一般包括两个部分：减少投资或支出的"节流"手段以及增加税收的"开源"措施。但是，美国政府的构架与我国不同，地方政府的加税权并不适用于我国。

征税权力是国家的固有权力，可以说，征税是国家主义的行为。但就美国而言，美国的州与国家（这里的国家指的是常规意义上的"Country"或"State"，并非指"Federal"）之间的权限实际上十分模糊。从观念上来讲，美国是一个国家，各个州只是其组成部分，但美国是联邦制国家，其联邦只是各州让渡了部分权力而形成的一级政权，这意味着国家的权力是来自于州的，而州（State）在英文中本来就有国家的含义。在单一制国家中，中央一级的政府在层级上高于省级政府，政治上的隶属关系决定了税收立法权力独属于中央，也就是说，只有中央立法机关才可以通过立法的形式创设法律，地方立法机关创制的规范性文件在法律位阶上不属于"法律"，而是地方性法规或者地方政府规章。非经法律的形式不得创设税收，此谓之税收法定或税捐法定。但是，在美国这样的联邦制国家，立法权并不是独属于联邦的。《美国宪法修正案十》规定了"剩余权力归地方原则"，即明确规定了联邦的权力，划定了联邦的权力边界，对于联邦不拥有的或者未禁止州享有的权力，都归属州或者人民。[1] 而创设税收的权力并不是联邦的垄断权力，这表示宪法允许各州拥有自己的税收立法权。在地方政府财政陷入窘境时，州立法机关可以通过州议会进行税收立法，创设新的税种或者增加原有税种的税率，从而增加州的财政收入。

美国的公务员分为政务官和事务官，政务官是指在选举中被选出或者任命的公务人员，而事务官是指在具体的公共岗位上处理具体事务的职业公务员。对于事务官而言，其向上晋升的途径只有通过选举或者被新选举的执政党领导

---

[1] See "Constitution of The United States of America", *Bill of Rights*, 1791, Article 10.

人进行任命。对于大多数的事务官而言，其往往会在同一部门工作一生，只需要对选民负责，无需对上级官员负责。而政务官的晋升也不仅仅需要通过创造经济上的政绩来寻求上级"伯乐"的赏识，高负债率的发展也往往会被选民所弃。因此，美国政府官员对于创设新的地方税并没有过于强烈的需求。

就我国的具体国情而言，允许地方政府创设新的税种、提高税率以增加税收收入的做法并不适用，主要是基于理论和实践两方面的原因。

在理论方面，允许我国地方政府自行进行地方税立法违背了税收法定原则。税收法定原则最早起源于英国资产阶级革命所确立的"无代表，则无税"原则，随着各国民主法治的发展，税收负担的确立在"无代表，则无税"的基础上更加前进一步，形成了税收法定原则。其实，政府部门在创造各种规范性文件的时候，也会通过调研、论证、听证等形式收集民意，并在此基础上形成民意代表的意见，可以说，当今民主国家中的公权力机关发布的规范性文件，都有民意的内核。但是，并不是所有经由代表形成的规范性文件都可以作为创制税收的依据。在单一制国家，施行统一的税收法律，这意味着全国共用统一的税法，因此，在全国范围内适用的税法在其创制过程中，必然需要经过全国范围内的代表的通过，而经过全国性代表表决通过的规范性文件，只能是税收法律。

也有学者曾提出，可以对税收法定中的"法"做广义上的理解，即所有规范性的法律文件都可以被作为税收之"法"，但只能在其制定机关管辖的范围内生效，这种理解是不正确的。第一，我国是单一制国家，国家的权力并不是来源于省政府的让渡，因此，省政府并不享有所谓的"剩余权力"。单一制国家实行统一的宪法、法律，并不像联邦国家那样每个州都有各自不同的法律，所以，赋予地方政府以法律位阶以下的规范创造地方税种的做法会破坏单一制国家的权力构架。第二，从立法角度来说，我国《宪法》和《立法法》都将税收法定之"法"限定为法律。根据《宪法》第56条的规定，纳税人纳税的依据是"法律"。这意味着非经法律确认的纳税义务，纳税人有权拒绝。《立法法》也已经明确规定了有关税收的规定必须经由法律作出，将税收内容划为法律保留的领域，非经法律位阶的规定，任何单位和个人都不得创设新税种或者增加纳税人负担。第三，如果将税收法定中的"法"做广义上的理解，政府及其下属的税务部门的规章就会被纳入税法依据之中。这样，税务行政部门就可以同时作为税种的创设者和执行者。这种"自己创制，自己执行"的模式会使税务部门的权力过大，缺乏权力的监督和制衡。第四，从纳税人权利保护角度来讲，也不应将税收法定中的"法"做扩大解释。康德就认为，财产与人的自由息息相关，是人格的延伸，没有财产就没有人的自由和独立的人格。[1]国家的征税权实际上就是对纳税人财产的一种侵夺，这种侵夺唯一之合法理由就是纳税人的允诺，因此，税收不仅代表着纳税人的义务，也关乎纳税人的财产权利。人民必须对自己的财产向国家让渡的情况有合理的预期，单一制国家的人民只能通过全国范围内的代表立法活动对这种财产让渡进行规范，如果将税权放给所有能创制规范性文件的机关，则意味着人民的财产安全处于可以随时被公权力侵夺的状态，这不利于对公民财产权的保护。

在实践方面，在"政绩观"的指导下，我国政府及其部门对于税收收入存在强烈的追求性，如果地方政府可以创设地方税种，则可能使各地陷入税收筹措的"军备竞赛"中。纵观 2006 年至 2015 年的公共预算执行数据，每一年都存在着预算超收的情况。其实，这十年的预算超收现象只是我国预算执行历史的一个缩影，将数据样本向前扩展到 1994 年亦是如此。2006 年至 2015 年我国一般公共预算超收情况如图 7-1 所示。

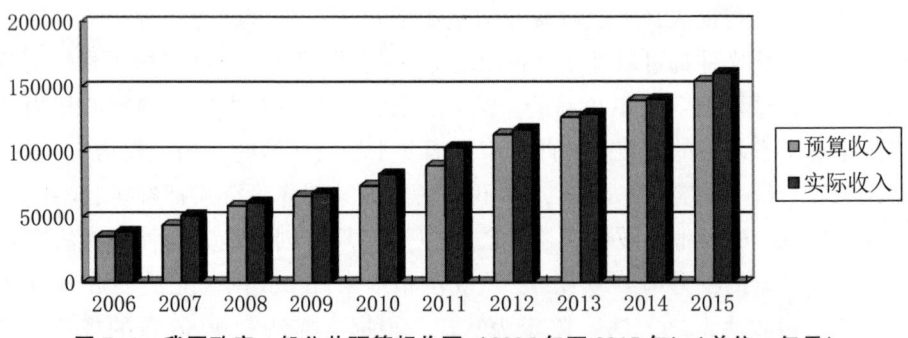

图 7-1　我国政府一般公共预算超收图（2006 年至 2015 年）（单位：亿元）

虽然受每年的经济因素影响，预算超收额度并不是成规律的递增数列，2014 年的超收额度甚至同比有所下降，但是从这十年的总体趋势来看，超收额度仍旧不断增加。预算超收额度最小的年份是 1998 年，超收 192.27 亿元，

---

〔1〕　参见李梅：《权利与正义：康德政治哲学研究》，社会科学文献出版社 2000 年版，第 218 页。

超收额度最大的年份是 2011 年，超收 14 020.01 亿元，极值相差 73 倍。在此，我们可以引入预算超收率的概念。所谓预算超收率，是指预算实际超收额度与预算收入数的比值，其核算公式是"预算超收率=（决算收入数-预算收入数）÷预算收入数"。以国际上通行的 5% 的合理预算误差为参照标准，这十年来，我国只有五年属于合理超收。换句话说，以 2006 年至 2015 年的预算收入样本分析，有一半的年份属于异常超收，总体呈高位运行态势，其中 2011 年的超收率竟然高达 16.63%，如图 7-2 所示。

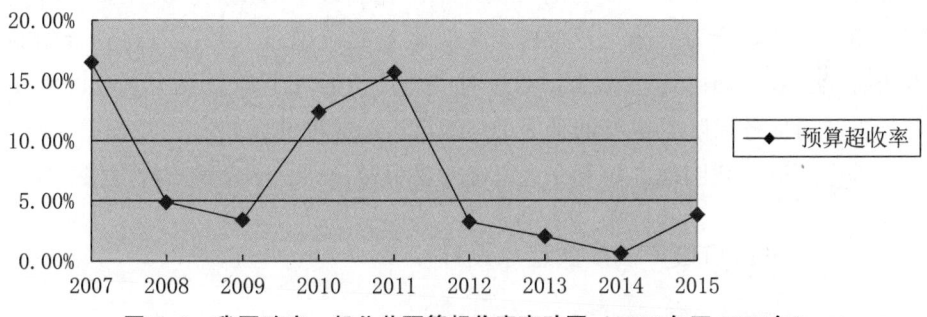

图 7-2　我国政府一般公共预算超收率变动图（2006 年至 2015 年）

预算收入有个别年份超收是正常的，但年年超收就有问题了，而大多数年份所呈现的异常超收态势则反映了我国预算管理体制存在着诸多理念和规定上的漏洞。

实际上，公共财政体制和财政民主理念认为，提供好的公共服务是国家存在的唯一理由，[1]因此，增加财政收入的唯一理由应当是增进公共服务的水平。预算异常超收不但对公共服务水平的提升作用不大，而且是对全口径预算管理原则的突破，为公权力超收、超支开了方便之门。2004 年至 2014 年，我国累计预算超收额达到了 48 214.45 亿元，这些资金除少部分被国家归入某些调节基金之外，大部分都转化为了财政超支。有学者专门通过经济学的方法分析了财政预算超收部分与超支部分的关系，发现二者为正相关关系，其关联指数高达 0.97，说明预算超收有极大的可能引发预算超支。[2]在这样的实践背景下，如果允许地方政府自行创制地方税，那地方政府官员就会为

〔1〕　刘剑文：《走向财税法治——信念与追求》，法律出版社 2009 年版，第 51 页。
〔2〕　李艳宾："我国公共预算超收问题分析"，载《财会月刊》2013 年第 22 期。

了寻求政绩而增加本地税负。吴涛等人认为，地方债风险控制的重要方法是增收节支，但增收与增加税收收入相关，而不是直接提升税负或者创设新税。"增收要求地方政府厚植税源。地方政府债务归还的主要来源是税收，有效控制地方政府债务风险还有赖于地方政府财力的重塑。随着目前土地价格的持续下滑和房地产市场的萎缩，地方政府财政收入锐减，债务风险随之上升。因此，政府应当通过厚植新税源的方式化解债券市场风险。厚植新税源并不是简单地增加税负，而是要求地方政府融资平台公司尽快向有稳定现金流的实体化企业转型。全面开征房地产税是未来税制改革的重点。其主要经济逻辑是由于前期政府为房地产开发配套的大量基础设施投入并没有得到合理的经济补偿。效仿国际通行做法，通过对房地产持有环节的征税，既有助于化解地方政府债务风险，也有助于促进房地产市场的理性稳健发展。"〔1〕

综上所述，我国地方政府在进行破产重组时，不得享有税收创设权。

四、地方政府破产制度的程序设计

1. 制定我国的地方政府债务破产法律制度

我国地方政府破产制度的缺失，一方面体现了我国财政管理体制的欠缺，另一方面也体现了我国破产制度的不完善。在法治中国的语境中，地方政府的政治问题需要进行法治化改造，形成制度的规制与民主监督的合力，使地方政府的举债活动同时符合财政需求、民主需求和法治需求。

就我国地方政府破产制度的构建而言，首先要解决的就是立法位阶问题。根据行为主义法学派的理论，法不仅仅是调整社会关系的文本，还可以被视为是具体的行为，而越是发达的国家，"法"的内容就越多、越详尽。〔2〕而我国的社会主义法律框架虽然已经构建起来，但是对于国债、地方公债、地方政府融资、地方政府破产等方面的问题仍旧缺失法律位阶的文本依据，在涉及具体问题时，仍然需要靠国务院、财政部等单位根据改革的思路出台临时政策规范来进行调整。这种具有突出的"政策治国"特点的方式确实在某些方面可以起到改革试错、灵活调整的目的，但是也在一定程度上产生了不

---

〔1〕 吴涛、张亮："中国地方政府债信用违约风险评估研究"，载《北京工商大学学报（社会科学版）》2018年第5期。

〔2〕 参见胡震、韩秀桃：《行为主义法学》，法律出版社2008年版，第37页。

同政策之间的重复与抵牾。根据卡尔·施密特的理论，权威主体的决断可以产生规则。[1]从这个意义上讲，国务院、财政部自行出台的规定也是可以产生相应的社会规则的，也可以构建秩序，这种决断与规则在一定意义上是可以相互转化的。但是问题在于，权威主体的决断如果不在一定的规则和秩序之下进行，则可能产生独断或恣意。具体而言，由国务院、财政部自己出台政策调整自己的行为，会产生自我授权的问题。因此，构建我国的地方政府破产法律制度，可以通过民主决断的规则来规范地方政府的行为逻辑，同时，在地方政府破产制度的范围内留给地方政府和法院等权威主体一定的自由裁量权，使规则和决断共同调整地方财政秩序。

从我国单一制国家的权力构架和全国财政规则的统一性的角度出发，构建地方政府破产制度也是必要的。我国各省的经济发展状况差别很大，财政能力也不尽相同，在面临着同样额度的地方政府债务问题时，应对危机的能力也不尽相同。这意味着，中央针对地方政府债务问题处理的规则和方式可能不尽相同，产生了在同一单一制国家中区别对待的问题。在缺乏统一的地方政府破产规则的情况下，各地政府举债的逐底竞争可能会更加激烈，这可能诱发地区之间的不均衡发展。我国应通过立法的方式让地方政府及其负责的领导意识到盲目举债的后果，不仅仅是地方"竭泽而渔"式的经济发展和"政绩"的累积，还可能导致地方政府破产的后果和自身仕途的污点，迫使其在举债时衡量地方债投入所产生的"政绩"与可能的后果之间的关联，从而使其举债更加审慎，更加提升经济决断的科学性和合理性。

此外，从法律体系中不同法律文本的契合性角度而言，对于地方政府破产问题的规制也应当以法律位阶加以规制。如果说地方债券的发行是地方债的入口，那地方政府破产就是地方债的出口之一，它解决的是地方政府在财政资金短缺的情况下偿还欠债的问题。它既是地方政府资金通融产生的金融问题，也是地方政府清理财政收入欠债产生的财政问题。我国《立法法》规定了财政、税收问题作为法律保留的内容，这些内容只能由狭义的法律位阶的规范加以规定，不得由下级规范进行调整。地方政府破产是财政问题，当然应该由法律加以规范，否则就会与《立法法》之法律保留规定相悖。综上，

---

〔1〕　[德] 卡尔·施密特：《论法学思维的三种模式》，苏慧婕译，中国法制出版社 2012 年版，第 23 页。

建立我国的地方政府破产制度，不能仅仅靠国务院或财政部的某些通知、文件，而必须采用全国人大以立法的形式创设在全国范围内的通行规则，将地方政府的举债问题纳入统一的规制范围之内，丰富我国的财税法制、金融法制、破产法制内容，构建更加合理的地方财政法治秩序。当然，鉴于我国对于破产制度的特殊"耻感"文化，可以在立法时先避免采用"破产"的字样，而采用地方政府债务重组或者债务处理的表述，将地方政府破产制度规定于预算法或者单独的公债法中，待该制度逐渐成熟以及破产法的相关规定逐渐完善之后，再将地方政府破产制度与企业破产制度和个人破产制度一起纳入我国的破产法典中。

2. 地方政府破产程序的启动

地方政府破产程序的启动包括三个方面的问题：申请主体、破产界限及受理主体。

第一，地方政府破产的申请主体应当是省级政府。这样的申请主体设置是与我国《预算法》及其相关规定中对我国的地方债举债主体的限定相一致的。作为现行《预算法》规定的唯一一类地方债举债主体，省级政府是地方债的债务人，但省级债务筹集的资金还会在本省辖区内进行二次分配，导致省政府与下级政府之间存在一个类似代理发债的关系。西方法谚有云："经授权获得的权力，不得超越原始权限。"[1]因此，严格来讲，这种代理不是民法意义上的代理。因为被代理人本身是没有发债权的，不可能通过代理的方式绕开法律的限制而由其他主体举债。这种关系只是一种"准代理"，是单一制国家构架下上级政府对下级政府的带有管理和干预性质的代理。这种"准代理"举债的后果并不能由被代理人——省级以下（不含省级）政府——承担，因为一旦由其承担最后的责任，则意味着默认了该级别的政府之公债有合法性、该级别之政府有举债权，这是与现行法律相违背的。因此，从法律角度与政治构架角度来讲，省级政府都是唯一的地方债债务人，而地方债资金的内部分配属于政治问题而非法律上的债权债务问题。在债务人达到破产界限的情况下，允许其提出破产保护请求是符合破产法的理念的。此外，目前只允许省级政府破产是因为现行预算法对地方债券发行的限制。如前所述，未来财政改革的目标应该是逐步放开发债权，地方债发行市场应当以市场调节

---

〔1〕 方福建主编：《法学经典名家言论集萃》，法律出版社 2008 年版，第 186 页。

为主、行政干预为辅，因此，根据笔者扩大地方债发债主体的构想，未来地方政府破产申请主体也应当随着法治的逐步完善而扩展为省、市、县政府等各级地方债券发债主体。

另外，与企业破产制度中允许债权人申请债务主体破产不同，在地方政府破产制度中一般不允许债权人提出破产申请，我国在构建该制度时亦应如此，主要基于两方面的考量。首先，地方政府的破产涉及当地基本公共服务的提供以及政府本身的运行，具有公私交融性，虽然可以运用一些私法的手段加以调整，但是该问题本身还具有一定"公"的属性，即具有政权组织色彩，不宜允许私人主体任意对其财政运行状态加以干预。其次，现代地方债不仅仅只有发行市场，还包括发行后的二级市场，地方债券在二级市场中可能散落在不同的主体手中，在资本市场全球化的背景下，我国的地方债券可能兼具内债和外债的因素，即有一部分债权人可能是非本国公民或组织。从政权安全性和国计民生角度考虑，也不应允许这些主体申请我国地方政府破产。

第二，地方政府的破产界限。所谓破产界限，是指破产主体达到了什么样的条件才可以申请破产、进入破产程序。简言之，就是某一主体申请破产必须达到的条件。对于地方政府而言，其破产的界限是无力偿还地方公债，这又可以被分为两种不同的情况：一是地方政府对于已到期的债务无法清偿；二是地方债虽未到期，但是按照地方政府现行的财政状况已经预见无法偿还，即发生了地方债的预期违约。这种预期违约导致的地方政府破产往往还要伴随着对地方政府现金流的预测和审计等内容，法院一般还会要求地方政府提出相关材料，以证明债务违约是不可避免的。[1]例如地方政府丧失债券信用、新地方债券无人认购导致无法通过借新还旧的方式弥补旧债漏洞等。我国地方政府破产申请界限应被界定为"无力偿还地方债务或产生了即将无力偿还债务的现实风险"，将两种类型的破产条件囊括其中。

第三，地方政府破产的受理主体应为省高级人民法院。对于破产案件而言，由法院受理是破产法实施的通例。例如，匈牙利法律就规定，如果一个市政府没有在到期日之后 60 日内对债权人、供应商或其他相关当事人支付已确认的债务，无论债务证明文件是一张发票还是一个法院的支付令，市

---

〔1〕　参见卢文莹：《法意天下：中国公债学说精要》，复旦大学出版社 2004 年版。

长都有义务通知市议会并在 8 天内向地方法院提出破产申请。如果法院认定破产条件成立，即任何一项债务超期 60 天以上，就会判决债务调整程序开始或终结。[1]我国在构建地方政府破产制度时亦应采用法院司法受理制。

解决了由人民法院作为地方政府破产受理主体的问题之后，还必须解决级别管辖的问题。对于我国的企业破产制度而言，法律只规定了案件的地域管辖，即由债务人住所地法院受理破产案件。[2]《最高人民法院关于审理企业破产案件若干问题的规定》第 2 条规定，基层人民法院一般管辖县、县级市或者区的工商行政管理机关核准登记企业的破产案件；中级人民法院一般管辖地区、地级市（含本级）以上的工商行政管理机关核准登记企业的破产案件；纳入国家计划调整的企业破产案件，由中级人民法院管辖。但该规定无法被适用于地方政府破产的情况，且由于地方债的公私交融性，地方政府破产案件兼具民事案件和行政案件的双重属性。虽然该破产案件中的被申请人是地方政府，但是其诉讼对象和标的并不是地方政府的具体行政行为，而是涉及其发债的债权债务关系，因此，需要综合民事诉讼与行政诉讼两方面来考量。尽管对于行政行为而言，在单一制国家中具有隶属关系的行政层级设置可以使上级政府领导下级政府并在一定范围内纠正下级政府的行为，但从行政诉讼管辖方面来说，以政府作为被申请人或被告的案件，其管辖法院未必是上一级人民法院。根据我国宪法规定的权力构成体系，政府与法院并不具有上下级的隶属关系，因此不必由上一级法院管辖下一级政府作为被告的案件。行政诉讼法规定一审行政案件由基层法院管辖，特殊的、具有辖区影响力的案件可以由中级人民法院、高级人民法院或者最高人民法院管辖，这意味着影响其级别管辖的是案件影响力波及的范围，而与作为被告的政府的级别无关。因此，对于地方政府破产案件而言，管辖省级政府破产的法院不必是更高级别的最高人民法院。

鉴于我国地方债发行主体的特殊性和地方债的影响范围，由基层人民法院或中级人民法院作为管辖法院也不适合。无论是民事诉讼还是行政诉讼的级别管辖，都规定在本辖区内有重大影响的案件由省级法院管辖。对于地方政府破产案件而言，其波及的范围涉及整个省级辖区，其内容涉及地方公共服

---

[1] 参见 [美] 奥塔维亚诺·卡努托、刘琍琍编：《地方政府债务应急处置的国际比较——世界银行专家谈地方政府债务》，本书翻译组译，中国财政经济出版社 2015 年版，第 206 页。

[2] 参见《中华人民共和国企业破产法》第 3 条。

务的提供和财政秩序的重建，符合《民事诉讼法》第 19 条和《行政诉讼法》第 16 条的规定。因此，对于省级政府申请债务重组或者破产的案件，应当属于在本辖区内有重大影响的案件，应由省级法院管辖，并应当在制度构建时就将管辖法院明确设定为省级法院，以避免不同省份之间做法不同造成破坏法制统一性的后果。综上，我国地方政府破产案件应当由发行地方债券的省级政府所在地的高级人民法院管辖。

3. 组建债权人会议和财政重建工作组

虽然地方政府破产案件的受理机关是人民法院，但在行政预算的执行、债务重组的过程中，司法对其的干预是有限的，更多的是发挥了一个协调和主持的作用，还需要债权人与债务人之间充分地沟通。对于债权人一方而言，由于地方政府债券的发行面向的是不特定的多数人，债权人数量往往较多，若每个人都一一进行表决则会导致效率低下的弊端，因此，可以借鉴企业破产制度组成债权人会议，由债权人选举代表组成债权人会议与债务人进行协商，债权人会议经民主协商的后果归于全体债权人。而对于债务人一方而言，可以组建财政重建工作组，由本级政府、本级政府财政部门、国资委、税务部门、审计部门、上级政府财政部门与国资委代表等共同构成。财政重建工作组除了作为债务人代表与债权人会议协商达成债务调整协议及还款协议之外，还有义务对破产的地方政府之财政状况、资信状况进行全方位的核查，拟定相关的协议草案并提交债权人会议讨论通过，对于通过债权人会议表决的债务调整协议和还款协议，应当监督地方政府的执行情况。

4. 债务调整协议

地方债的债权人和债务人可以在法院的主持下达成债务调整协议。债务调整协议的内容包括债务期限的续展和债务利息的部分或全部免除等内容，但其内容并非是由法律规定的，而是由债权人和债务人共同商议决定的。从美国地方政府破产规定来看，其显著优点在于破产法庭有权在个别债权人反对的情况下通过债务调整计划，前提是只要大部分拥有相似求偿权的债权人同意了这份方案，并且这个计划没有对这些拥有相似求偿权的债权人区别对待。[1]为了确保方案能够实施，债务调整计划必须在人数上达到债权人总数的 1/2 以及在金额上达到会因计划实施而导致求偿受损的债权持有类型总额的 2/3 以上

---

〔1〕　11 U. S. C. § 1126.

多数方能通过。[1]可见，对于债务调整协议而言，采用的仍是类似于企业破产重整中的多数决制度，需要债权人和债务人之间的合意。我国地方政府破产制度也应采取类似制度，协议内容应当经债权人人数的1/2以上及拥有地方债债务总额2/3以上的债权人同意方能通过。在通过债务调整协议的过程中，人民法院应当把握两个原则：第一，平等对待原则，对于同种类债权的债权人应当平等对待，不得作出单独清偿、偏颇性清偿等破坏公平的行为。第二，公共利益原则，对于地方债债务的调整不得损害国家利益和社会公共利益。

5. 还款协议

一般来讲，还款协议可能是债务调整协议的一个组成部分，也可能是一个单独的协议。如果说债务调整协议解决的是偿还多少地方债的问题，那么还款协议解决的就是如何偿还地方债的问题，其具体做法又被分为"开源"和"节流"两个部分。

所谓"开源"，是指增加地方政府的收入。如前所述，我国是一个税制统一的单一制国家，不能像美国那样赋予州政府单独的税权，因此，省级政府不能通过增加税种、提高税率的方法增加财政收入。具体的做法包括但不限于以下方式：①加大税收稽查力度和税收征管力度，减少逃税现象发生。②在政府定价、政府指导价确定的幅度范围内，适当提高公有制经营的公共服务、商品的价格，例如可以将水价、电价的阶梯档次适当拉大等。③加大行政执法力度，对于辖区内造成环境污染、食品药品质量安全问题及违反消防规定等的行为在裁量范围内严格查处，增加其违法成本。④销售或者出租部分共有资产。对于举借地方债筹资建设的公共设施、建筑，可以通过出售或者出租的方式使其回收资金，增加当地收入。但是，值得注意的是，对于营利性的基础设施、国有企业等不宜出售，以免以私有化的方式造成国有资产流失；出售不动产的，应当补齐相关的土地出让手续并补缴相关税费。

所谓"节流"，是指减少地方政府的开支。节流要求"各地方政府迅速改变当前依靠大量资金投入，投资拉动经济增长的粗放式发展模式。为此，国家应加强对地方债募集资金使用的审计监督，尽快督促各省地方政府严格按照自发自还模式，制定并披露详尽的资产负债表。向社会公开披露地方债募

---

[1] 11 U.S.C. § 901 (a) .

集资金的使用情况，接受社会各界的监督，提高地方债资金使用的透明度和使用效益"。[1] 如前所述，在我国现有的法律框架和文化下，通过清退公务员的形式减少财政开支并不可行，因此，需要从其他方面来减少开支。例如，在财政情况恢复正常、宣布结束破产状态之前严禁发行新的地方债券，严格限制三公消费，减少不必要的办公经费，将超出国家标准的豪华办公楼置换成简易办公楼，减少特定的公共服务支出，培育公益性社会公共团体承担部分公共服务，禁止上马新的项目建设，加大对财政支出的审计力度，减少不必要的支出等。

6. 地方政府破产财产清偿顺位

由于地方政府破产并不清算，因此，并不是所有的破产财产都能被用于清偿，应在保证其提供基本的公共服务的基础上，剩余的破产财产再继续用于偿债。并且，由于地方政府的支出内容繁多，不同的债务清偿的顺位也有所不同。例如，哥伦比亚法律就规定了地方政府破产时的清偿欠款的顺序。具体顺位是：①地方政府向个人账户缴纳的养老金；②工资；③工资转移支付；④一般性支出；⑤其他转移支付；⑥利息支付；⑦贷款的分期偿还；⑧弥补上年赤字；⑨投资性支出合同。[2] 匈牙利破产制度中规定的债权优先级是：①定期的工资和薪金，包括遣散费；②具有留置权、抵押品或保证金的债务，并且担保是在债务清算程序启动之前的至少6个月约定；③需要偿还中央政府的利息、支付，为履行之前达成的债务重组协议而提供的中央资金支持；④社会保障欠款、税收以及可能以税收形式征收的公共债务；⑤其他债权请求权（贷款、债券以及对供应商的欠款）；⑥利息、违约罚金及请求权中列在"d"项目下的费用。可用于偿债的资金必须在债权人中按其偿债请求金额占比进行分割，低优先权的债权人的索赔应当在高优先权的债权人的索赔完全解决之后再解决。[3] 就我国的地方政府破产财产清偿顺位而言，应当首先支付职工养老金、维持基本公共服务的费用（包括公务员工资、医疗、教育费

---

〔1〕 吴涛、张亮："中国地方政府债信用违约风险评估研究"，载《北京工商大学学报（社会科学版）》2018 年第 5 期。

〔2〕 参见 ［美］奥塔维亚诺·卡努托、刘琍琍编：《地方政府债务应急处置的国际比较——世界银行专家谈地方政府债务》，本书翻译组译，中国财政经济出版社 2015 年版，第 148 页。

〔3〕 参见 ［美］奥塔维亚诺·卡努托、刘琍琍编：《地方政府债务应急处置的国际比较——世界银行专家谈地方政府债务》，本书翻译组译，中国财政经济出版社 2015 年版，第 210 页。

用等)，剩余的破产财产再进行地方债的清偿，其中，有担保的贷款债务优先于无担保的普通债务。鉴于 2015 年《预算法》规定了地方债的唯一形式是地方政府债券，因此，地方政府应按债务调整协议进行清偿，涉及债务减免的应该在债权人之间按比例偿还，不得进行偏颇性清偿，否则，其他债权人有权向法院申请追回。其中，专项债券由于具有投资性合同的属性，且其有相对固定安全的资金来源，应当轮后于一般债券受偿。至于破产财产偿债时是优先偿还利息还是本金，从哥伦比亚与匈牙利的立法例来看，各国的做法各有不同。从地方政府破产制度设立的初衷来看，优先清偿本金更符合立法原意。因为地方政府之所以申请破产保护是因为财政状况出现了问题，无法清偿所有债务，这时优先清偿利息无异于使本金轮候清偿导致继续生成新的利息，会加剧地方政府的财政窘境，这不利于地方政府的财政恢复。因此，清偿顺位的设置应当优先于清偿地方债本金，保证地方债的总量不会产生"滚雪球"的效应。

7. 对债务调整协议执行的监督

已经通过的债务调整协议能否得到实施以及实施的效果如何，是地方政府能否摆脱财政困境的关键。财政重建工作组应当对债务调整协议的实施情况承担调查、监督并披露的职责，其需要监督的内容包括但不限于破产政府的年财政收入情况、支出情况、有无新投资支出项目、预算的编制执行情况、偿债资金是否按还款计划用于偿债、中央转移支付资金是否用于规定的支出项目等，并将这些情况向中央政府汇报并向大众进行通报。对于违反债务调整协议约定，强行发行新债券、强行上马新的支出项目以造"政绩"的行为及相关责任人，应当追究相应的责任。此外，人大、政协、媒体等不同的主体也应当积极对债务调整协议的执行进行监督，督促地方政府按照约定履行义务，促使其尽早结束破产保护的失权状态。

8. 地方政府的复权

所谓复权，是破产法的术语，是指破产重整主体经过重整恢复经济活力，解除了失权的状态。具体到地方政府复权，是指地方政府经过债务重整，完成了债务调整协议和还款计划约定的内容，从而结束了禁止其发行新债券、上马新工程的失权状态，重新恢复正常的财政秩序。地方政府的复权，是结束地方政府破产保护状态的标志，其前提是必须按照破产时与债权人的约定偿还了债务。虽然这一过程中经过了债务重组，可能进行了还款期限的延展或部分利息的免除，但一旦按照约定履行完毕，就应被视为债权债务关系清理完毕，地方政府也将就此进入正常的财政秩序，财政重建工作组的使命也应被视为完成。复权之后的地方政府，可以重新享有地方债举债权。可以说，地方政府的复权是地方政府破产后所追求的最终目标，也是地方债秩序进入有序、常态的标志。

结　论

我国地方债总量居高不下，又恰逢处在财政体制改革、地方债券初创的过程中，许多历史积累的问题都需要在 2015 年《预算法》框架下予以规制。但是，目前我国的财政法制仍然不健全，且由于地方债券初创，相关的管理经验不足，对其的管控仍处于摸索阶段。要管控地方债，首先应当规训政府，使其不得盲目发债。对于中央政府而言，应当严守预算法治，不得绕开地方预算直接进行地方支出或融资上的摊派；对于地方政府而言，应当采用民主决议的方式决断发债，不得在"政绩"激励下超出偿债能力举债。

在现阶段，我国地方债正处于从多层级向单层级、从多形式向单形式的过渡过程中，在存量债务额巨大、无法完全偿还再行发债的情况下，必须进行债务的置换。在债务置换的过程中，不仅仅要处理好中央对省级政府债券的管控问题，更要处理好省内部债务的向上传递问题，通过内部管控措施明确各级政府的责任和资金使用偿还义务，防止在这一过程中出现政府逃债行为或其他道德风险。对于实践中出现的政府自我免除担保责任、不经债权人同意便将债务进行三角债冲抵等行为要坚决制止，以保障债权人之利益，维护地方政府的形象和信用。在地方债置换以及发行过程中，不能借用行政权力进行债务摊派，应当以市场为导向，增进行政主体与市场主体的沟通，构建市场化、法治化的地方债券发行环境。

在地方债券市场建立的过程中，要区分一级市场和二级市场。对于地方债券的发行市场（即一级市场），应当遵循民主、透明等原则，尤其应当注意满足代际公平和临时财源原则。具体而言，地方债券在使当前居民享受到未来的资金所带来的好处的时候，不能对未来的居民产生不利的影响，即不能以牺牲后代人的利益来谋求当代人的福祉。同时，地方政府不得将发债作为常规的收入手段，其财政收入只能被用于资本性支出。在具体的制度构建中，我国的相关规定不甚清晰，应当在此基础上提高立法位阶，并在现有规定上加以细化或者拓展。例如，在发行主体上，应当以省级政府发债为试点，待积累经验后逐步向下级政府开放，这也是世界上多数国家和地区的通例，美国、日本莫不如此。

当前，国家在地方债券二级市场的监管中存在着立法漏洞：一方面，《预算法》等财政法规只针对地方债券的发行，即一级市场进行规制，不涉及二级市场；另一方面，《证券法》等对债券二级市场进行规范的文件只针对企业债券，不涉及政府债券，使地方债二级市场处于法律空白之中。对此，应当加快完善相关立法，使地方债二级市场的规则与《预算法》《证券法》相衔接，并完善监管机制，明确债券投资人的金融消费者地位，构建金融 FOS 制度以保障其权利，建立行政监管与行业自律的双向监管模式。

在地方债券的整个运行过程中，都应当对其实施预算监督。政府预算是民主政治下的产物，它在形式上看来虽然只不过是现代政府以数字形式呈现的一本账册，但是在现代市场经济体制下，却直接关系到全体公民的经济福祉。政府的财政赤字失控（out of control），即财政赤字已经超过可控的范围危及政府的永续经营时，便会产生财政危机。目前，我国《预算法》对地方债券规定只能适用预算调整程序，将地方发债的决断权只赋予了省人大常委会，这样的规定过于狭隘，影响了人大对预算的监督效果。此外，人大预算修改权的缺失也会对地方债券的决议造成不利影响。对此，应当修改相关规定，原则上将地方债券内置于年度预算中由人大审批，在特殊、紧急的情况下（如重大自然灾害、战争、经济危机）经国务院批准可以采用预算调整进行地方发债，对于年度预算中有关地方债券内容有瑕疵的，应当允许人大进行修改。

最后，如果说发债审批是地方债券的入口，那么地方政府破产就是地方债券的出口。我国破产制度严重落后于市场需求，破产文化也不发达，地方政府破产程序的构建任重而道远。我国的《地方政府性债务风险应急处置预案》已经具备了地方债务重组程序的雏形，但是其内容并不完善。我国应尽快与国际接轨，构建我国自己的地方政府破产制度（或曰地方政府债务重组制度），以破产不清算、不影响政府事权为前提，通过司法的干预形成新的债务调整协议，同时限制破产政府不必要支出，加大财政收入力度，待债务清理完毕后重新使地方政府复权。

目前，我国地方债还处于变动之中，在财政改革的进路上，还会有更多的经济法学人对其加以深入研究。法制的发展也需要有一个从不完善到完善的过程，不可能一蹴而就。[1]在某一法律不断发展的过程中，其演进方向并不是随机的，而是需要对过去的情况进行重新解释，以便适应正在发生的情况或者未来的需要。[2]愿笔者在此问题上的感悟，可以启发更多的人对地方债问题进行思考，也为我国地方债法治秩序的构建贡献绵薄之力。

---

〔1〕 参见 ［美］E. A. 霍贝尔：《初民的法律——法的动态比较研究》，周勇译，罗致平校，中国社会科学出版社 1993 年版，第 367 页。

〔2〕 参见 ［美］哈罗德·J. 伯尔曼：《法律与革命——西方法律传统的形成》，贺卫方等译，中国大百科全书出版社 1993 年版，第 11 页。

参考文献

一、中文著作

［1］包丽萍、刘明慧、贺蕊莉编著：《政府预算》，东北财经大学出版社 2000 年版。

［2］北京大学财经法研究中心编：《税醒了的法治：刘剑文教授访谈录》，北京大学出版社 2014 年版。

［3］财政部财政制度国际比较课题组编著：《美国财政制度》，中国财政经济出版社 1998 年版。

［4］财政部财政制度国际比较课题组编著：《日本财政制度》，中国财政经济出版社 1998 年版。

［5］蔡定剑：《中国人民代表大会制度》（第 4 版），法律出版社 2003 年版。

［6］曹均伟：《近代中国与利用外资》，上海社会科学院出版社 1991 年版。

［7］陈均平：《中国地方政府债务的确认、计量和报告》，中国财政经济出版社 2010 年版。

［8］陈清秀：《税法总论》，元照图书出版公司 2006 年版。

［9］陈婉玲：《经济法原理》，北京大学出版社 2011 年版。

［10］陈骁：《经济法视角下的地方政府融资问题研究》，法律出版社 2015 年版。

［11］程宝山：《中国经济法基本理论》，郑州大学出版社 2013 年版。

［12］程喻：《政府预算契约论———一种委托-代理理论的研究视角》，经济科学出版社 2008 年版。

［13］崔文华：《权力的祭坛》，工人出版社 1988 年版。

［14］樊丽明等：《中国地方政府债务管理研究》，经济科学出版社 2006 年版。

［15］方福建主编：《法学经典名家言论集萃》，法律出版社 2008 年版。

［16］冯辉：《论经济国家———以经济法学为语境的研究》，中国政法大学出版社 2011 年版。

［17］冯曦明：《当代中国税制改革理论与实践》，兰州大学出版社 2008 年版。

［18］高桂林、李帅：《经济法总论》，中国法制出版社 2012 年版。

[19] 高培勇主编:《公共财政:经济学界如是说》,经济科学出版社 2000 年版。

[20] 国务院发展研究中心课题组:《民生为本——中国基本公共服务改善路径》,中国发展出版社 2012 年版。

[21] 何金发编译:《美国地方政府预算范本·弗吉尼亚州〈预算法案〉(2003 会期修正案)》,东南大学出版社 2005 年版。

[22] 河北大学预算管理研究所编:《中国政府间财政关系研究》,经济管理出版社 2007 年版。

[23] 贺强、于捷:《债券收藏》,中国人民大学出版社 2009 年版。

[24] 侯梦蟾:《税收概论》,中国人民大学出版社 1986 年版。

[25] 胡震、韩秀桃:《行为主义法学》,法律出版社 2008 年版。

[26] 黄旭明:"适度举债 讲求效益 加强管理 规避风险",载浙江财政年鉴编辑委员会编:《浙江财政年鉴 2014》,中华书局 2014 年版。

[27] 靳万军:《税收司法权初论》,中国市场出版社 2008 年版。

[28] 敬志红:《地方政府性债务管理研究:兼论地方投融资平台管理》,中国农业出版社 2011 年版。

[29] 寇琳琳、寇铁军:《我国经济转轨时期的财政问题研究》,东北财经大学出版社 2014 年版。

[30] 李冬梅:《中国地方政府债务问题研究:兼论中国地方公债的发行》,中国财政经济出版社 2006 年版。

[31] 李梅:《权利与正义:康德政治哲学研究》,社会科学文献出版社 2000 年版。

[32] 李萍主编:《地方政府债务管理:国际比较与借鉴》,中国财政经济出版社 2009 年版。

[33] 李世安主编:《美国州宪法改革与州和地方政治体制发展》,人民出版社 2009 年版。

[34] 李延喜、孙文章:《债务危机、资产泡沫与经济衰退》,大连出版社 2015 年版。

[35] 李玉虎:《经济法律制度与中国经济发展关系研究》,法律出版社 2015 年版。

[36] 李振宇等编著:《资信评级原理》,中国方正出版社 2003 年版。

[37] 刘大洪主编:《经济法律通论》,华中师范大学出版社 2010 年版。

[38] 刘国庆:《纳税人权利保护理论与实务》,中国检察出版社 2009 年版。

[39] 刘积斌主编:《我国财政体制改革研究》,中国民主法制出版社 2008 年版。

[40] 刘剑文等:《财税法总论》,北京大学出版社 2016 年版。

[41] 刘剑文:《重塑半壁财产法——财税法的新思维》,法律出版社 2009 年版。

[42] 刘军洛:《中国式金融魅影:地方债的危机与救赎》,东方出版社 2014 年版。

[43] 刘伟、蔡志洲:《走下神坛的 GDP——从经济增长到可持续发展》,中信出版社 2006 年版。

[44] 刘文华主编:《经济法》(第 4 版),中国人民大学出版社 2012 年版。

［45］刘西友：《地方政府性债务风险分析及管理机制创新研究》，兰州大学出版社 2014 年版。

［46］刘珂珂：《地方政府债务融资及其风险管理：国际经验》，经济科学出版社 2011 年版。

［47］刘星、刘谊：《中国地方财政风险及其控制与防范》，中国财政经济出版社 2006 年版。

［48］卢文莹：《中国公债学说精要》，复旦大学出版社 2004 年版。

［49］罗林：《政府债务机制研究》，中国金融出版社 2014 年版。

［50］罗涛：《财税政策审计评估问题研究》，中国时代经济出版社 2013 年版。

［51］吕伟：《政府或有负债风险管理研究——理论框架与实践探索》，中国财政经济出版社 2008 年版。

［52］马金华：《中国外债史》，中国财政经济出版社 2005 年版。

［53］彭健：《政府预算理论演进与制度创新》，中国财政经济出版社 2006 年版。

［54］平新乔：《财政原理与比较财政制度》，上海三联书店 1992 年版。

［55］漆多俊：《经济法基础理论》（第 4 版），法律出版社 2008 年版。

［56］齐海鹏、孙文学编著：《中国财政思想史略》，东北财经大学出版社 2010 年版。

［57］邱本：《经济法研究》（下卷：宏观调控法研究），中国人民大学出版社 2008 年版。

［58］施正文：《税收债法论》，中国政法大学出版社 2008 年版。

［59］石英华：《政府财务信息披露研究》，中国财政经济出版社 2006 年版。

［60］史际春、邓峰：《经济法总论》（第 2 版），法律出版社 2008 年版。

［61］史际春：《探索经济和法互动的真谛》，法律出版社 2002 年版。

［62］宋彪：《经济法概论》（第 4 版），中国人民大学出版社 2014 年版。

［63］孙健波：《财税改革的理想与现实——宪政视角》，经济科学出版社 2008 年版。

［64］孙云鹏：《政府会计改革与地方政府债务报告优化研究》，经济科学出版社 2016 年版。

［65］唐涛默编著：《中国革命根据地财政史》，中国财政经济出版社 1987 年版。

［66］唐云锋：《地方治理创新视角下的地方政府债务危机防范研究》，中国言实出版社 2014 年版。

［67］王军主编：《中外专家谈地方财政建设》，中国财政经济出版社 2006 年版。

［68］王晟：《财政监督理论探索与制度设计研究》（第 2 版），经济管理出版社 2013 年版。

［69］王怡：《宪政主义：观念与制度的转捩》，山东人民出版社 2006 年版。

［70］王振宇：《完善我国现行财政管理体制研究》，东北财经大学出版社 2008 年版。

［71］魏加宁等：《地方政府债务风险化解与新型城市化融资》，机械工业出版社 2014 年版。

［72］魏俊：《税权效力论》，法律出版社 2012 年版。

［73］熊伟：《财政法基本问题》，北京大学出版社 2012 年版。

［74］熊义明：《发达国家主权债务削减方式研究》，格致出版社、上海人民出版社 2014 年版。

［75］徐国栋：《民法基本原则解释——成文法局限性之克服》，中国政法大学出版社 1992 年版。

[76] 徐丽梅：《地方政府基础设施债务融资研究》，上海社会科学院出版社 2013 年版。

[77] 徐孟洲等：《金融监管法研究》，中国法制出版社 2008 年版。

[78] 徐孟洲：《耦合经济法论》，中国人民大学出版社 2010 年版。

[79] 徐全红：《政府竞争、财政转型与中国农区工业化》，社会科学文献出版社 2013 年版。

[80] 徐肖冰：《美国政府债务研究：演进、风险与可持续性》，中国社会科学出版社 2015 年版。

[81] 徐阳光：《政府间财政关系法治化研究》，法律出版社 2016 年版。

[82] 颜运秋等：《经济法实施机制研究——通过公益诉讼推动经济法实施》，法律出版社 2014 年版。

[83] 杨东：《金融消费者保护统合法论》，法律出版社 2013 年版。

[84] 杨东亮：《国债理论研究与中国实证检验》，长春出版社 2011 年版。

[85] 杨辉：《市政债券发行规则与制度研究》，经济科学出版社 2007 年版。

[86] 杨舜娥：《地方财政管理与实践》，中国财政经济出版社 2010 年版。

[87] 杨晔、杨大楷、汪若君：《2015 中国投资发展报告——中国地方政府债务风险的治理》，上海财经大学出版社 2015 年版。

[88] 杨志勇、杨之刚：《中国财政制度改革 30 年》，格致出版社、上海人民出版社 2008 年版。

[89] 姚海放：《经济法主体理论研究》，中国法制出版社 2011 年版。

[90] 叶珊：《财政赤字的法律控制》，北京大学出版社 2013 年版。

[91] 张海星编著：《公共债务》，东北财经大学出版社 2008 年版。

[92] 张恒龙：《转型期财政竞争与均等化研究》，经济管理出版社 2009 年版。

[93] 张丽阳：《县级财政支农结构演进：分权与转型》，中国农业大学出版社 2015 年版。

[94] 张世明、刘亚从、王冬东主编：《经济法基础文献会要》，法律出版社 2012 年版。

[95] 张守文：《经济法学》（第 2 版），中国人民大学出版社 2012 年版。

[96] 张守文：《经济法总论》，中国人民大学出版社 2009 年版。

[97] 章江益：《财政分权条件下的地方政府负债——美国市政公债制度研究》，中国财政经济出版社 2009 年版。

[98] 赵晔：《现阶段中国地方政府债务风险评价与管理研究》，西南交通大学出版社 2011 年版。

[99] 朱秋霞：《中国财政制度——以国际比较为角度》，立信会计出版社 2007 年版。

[100] 卓泽渊：《法政治学研究》，法律出版社 2011 年版。

二、中文论文

[1] 安国俊："地方政府融资平台风险与政府债务"，载《中国金融》2010 年第 7 期。

［2］巴曙松："地方债务问题评估及避险之道"，载《人民论坛》2011年第26期。

［3］巴曙松："地方债务问题应当如何化解"，载《西南金融》2011年第10期。

［4］巴曙松："中国地方政府债务的宏观考察"，载《经济》2010年第10期。

［5］财政部预算司考察团："美国、加拿大州（省）、地方政府债务情况考察报告"，载《财政研究》2010年第2期。

［6］蔡国喜："市政债信用评级制度构想"，载《中国金融》2014年第7期。

［7］蔡茂寅："财政法：第一讲——财政法"，载《月旦法学教室》2008年总第70期。

［8］蔡茂寅："财政法：第三讲——税课收入（上）"，载《月旦法学教室》2010年总第91期。

［9］蔡书凯、倪鹏飞："地方政府债务融资成本：现状与对策"，载《中央财经大学学报》2014年第11期。

［10］曹瑞彤、刘姣："地方政府信用评级体系的构建与实现路径"，载《陕西行政学院学报》2015年第2期。

［11］曾辉："中国地方政府融资模式选择"，载《中国金融》2011年第19期。

［12］陈少强："中央代发地方债研究"，载《中央财经大学学报》2009年第7期。

［13］成学真、胡春兰："发展我国市政债券市场的可行性分析"，载《宁夏社会科学》2005年第3期。

［14］崔国清："当前我国发行市政债券融资的策略选择及实施路径"，载《财贸经济》2009年第6期。

［15］戴建中："拉美债务危机和东南亚金融危机比较研究"，载《国际金融研究》1999年第8期。

［16］邓峰："清末变法的法律经济学解释 为什么中国学习了大陆法？"，载《中外法学》2009年第2期。

［17］窦智海："改进和加强短期外债管理的思考"，载《南方金融》2007年第1期。

［18］范瑞星："国际债券二级市场监管框架比较研究"，载《中国货币市场》2010年第1期。

［19］冯果、李安安："地方政府融资平台的财政法救赎"，载《法学》2012年第10期。

［20］冯辉："地方政府非税收入的激励与法律规制——理念重塑与类型化对策"，载《广东社会科学》2014年第4期。

［21］冯辉："公共治理中的民粹倾向及其法治出路——以PX项目争议为样本"，载《法学家》2015年第2期。

［22］冯辉："宪政、经济国家与《预算法》的修改理念——以预算权分配为中心"，载《政治与法律》2011年第9期。

［23］高桂林、李帅："责权利效相统一是经济法的总原则——论刘文华教授为代表的人大经济法学派对经济法基本原则的理论贡献"，载《广西社会科学》2013年第4期。

［24］葛克昌："税法与民生福利国家原则"，载葛克昌：《国家学与国家法》，月旦出版社股份有限公司 1996 年版。

［25］葛克昌："租税国危机及其宪法课题"，载葛克昌：《国家学与国家法》，月旦出版社股份有限公司 1996 年版。

［26］郭春松、高婧："美欧主权债务危机的影响及因应对"，载《中国金融》2011 年第 19 期。

［27］郭维真："转型中国：公共财政重构与中国梦的实现"，载刘剑文主编：《财税法论丛》（第 13 卷），法律出版社 2013 年版。

［28］韩增华："地方政府债务风险的治理：以资源税改革为契机"，载《税务与经济》2010 年第 6 期。

［29］何骦："文化语境下的我国个人破产制度构建之路——以美国相关立法为研究视角"，载《贵州社会科学》2013 年第 1 期。

［30］贺力平："希腊债务危机的国际影响和借鉴"，载《经济学动态》2010 年第 7 期。

［31］黄静茹："关于解决主权国家债务危机问题的观点综述"，载《经济学动态》2004 年第 3 期。

［32］黄世鑫："筑堤与疏浚——论公共债务法与财政赤字"，载《月旦法学杂志》2000 年总第 67 期。

［33］黄天香："地方债券能否再登场"，载《银行家》2002 年第 7 期。

［34］贾康、李全："中国地方财政体制运行及改革思路"，载高培勇、杨之刚、夏杰长主编：《中国财政经济理论前沿》（4），社会科学文献出版社 2005 年版。

［35］贾康等："我国地方政府债务风险和对策"，载《经济研究参考》2010 年第 14 期。

［36］贾康、刘微："'土地财政'：分析及出路——在深化财税改革中构建合理、规范、可持续的地方'土地生财'机制"，载《财政研究》2012 年第 1 期。

［37］贾康："地方债务应逐步透明化"，载《中国金融》2010 年第 16 期。

［38］姜维壮、王倩："地方债发行管理比较研究"，载《中央财经大学学报》2009 年第 10 期。

［39］姜长青："建国以来三次发行地方债券的历史考察——以财政体制变迁为视角"，载《地方财政研究》2010 年第 4 期。

［40］蒋悟真："中国预算法实施的现实路径"，载《中国社会科学》2014 年第 9 期。

［41］金大卫："我国地方政府发债：制度根源、风险控制、法律规范"，载《财政研究》2010 年第 1 期。

［42］康学军："中央革命根据地的公债发行工作"，载《财政》1984 年第 2 期。

［43］李景峰、王继光："基于 KMV 模型的地方政府债券信用风险问题研究"，载《广东金融学院学报》2011 年第 5 期。

［44］李竞能："论清末西方资产阶级经济学的传入中国"，载《经济研究》1979 年第

2 期。

[45] 李帅："财税法视角下环境税立法的法经济学分析与展望"，载《石河子大学学报（哲学社会科学版）》2016 年第 3 期。

[46] 李帅："财政法视角下的司法预算独立性改革"，载《法律科学（西北政法大学学报）》2017 年第 1 期。

[47] 李帅："经济法视野下'市场之手'与'国家之手'关系的重构——兼论权力清单下的'剩余权力归市场'制度"，载王雨本主编：《转轨社会中经济法的定位——政府与市场的法律关系》，法律出版社 2015 年版。

[48] 李帅："经济法治中的权威决断：诠释、问题、检讨——以卡尔·施密特法学思维三种方法为视角"，载《经济法学评论》2015 年第 2 期。

[49] 李帅："论财税法对权威化治理的支持性参与功能"，载《现代经济探讨》2016 年第 5 期。

[50] 李帅："论我国个人破产制度的立法进路——以对个人破产'条件不成熟论'的批判而展开"，载《商业研究》2016 年第 3 期。

[51] 李帅："论执行案件中法院职权主义破产启动程序的构建"，载《法律适用》2015 年第 11 期。

[52] 李帅："权威与服从：对施密特理论的检视——读《论法学思维的三种模式》"，载《政法论坛》2016 年第 5 期。

[53] 李帅："司法改革中'央-省'二阶独立司法预算的构建"，载《云南社会科学》2015 年第 5 期。

[54] 李艳宾："我国公共预算超收问题分析"，载《财会月刊》2013 年第 22 期。

[55] 李永友："财政激励、政府主导与经济风险"，载《经济学家》2014 年第 6 期。

[56] 廖凡："金融消费者的概念和范围：一个比较法的视角"，载《环球法律评论》2012 年第 4 期。

[57] 廖家勤："中国地方预算决策自主权缺失问题分析"，载《中央财经大学学报》2006 年第 5 期。

[58] 廖钦福："2013 年新修正公共债务法评析"，载《当代财政》2013 年总第 35 期。

[59] 廖钦福："跛脚的地方课税立法权：地方税法通则 10 周年回顾与检讨"，载《台湾法学杂志》2013 年第 231 期。

[60] 林慕华、马骏："中国地方人民代表大会预算监督研究"，载《中国社会科学》2012 年第 6 期。

[61] 林慕华："中国预算改革：未来的挑战"，载《中国行政管理》2012 年第 6 期。

[62] 刘继峰："经济法理论的历史负重与现代化拓展"，载《学术论坛》2010 年第 7 期。

[63] 刘剑文、侯卓："'理财治国'理念之展开——另一种国家治理模式的探索"，载刘

剑文主编:《财税法论丛》(第 13 卷),法律出版社 2013 年版。

[64] 刘剑文、侯卓:"财税法在国家治理现代化中的担当",载《法学》2014 年第 2 期。

[65] 刘剑文、侯卓:"论预算的拘束力与执行力——对超收预算收入与突击支出的审思",载刘剑文主编:《财税法学前沿问题研究:法治视野下的预算法修改》(3),法律出版社 2014 年版。

[66] 刘剑文、王桦宇:"公共财产权的概念及其法治逻辑",载《中国社会科学》2014 年第 8 期。

[67] 刘剑文、熊伟:"预算审批制度改革与中国预算法的完善",载《法学家》2001 年第 6 期。

[68] 刘剑文:"由管到治:新《预算法》的理念跃迁与制度革新",载《法商研究》2015 年第 1 期。

[69] 刘剑文:"地方财源制度建设的财税法审思",载《法学评论》2014 年第 2 期。

[70] 刘剑文:"公共财产法视角下的财税法学新思维",载刘剑文主编:《财税法论丛》(第 13 卷),法律出版社 2013 年版。

[71] 刘珛珛:"地方政府债务融资及其风险管理",载《经济研究参考》2010 年第 46 期。

[72] 刘人玮:"分税制下地方政府债券发行风险控制",载《中国证券期货》2013 年第 2 期。

[73] 刘尚希:"地方政府性债务的法治之举",载《中国财政》2015 年第 1 期。

[74] 刘少军:"经济法的目标与体系研究",载《政法论坛》1999 年第 3 期。

[75] 刘少军:"经济法行为性质论",载《天津师范大学学报(社会科学版)》2009 年第 1 期。

[76] 刘少军:"论法律监督权与经济公诉权",载《晋阳学刊》2015 年第 1 期。

[77] 刘燕、楼建波:"金融衍生交易的法律解释——以合同为中心",载《法学研究》2012 年第 1 期。

[78] 刘燕:"我国资产证券化中 SPV 税收政策评析",载《税务研究》2007 年第 4 期。

[79] 马君潞:"发展中国家债务危机回顾与展望",载《南开经济研究》1991 年第 6 期。

[80] 潘文轩:"地方政府投融资平台运行风险及其化解——以偿债风险为中心",载《地方财政研究》2010 年第 4 期。

[81] 庞红学、金永军、刘源:"美国债券市场监管体系研究及启示",载《上海金融》2013 年第 2 期。

[82] 沈炳熙:"关于规范地方政府发债方式的思考",载《竞争力》2011 年第 8 期。

[83] 施正文:"从'土地财政'到公共财政",载《中国税务》2010 年第 5 期。

[84] 施正文:"法治政府建设中的公共财政体制改革",载《国家行政学院学报》2008 年第 2 期。

［85］施正文："新预算法与建立现代预算制度"，载《中国财政》2014 年第 18 期。

［86］时炜、王大树："地方政府债券的经济影响分析"，载《财经理论与实践》2009 年第 3 期。

［87］史际春、冯辉：" '问责制' 研究——兼论问责制在中国经济法中的地位"，载《政治与法律》2009 年第 1 期。

［88］史际春、肖竹："论分权、法治的宏观调控"，载《中国法学》2006 年第 4 期。

［89］史际春："论地方政府在经济和社会发展中的权与责"，载《广东社会科学》2011 年第 4 期。

［90］史际春："论营利性"，载《法学家》2013 年第 3 期。

［91］苏彩足："平衡预算修宪案能消弭美国联邦预算赤字吗？"，载《财税研究》1996 年第 1 期。

［92］苏英："不同融资模式下的地方政府债比较研究"，载《中央财经大学学报》2011 年第 11 期。

［93］苏英："地方政府债券信用评级研究综述"，载《改革与战略》2010 年第 5 期。

［94］詹向阳："辩证地看待地方政府融资平台发展"，载《中国金融》2010 年第 7 期。

［95］王劲松："地方政府债券发行中的风险及防范措施"，载《经济研究参考》2009 年第 25 期。

［96］王美舒："关于哈特 '法律规则说' 的再思考 ——读 H.L.A. 哈特《法律的概念》"，载《政法论坛》2016 年第 3 期。

［97］王全兴、管斌："市场化政府经济行为的法律规制"，载《中国法学》2004 年第 1 期。

［98］王轶："合同效力认定的若干问题"，载《国家检察官学院学报》2010 年第 5 期。

［99］王勇："基于财政风险视角的市政债券建设分析"，载《经济与管理》2011 年第 10 期。

［100］王蕴："财政超收条件下的预算政策研究"，载《宏观经济研究》2009 年第 8 期。

［101］魏加宁："中国地方政府债务风险与金融危机"，载《商务周刊》2004 年第 5 期。

［102］吴宏伟、吴长军："地方政府投融资平台风险及经济法治对策研究"，载《贵州警官学院学报》2010 年第 5 期。

［103］吴鹏飞："地方政府债券法律问题之反思"，载《上海金融》2009 年第 8 期。

［104］席晓娟：" '中国梦' 的财税法解读"，载刘剑文主编：《财税法论丛》（第 13 卷），法律出版社 2013 年版。

［105］邢会强："宏观调控行为的不可诉性再探"，载《法商研究》2012 年第 5 期。

［106］熊伟："走出宏观调控法误区的财税法"，载刘剑文主编：《财税法论丛》（第 13 卷），法律出版社 2013 年版。

［107］徐孟洲、伍涛："论经济法责任的内涵与基本权义关系"，载《理论月刊》2011 年第 4 期。

［108］徐孟洲、叶姗："论地方政府间税收不当竞争的法律规制"，载《政治与法律》2006 年第 6 期。

［109］徐仁辉："台湾财政透明度的研究"，载《财税研究》2005 年第 4 期。

［110］薛克鹏："法典化背景下的经济法体系构造——兼论经济法的法典化"，载《北方法学》2016 年第 5 期。

［111］薛克鹏："经济行政法理论探源——经济法语境下的经济行政法"，载《当代法学》2013 年第 5 期。

［112］薛克鹏："论政府经济行为的规制——以社会公共利益为视角"，载《江西财经大学学报》2013 年第 6 期。

［113］闫明、顾炜宇："我国地方政府信用风险评级体系构建：框架与方法"，载《中央财经大学学报》2014 年第 3 期。

［114］杨东："论金融消费者概念界定"，载《法学家》2014 年第 5 期。

［115］杨萍："国外地方政府债券市场的发展经验"，载《经济社会体制比较》2004 年第 1 期。

［116］杨珊："论地方政府信用评级法律制度的建设"，载《西南交通大学学报（社会科学版）》2014 年第 5 期。

［117］杨胜刚、张润泽："政府信用评级与市政债券发债规模探讨"，载《现代财经（天津财经大学学报）》2011 年第 5 期。

［118］叶姗："前置性问题和核心规则体系研究——基于'中改'《中华人民共和国预算法》的思路"，载《法商研究》2010 年第 4 期。

［119］叶姗："一般公共预算收入预期之实现"，载《税务研究》2015 年第 1 期。

［120］易珏："地方债凶猛"，载《中国经济信息》2013 年第 12 期。

［121］翟继光："'税收债务关系说'产生的社会基础与现实意义"，载《安徽大学法律评论》2007 年第 1 辑。

［122］翟继光："论税法对市场经济的隐性扭曲"，载《税务与经济》2009 年第 4 期。

［123］翟继光："政务公开与法治政府建设"，载《财政监督》2016 年第 13 期。

［124］张海星："地方债放行：制度配套与有效监管"，载《财贸经济》2009 年第 10 期。

［125］张力毅："美国地方政府债务清理的法制构建及其借鉴——以《美国破产法》第九章地方政府的债务调整程序为中心"，载《北京行政学院学报》2014 年第 1 期。

［126］张世明："知识型：经济法学的哲学理论基础"，载《山西大学学报（哲学社会科学版）》2007 年第 4 期。

［127］张守文："分配结构的财税法调整"，载《中国法学》2011 年第 5 期。

[128] 张守文："经济法学的发展理论初探"，载《财经法学》2016 年第 4 期。

[129] 张守文："经济法责任理论之拓补"，载《中国法学》2003 年第 4 期。

[130] 张守文："税制变迁与税收法治现代化"，载《中国社会科学》2015 年第 2 期。

[131] 张守文："债务风险与举债权的法律约束"，载《苏州大学学报（哲学社会科学版）》2016 年第 3 期。

[132] 张守文："政府与市场关系的法律调整"，载《中国法学》2014 年第 5 期。

[133] 张旺："我国发行地方政府债券探讨"，载《经济理论与经济管理》2002 年第 5 期。

[134] 赵全厚、孙昊旸："我国政府债务概念辨析"，载《经济研究参考》2011 年第 10 期。

[135] 周雪光："逆向软预算约束：一个政府行为的组织分析"，载《中国社会科学》2005 年第 2 期。

[136] 朱大旗、何遐祥："预算法律责任探析"，载《法学家》2008 年第 5 期。

[137] 朱大旗："从国家预算的特质论我国《预算法》的修订目的和原则"，载《中国法学》2005 年第 1 期。

[138] 朱大旗："科学发展与我国《预算法》修订应予以特别关注的五大问题"，载《政治与法律》2011 年第 9 期。

[139] 朱大旗："迈向公共财政：《预算法修正案（二次审议稿）》之评议"，载《中国法学》2013 年第 5 期。

[140] 朱大旗："完善人大对政府预算全方位的审查监督制度"，载《法学杂志》2014 年第 2 期。

[141] 朱维群："财税法的伦理价值及其实现"，载刘剑文主编：《财税法论丛》（第 13 卷），法律出版社 2013 年版。

三、中文译著

[1] ［奥］凯尔森：《法与国家的一般理论》，沈宗灵译，商务印书馆 2013 年版。

[2] ［奥］尤根·埃利希：《法律社会学基本原理》，叶名怡、袁震译，江西教育出版社 2014 年版。

[3] ［德］卡尔·施米特：《合法性与正当性》，冯克利、李秋零、朱雁冰译，上海人民出版社 2015 年版。

[4] ［德］卡尔·施米特：《政治的概念》，刘宗坤等译，上海人民出版社 2015 年版。

[5] ［德］卡尔·施密特：《论法学思维的三种模式》，苏慧婕译，中国法制出版社 2012 年版。

[6] ［德］康德：《法的形而上学原理》，沈叔平译，商务印书馆 2015 年版。

［7］［德］柯武刚、史漫飞：《制度经济学：社会秩序与公共政策》，韩朝华译，法律出版社 2001 年版。

［8］［德］马克思：《1844 年经济学哲学手稿》，中共中央马克思、恩格斯、列宁、斯大林著作编译局译，人民出版社 2000 年版。

［9］［德］齐佩利乌斯：《法学方法论》，金振豹译，法律出版社 2009 年版。

［10］［德］沃尔夫冈·费肯杰：《经济法》（第 1、2 卷），张世明、袁剑、梁君译，中国民主法制出版社 2010 年版。

［11］［法］狄骥：《公法的变迁》，郑戈译，中国法制出版社 2010 年版。

［12］［法］杜阁：《关于财富分配的形成和分配的考察》，南开大学经济系经济学说史教研组译，商务印书馆 1978 年版。

［13］［法］孟德斯鸠：《论法的精神》（上册），张雁深译，商务印书馆 1961 年版。

［14］［法］卢梭：《社会契约论》，何兆武译，商务印书馆 1980 年版。

［15］［法］萨伊：《政治经济学概论》，陈福生、陈振骅译，商务印书馆 1982 年版。

［16］［法］托克维尔：《论美国的民主》（上卷），董国良译，商务印书馆 1997 年版。

［17］［法］雅克·马里旦著，［加］威廉·斯威特编：《自然法：理论与实践的反思》，鞠成伟译，中国法制出版社 2009 年版。

［18］［古罗马］西塞罗：《论共和国　论法律》，王焕生译，中国政法大学出版社 1997 年版。

［19］［美］阿曼·卡恩、W. 巴特利·希尔德雷思编：《公共部门预算理论》，韦曙林译，格致出版社、上海人民出版社 2010 年版。

［20］［美］爱伦·鲁宾：《公共预算中的政治：收入与支出，借贷与平衡》（第 4 版），叶娟丽等译，中国人民大学出版社 2001 年版。

［21］［美］奥塔维亚诺·卡努托、刘琍琍编：《地方政府债务应急处置的国际比较——世界银行专家谈地方政府债务》，本书翻译组译，中国财政经济出版社 2015 年版。

［22］［美］保罗·彼得森：《联邦主义的代价》，段晓雁译，北京大学出版社 2011 年版。

［23］［美］彼得·M. 布劳：《社会生活中的交换与权力》，李国武译，商务印书馆 2013 年版。

［24］［美］理查德·A. 波斯纳：《法律的经济分析》（下册），蒋兆康译，中国大百科全书出版社 1997 年版。

［25］［美］伯尔曼：《法律与革命——西方法律传统的形成》，贺卫方等译，中国大百科全书出版社 1993 年版。

［26］［美］查尔斯·沃尔夫：《市场，还是政府——市场、政府失灵真相》，陆俊、谢旭译，重庆出版社 2009 年版。

［27］［美］道格拉斯·诺斯、罗伯斯·托马斯：《西方世界的兴起》，厉以平、蔡磊译，华

夏出版社 1994 年版。

[28] ［美］菲利普·凯甘主编:《赤字经济》,谭本源等编译,中国经济出版社 1988 年版。

[29] ［美］弗朗西斯·福山:《大断裂:人类本性与社会秩序的重建》,唐磊译,广西师范大学出版社 2015 年版。

[30] ［美］弗朗西斯·福山:《政治秩序与政治衰败:从工业革命到民主全球化》,毛俊杰译,广西师范大学出版社 2015 年版。

[31] ［美］富勒:《法律的道德性》,郑戈译,商务印书馆 2005 年版。

[32] ［美］汉密尔顿、杰伊、麦迪逊:《联邦党人文集》,程逢如、在汉、舒逊译,商务印书馆 2015 年版。

[33] ［美］费维恺:《中国早期工业化》,虞和平译,吴乾兑校,中国社会科学出版社 1990 年版。

[34] ［美］E. A. 霍贝尔:《初民的法律——法的动态比较研究》,周勇译,中国社会科学出版社 1993 年版。

[35] ［美］梅利尔·D. 彼得森注释编辑:《杰斐逊集》(上),刘祚昌、邓红风译,三联书店 1993 年版。

[36] ［美］约翰·亨利·梅利曼:《大陆法系》,顾培东、禄正平译,法律出版社 2004 年版。

[37] ［美］尼古拉斯·拉迪:《中国经济增长,靠什么》,熊祥译,中信出版社 2012 年版。

[38] ［美］塞缪尔·P. 亨廷顿:《变化社会中的政治秩序》,王冠华等译,沈宗美校,上海人民出版社 2008 年版。

[39] ［美］斯蒂芬·B. 戈尔德堡等:《纠纷解决:谈判、调解和其他机制》,蔡彦敏、曾宇、刘晶晶译,中国政法大学出版社 2004 年版。

[40] ［美］唐纳德·布莱克:《法律的运作行为》,唐越、苏力译,中国政法大学出版社 1994 年版。

[41] ［美］托马斯·潘恩:《常识》,周喜峰、李静宇译,民主与建设出版社 2015 年版。

[42] ［美］文森特·奥斯特罗姆、罗伯特·比什、埃莉诺·奥斯特罗姆:《美国地方政府》,井敏、陈幽泓译,北京大学出版社 2004 年版。

[43] ［美］小罗伯特·D. 李、罗纳德·W. 约翰逊、菲利普·G. 乔伊斯:《公共预算制度》(第 7 版),扶松茂译,上海财经大学出版社 2010 年版。

[44] ［美］詹姆士·哈林顿:《大洋国》,何新译,商务印书馆 1963 年版。

[45] ［美］詹姆斯·M. 布坎南:《民主财政论》,穆怀朋译,商务印书馆 2015 年版。

[46] ［美］詹姆斯·M. 布坎南:《制度契约与自由——政治经济学家的视角》,王金良译,中国社会科学出版社 2013 年版。

[47] ［日］坂入长太郎:《欧美财政思想史》,张淳译,马大英校,中国财政出版社 1987

年版。

[48] [日] 丹宗昭信、伊从宽：《经济法总论》，[日] 吉田庆子译，中国法制出版社 2010 年版。

[49] [日] 金泽良雄：《经济法概论》，满达人译，中国法制出版社 2005 年版。

[50] [日] 井手文雄：《日本现代财政学》，陈秉良译，刘多田、张乐州校，中国财政经济 出版社 1990 年版。

[51] [日] 美浓部达吉：《议会制度论》，邹敬芳译，卞琳点校，中国政法大学出版社 2005 年版。

[52] [日] 田中英夫、竹内昭夫：《私人在法的实现中的作用》，李薇译，法律出版社 2006 年版。

[53] [以色列] 尤瓦尔·赫拉利：《人类简史：从动物到上帝》，林俊宏译，中信出版社 2014 年版。

[54] [英] 约翰·穆勒：《功利主义》，徐大建译，商务印书馆 2014 年版。

[55] [英] 达尔顿：《财政学原理》，杜俊东译，黎明书局 1933 年版。

[56] [英] 格雷厄姆·沃拉斯：《政治中的人性》，朱曾汶译，商务印书馆 1995 年版。

[57] [英] 葛德文：《论财产》，何清新译，商务印书馆 2013 年版。

[58] [英] 弗里德利希·冯·哈耶克：《法律、立法与自由》（第 2、3 卷），邓正来等译，中国大百科全书出版社 2000 年版。

[59] [英] 弗里德里希·哈耶克：《通往奴役之路》，王明毅等译，中国社会科学出版社 1997 年版。

[60] [英] 霍布豪斯：《自由主义》，朱曾汶译，商务印书馆 2013 年版。

[61] [英] 罗素：《走向幸福——罗素精品集》，王雨、陈基发编译，中国社会出版社 1997 年版。

[62] [英] 洛克：《政府论》（下篇），叶启芳、瞿菊农译，商务印书馆 1964 年版。

[63] [英] 威廉·配第：《赋税论》，马妍译，中国社会科学出版社 2010 年版。

[64] [英] 韦农·波格丹诺主编：《布莱克维尔政治制度百科全书》，邓正来编译，中国政法大学出版社 2011 年版。

[65] [英] 亚当·斯密：《国富论》（下），郭大力、王亚南译，译林出版社 2011 年版。

[66] [英] 约翰·穆勒：《政治经济学原理及其在社会哲学上的若干应用》（上卷），赵荣潜等译，胡企林、朱泱校，商务印书馆 1991 年版。

[67] [英] 詹姆斯·E. 米德：《效率、公平与产权》，施仁译，北京经济学院出版社 1992 年版。

四、外文文献

[1] Barry Adler, Ben Polak and Alan Schwartz, "Regulating Consumer Bankruptcy: A Theoretical Inquiry", *Journal of Legal Studies*, 2000 (2).

[2] Alexander W. Butler, "Corruption and Municipal Finance", *Review of Financial Studies*, Nov, 2004.

[3] Angela Gore, "Does Mandatory Disclosure Reduce the Cost of Capital? Evidence from Bonds", *Working Paper Series*, Jul, 2004.

[4] Angela K. Gore, "The Effects of GAAP Regulation and Bond Market Interaction on Local Government Disclosure", *Journal of Accounting and Public Policy*, 2004 (1).

[5] Aron Wildavsky, "Political Implications of Budgetary Reform", *Public Administration Reciew*, 1961 (4).

[6] Arthur Allen, "George Sanders, Donna Dudney, Should more Local Governments Purchase a Bond Rating?", *Review of Quantitative Finance and Accounting*, Vol. 32, 2009 (4).

[7] Arthur C. Allen and Donna M. Dudney, "The Impact of Rating Agency Reputation on Local Government Bond Yields", *Journal of Financial Services Research*, Vol. 33, 2008 (1).

[8] Arvind Krishnamurthy, "How Debt Markets Have Malfunctioned in the Crisis", *National Bureau of Economic Research*, 2009 (5).

[9] Asian Development Bank, *Local Public Finance Management in the People's Republic of China: Challenges and Opportunities*, Manila: ADB, 2014.

[10] Asian Development Bank, *People's Republic of China: Fiscal Management Reforms*, *Technical Assistance Consultants' Report*, TA Number: TA3979 - PRC, Manila: ADB, 2005.

[11] Benjamin Harrison, *The Obligations of Wealth*, *In Views of an Ex-President*, Indianapolis: Bowen-Merrill Co., 1901.

[12] Bertrand de Jouvenel, *Sovereignty*, Chicago: University of Chicago Press, 1957.

[13] Bertrand Russell, *Authority and the Individual*, London: Routledge, 1996.

[14] Bhajan Grewal, "Enjiang Cheng, Bruce Rasmussen, Local Government Debt in China: Implications for Reform", *Public Finance and Management*, 2015 (4).

[15] Blane D. Lewis, "Local Government Borrowing and Repayment In Indonesia: Dose Fisical Capacity Matter?", *World Development*, 2003 (6).

[16] Reinhart M. Carmen, Kenneth S. Rogoff and Miguel A. Savastano, "Debt Intolerance", *NBER Working Paper Series*, Aug, 2003.

[17] Carmen M. Reinhart and Kenneth S. Rogoff, "A Decade of Debt", *NBER Working Paper Series*, *Feb*, 2011.

[18] Carolyn M. Callahan, Doris M. Cook, "An Examination of the Effects of Budgetary Control on Performance: Evidence from Cities", *AAA 2008 MAS Meeting Paper*, Nov, 2007.

[19] Clayton Gillette and David Skeel, "Governance Reform and the Judicial Role in Municipal Bankruptcy", *Yale Law Journal*, 2015 (125).

[20] Clayton P. Gillette and Fiscal Federalism, "Political Will, and Strategic Use of Municipal Bankruptcy", *University of Chicago Law Review*, 2012 (1).

[21] Correy E. Stephenson, "5 Things to Know About chapter 9", *Michigan Lawyers Weekly*, 2013-07-23.

[22] Daniel Bergstresser and Randolph B. Cohen, "Why Fears about Municipal Credit Are Overblown", *Harvard Business School Finance Working Paper*, Apr, 2011.

[23] Daniel J. Freyberg, "Municipal Bankruptcy and Ex-press State Authorization Be a Chapter 9 Debtor", *Ohio Northern University Law Review*, 1996 (23).

[24] Daniel Shaviro, *Do Deficits Matters?*, *Chicago*: University of Chicago press, 1997.

[25] David S. Kupetz, "Municipal Debt Adjustment under the Bankruptcy Code", *Urban Lawyer*, 1995 (3).

[26] David T. Litvack, "Default Risk and Recovery Rates on U. S. Municipal Bonds1", *Fitch Ratings*, Jan, 2009.

[27] Dorothy A. Brown, "Fiscal Distress and Politics: The Bankruptcy Filing of Bridgeport As a Case Study in Reclaiming Local Sovereignty", *Emory Bankruptcy Developments Journal*, 1995 (11).

[28] Douglas W. Elmendof and N. Gregory Mankiw, "Government Debt", 5 *NBER Working Paper Series*, Mar, 1998.

[29] Eric W. Lam, "Municipal Bankruptcy: the Problem with Chapter 9 Eligibility—a Proposal to Amend 11 U. S. C § 109 (c) (2) (1988) ", *Arizona State Law Journal*, 1990 (22).

[30] D. Alexander, "Municipal Bonds in Bankruptcy § 902 (2) and the Proper Scope of Special Revenues in Chapter 9", *Washington and Lee Law Review*, 2015 (2).

[31] Francis Fukuyama, "Political Order and Political Decay: from the Industrial Revolution to the Globalization of Democracy", *New York*: *International Creative Management*, Inc. , 2014.

[32] Francis Fukuyama, "The Great Disruption", *New York*: *International Creative Management*, Inc. , 1999.

[33] GAO, "Municipal Securities: Options for Improving Continuing Disclosure", *Report to Con-*

gressional Committees, GAO-12-698, July 2012.

[34] C. P. Gillette, "Political will and Fiscal Federalism in Municipal Bankruptcy", New York University, *Public Law& Legal Theory Research Paper Series Working Paper*, 2011 (11).

[35] B. S. Grewal and A. D. Ahmed, "Is China's Western Regional Development Strategy on Track? an Assessment", *Journal of Contemporary China*, 2011 (69).

[36] Hiroshi Fujiki, "Hirofumi Uchida, Inflation Target and Debt Management of Local Government Bonds", *Japan and the World Economy*, Vol. 23, 2011 (3).

[37] Irene S. Rubin, *Balancing the Federal Budget: Trmming the Herds or Eating the Seed Corn?*, New York: Chatham House Publisers of Seven Briges Press, 2003.

[38] James Penrose and Peter Rigby, "Debt Rating Criteria for Energy, Industrial, and Infrastructure Project Finance", *Standard & Poor's*, Mar, 2001.

[39] John William Hatfield, "Ricardian Equivalence for Local Government Bonds: A Utility Maximization Approach", *Economics Letters*, Vol. 107, 2010 (2).

[40] Jorge M. Valadez, *Deliberative Democracy, Political Legitimacy, and Self-determination in Multi-cultural Societies*, Berkeley: Westview Press, 2001.

[41] Kevin A. Kordana, "Tax Increases in Municipal Bankruptcies", 83 VA. L. REV, 1997.

[42] S. David, "Characteristics of Call Provisions on State and Local Government Bonds", *Nebraska Journal of Economics and Business*, Vol. 15, 1976 (4).

[43] Kunibert Raffer, "Internationalizing US Municipal Insolvency: a Fair, Equitable, and Efficient Way to Overcome a Debt Overhang", *Chicago Journal of International Law*, 2005 (1).

[44] Angelo John, "Municipal Bonding", *Best's Review*, Vol. 115, 2015 (9).

[45] Marcel Mauss, *The Gift*, New York: Free Press, 1954.

[46] Massimo Pinna, "An Empirical Analysis of the Municipal Bond Market in Italy: Sovereign Risk and Sub-Sovereign Levels of Government", *Public Budgeting & Finance*, Vol. 35, 2015 (3).

[47] Omer Kimhi, "Chapter 9 of the Bankruptcy Code: a Solution in Search of a Problem", *Yale Journal on Regulation*, 2010 (27).

[48] Omer Kimhi, "Chapter 9 of the Bankruptcy Code: a Solution in Search of a Problem", *Yale Journal on Regulation*, 2010 (2).

[49] M. James, "Arturo Ramírez, Portfolio Substitution and the Revenue Cost of the Federal Income Tax Exemption for State and Local Government Bonds", *National Tax Journal*, Vol. 64, 2011 (2).

[50] Richard Briffault, "The Most Popular Tool: Tax Increment Financing and the Political Econ-

omy of Local Government", *University of Chicago Law Review*, 2010（1）.

［51］Richard R. West, "On the Non-Callability of State and Local Government Bonds: A Comment", *Journal of Political Economy*, Vol. 75, 1967（1）.

［52］Reza Baqir, "Districting and Government Overspending", *Journal of Political Economy*, 2002（6）.

［53］Samuel P. Huntington, *Political Order in Changing Societies*, Yale University Press, 2006.

［54］Samuel Thompson, "The Authority of Law", *Ethics*, 1964（1）.

［55］San-Lin Chung et al, "Counterparty Credit Risk in the Municipal Bond Market", *Journal of Fixed Income*, Vol. 25, 2015（1）.

［56］Shiyu Li and Shuang Lin Lin, "The Size and Structure of China's Government Debt", *Fuel & Energy Abstract*, 2011（3）.

［57］Tima T. Moldogaziev and Martin J. Luby, "State and Local Government Bond Refinancing and the Factors Associated with the Refunding Decision", *Public Finance Review*, Vol. 40, 2012（5）.

［58］World Bank, *Credit Ratings and Bond Issuing at the Subnational Level: Training Manual*, Washington D. C. : World Bank, 1999.

五、其他法律、法规及规范性文件

［1］《中华人民共和共宪法》。
［2］《中华人民共和国预算法》。
［3］《中华人民共和国担保法》。
［4］《中华人民共和国企业破产法》。
［5］《中华人民共和国商业银行法》。
［6］《中华人民共和国立法法》。
［7］《中华人民共和共公务员法》。
［8］《最高人民法院关于适用〈中华人民共和国合同法〉若干问题的解释（二）》。
［9］国务院《国务院关于加强地方政府性债务管理的意见》（国发［2014］43号）。
［10］国务院《国务院关于加强地方政府融资平台公司管理有关问题的通知》（国发［2010］19号）。
［11］国务院办公厅《地方政府性债务风险应急处置预案》（国办函［2016］88号）。
［12］财政部、国家税务总局《财政部、国家税务总局关于地方政府债券利息免征所得税问题的通知》（财税［2013］5号）。
［13］财政部《地方政府一般债券发行管理暂行办法》（财库［2015］64号）。

［14］ 财政部《地方政府专项债券发行管理暂行办法》（财库［2015］83 号）。

［15］ 财政部《关于做好 2015 年地方政府一般债券发行工作的通知》（财库［2015］68 号）。

［16］ 财政部《2014 年地方政府债券自发自还试点办法》（财库［2014］57 号）。

［17］ 财政部《2013 年地方政府自行发债试点办法》（财库［2013］77 号）。

［18］ 财政部《2011 年地方政府自行发债试点办法》（财库［2011］141 号）。

［19］ 财政部经济建设司《关于加快落实中央扩大内需投资项目地方配套资金等有关问题的通知》（财建［2009］631 号）。

［20］ 浙江省《浙江省地方政府性债务的管理实施暂行办法》（浙政办发［2006］6 号）。

［21］ 福建省《福建省使用国家开发银行政府信用额度贷款资金管理暂行办法》（闽政办［2005］190 号）。

［22］ 安徽省《关于开展化解全省县乡政府债务工作的通知》（财预［2005］367 号）。

［23］ 安徽省《关于开展化解县乡政府债务试点工作的通知》（财预［2005］654 号）。

相关文件

国务院关于加强地方政府性债务管理的意见

国发〔2014〕43号

各省、自治区、直辖市人民政府，国务院各部委、各直属机构：

为加强地方政府性债务管理，促进国民经济持续健康发展，根据党的十八大、十八届三中全会精神，现提出以下意见：

一、总体要求

（一）指导思想。以邓小平理论、"三个代表"重要思想、科学发展观为指导，全面贯彻落实党的十八大、十八届三中全会精神，按照党中央、国务院决策部署，建立"借、用、还"相统一的地方政府性债务管理机制，有效发挥地方政府规范举债的积极作用，切实防范化解财政金融风险，促进国民经济持续健康发展。

（二）基本原则。

疏堵结合。修明渠、堵暗道，赋予地方政府依法适度举债融资权限，加快建立规范的地方政府举债融资机制。同时，坚决制止地方政府违法违规举债。

分清责任。明确政府和企业的责任，政府债务不得通过企业举借，企业债务不得推给政府偿还，切实做到谁借谁还、风险自担。政府与社会资本合作的，按约定规则依法承担相关责任。

规范管理。对地方政府债务实行规模控制，严格限定政府举债程序和资金用途，把地方政府债务分门别类纳入全口径预算管理，实现"借、用、还"相统一。

防范风险。牢牢守住不发生区域性和系统性风险的底线，切实防范和化解财政金融风险。

稳步推进。加强债务管理，既要积极推进，又要谨慎稳健。在规范管理的同时，要妥善处理存量债务，确保在建项目有序推进。

二、加快建立规范的地方政府举债融资机制

（一）赋予地方政府依法适度举债权限。经国务院批准，省、自治区、直辖市政府可以适度举借债务，市县级政府确需举借债务的由省、自治区、直辖市政府代为举借。明确划清政府与企业界限，政府债务只能通过政府及其部门举借，不得通过企事业单位等举借。

（二）建立规范的地方政府举债融资机制。地方政府举债采取政府债券方式。没有收益的公益性事业发展确需政府举借一般债务的，由地方政府发行一般债券融资，主要以一般公共预算收入偿还。有一定收益的公益性事业发展确需政府举借专项债务的，由地方政府通过发行专项债券融资，以对应的政府性基金或专项收入偿还。

（三）推广使用政府与社会资本合作模式。鼓励社会资本通过特许经营等方式，参与城市基础设施等有一定收益的公益性事业投资和运营。政府通过特许经营权、合理定价、财政补贴等事先公开的收益约定规则，使投资者有长期稳定收益。投资者按照市场化原则出资，按约定规则独自或与政府共同成立特别目的公司建设和运营合作项目。投资者或特别目的公司可以通过银行贷款、企业债、项目收益债券、资产证券化等市场化方式举债并承担偿债责任。政府对投资者或特别目的公司按约定规则依法承担特许经营权、合理定价、财政补贴等相关责任，不承担投资者或特别目的公司的偿债责任。

（四）加强政府或有债务监管。剥离融资平台公司政府融资职能，融资平台公司不得新增政府债务。地方政府新发生或有债务，要严格限定在依法担保的范围内，并根据担保合同依法承担相关责任。地方政府要加强对或有债务的统计分析和风险防控，做好相关监管工作。

三、对地方政府债务实行规模控制和预算管理

（一）对地方政府债务实行规模控制。地方政府债务规模实行限额管理，地

方政府举债不得突破批准的限额。地方政府一般债务和专项债务规模纳入限额管理，由国务院确定并报全国人大或其常委会批准，分地区限额由财政部在全国人大或其常委会批准的地方政府债务规模内根据各地区债务风险、财力状况等因素测算并报国务院批准。

（二）严格限定地方政府举债程序和资金用途。地方政府在国务院批准的分地区限额内举借债务，必须报本级人大或其常委会批准。地方政府不得通过企事业单位等举借债务。地方政府举借债务要遵循市场化原则。建立地方政府信用评级制度，逐步完善地方政府债券市场。地方政府举借的债务，只能用于公益性资本支出和适度归还存量债务，不得用于经常性支出。

（三）把地方政府债务分门别类纳入全口径预算管理。地方政府要将一般债务收支纳入一般公共预算管理，将专项债务收支纳入政府性基金预算管理，将政府与社会资本合作项目中的财政补贴等支出按性质纳入相应政府预算管理。地方政府各部门、各单位要将债务收支纳入部门和单位预算管理。或有债务确需地方政府或其部门、单位依法承担偿债责任的，偿债资金要纳入相应预算管理。

四、控制和化解地方政府性债务风险

（一）建立地方政府性债务风险预警机制。财政部根据各地区一般债务、专项债务、或有债务等情况，测算债务率、新增债务率、偿债率、逾期债务率等指标，评估各地区债务风险状况，对债务高风险地区进行风险预警。列入风险预警范围的债务高风险地区，要积极采取措施，逐步降低风险。债务风险相对较低的地区，要合理控制债务余额的规模和增长速度。

（二）建立债务风险应急处置机制。要硬化预算约束，防范道德风险，地方政府对其举借的债务负有偿还责任，中央政府实行不救助原则。各级政府要制定应急处置预案，建立责任追究机制。地方政府出现偿债困难时，要通过控制项目规模、压缩公用经费、处置存量资产等方式，多渠道筹集资金偿还债务。地方政府难以自行偿还债务时，要及时上报，本级和上级政府要启动债务风险应急处置预案和责任追究机制，切实化解债务风险，并追究相关人员责任。

（三）严肃财经纪律。建立对违法违规融资和违规使用政府性债务资金的惩罚机制，加大对地方政府性债务管理的监督检查力度。地方政府及其所属部门不得在预算之外违法违规举借债务，不得以支持公益性事业发展名义举借债务用于经常性支出或楼堂馆所建设，不得挪用债务资金或改变既定资金用途；对企业的注资、财政补贴等行为必须依法合规，不得违法为任何单位和个人的债务以任何方式提供担保；不得违规干预金融机构等正常经营活动，不得强制金融机构等提供政府性融资。地方政府要进一步规范土地出让管理，坚决制止违法违规出让土地及融资行为。

五、完善配套制度

（一）完善债务报告和公开制度。完善地方政府性债务统计报告制度，加快建立权责发生制的政府综合财务报告制度，全面反映政府的资产负债情况。对于中央出台的重大政策措施如棚户区改造等形成的政府性债务，应当单独统计、单独核算、单独检查、单独考核。建立地方政府性债务公开制度，加强政府信用体系建设。各地区要定期向社会公开政府性债务及其项目建设情况，自觉接受社会监督。

（二）建立考核问责机制。把政府性债务作为一个硬指标纳入政绩考核。明确责任落实，各省、自治区、直辖市政府要对本地区地方政府性债务负责任。强化教育和考核，纠正不正确的政绩导向。对脱离实际过度举债、违法违规举债或担保、违规使用债务资金、恶意逃废债务等行为，要追究相关责任人责任。

（三）强化债权人约束。金融机构等不得违法违规向地方政府提供融资，不得要求地方政府违法违规提供担保。金融机构等购买地方政府债券要符合监管规定，向属于政府或有债务举借主体的企业法人等提供融资要严格规范信贷管理，切实加强风险识别和风险管理。金融机构等违法违规提供政府性融资的，应自行承担相应损失，并按照商业银行法、银行业监督管理法等法律法规追究相关机构和人员的责任。

六、妥善处理存量债务和在建项目后续融资

（一）抓紧将存量债务纳入预算管理。以 2013 年政府性债务审计结果为基础，结合审计后债务增减变化情况，经债权人与债务人共同协商确认，对地方政府性债务存量进行甄别。对地方政府及其部门举借的债务，相应纳入一般债务和专项债务。对企事业单位举借的债务，凡属于政府应当偿还的债务，相应纳入一般债务和专项债务。地方政府将甄别后的政府存量债务逐级汇总上报国务院批准后，分类纳入预算管理。纳入预算管理的债务原有债权债务关系不变，偿债资金

要按照预算管理要求规范管理。

（二）积极降低存量债务利息负担。对甄别后纳入预算管理的地方政府存量债务，各地区可申请发行地方政府债券置换，以降低利息负担，优化期限结构，腾出更多资金用于重点项目建设。

（三）妥善偿还存量债务。处置到期存量债务要遵循市场规则，减少行政干预。对项目自身运营收入能够按时还本付息的债务，应继续通过项目收入偿还。对项目自身运营收入不足以还本付息的债务，可以通过依法注入优质资产、加强经营管理、加大改革力度等措施，提高项目盈利能力，增强偿债能力。地方政府应指导和督促有关债务举借单位加强财务管理、拓宽偿债资金渠道、统筹安排偿债资金。对确需地方政府偿还的债务，地方政府要切实履行偿债责任，必要时可以处置政府资产偿还债务。对确需地方政府履行担保或救助责任的债务，地方政府要切实依法履行协议约定，作出妥善安排。有关债务举借单位和连带责任人要按照协议认真落实偿债责任，明确偿债时限，按时还本付息，不得单方面改变原有债权债务关系，不得转嫁偿债责任和逃废债务。对确已形成损失的存量债务，债权人应按照商业化原则承担相应责任和损失。

（四）确保在建项目后续融资。地方政府要统筹各类资金，优先保障在建项目续建和收尾。对使用债务资金的在建项目，原贷款银行等要重新进行审核，凡符合国家有关规定的项目，要继续按协议提供贷款，推进项目建设；对在建项目确实没有其他建设资金来源的，应主要通过政府与社会资本合作模式和地方政府债券解决后续融资。

七、加强组织领导

各地区、各部门要高度重视，把思想和行动统一到党中央、国务院决策部署上来。地方政府要切实担负起加强地方政府性债务管理、防范化解财政金融风险的责任，结合实际制定具体方案，政府主要负责人要作为第一责任人，认真抓好政策落实。要建立地方政府性债务协调机制，统筹加强地方政府性债务管理。财政部门作为地方政府性债务归口管理部门，要完善债务管理制度，充实债务管理力量，做好债务规模控制、债券发行、预算管理、统计分析和风险监控等工作；发展改革部门要加强政府投资计划管理和项目审批，从严审批债务风险较高地区的新开工项目；金融监管部门要加强监管、正确引导，制止金融机构等违法违规提供融资；审计部门要依法加强对地方政府性债务的审计监督，促进完善债务管理制度，防范风险，规范管理，提高资金使用效益。各地区、各部门要切实履行职责，加强协调配合，全面做好加强地方政府性债务管理各项工作，确保政策贯彻落实到位。

国务院
2014 年 9 月 21 日

财政部关于印发《地方政府一般债券发行管理暂行办法》的通知

财库〔2015〕64 号

各省、自治区、直辖市、计划单列市财政厅（局、委）：

为加强地方政府债务管理，规范地方政府一般债券发行等行为，保护投资者合法权益，根据《预算法》和《国务院关于加强地方政府性债务管理的意见》（国发〔2014〕43 号），我们制定了《地方政府一般债券发行管理暂行办法》。现印发给你们，请遵照执行。

财政部

2015 年 3 月 12 日

地方政府一般债券发行管理暂行办法

第一条 为加强地方政府债务管理，规范地方政府一般债券发行等行为，保护投资者合法权益，根据《预算法》和《国务院关于加强地方政府性债务管理的意见》（国发〔2014〕43 号），制定本办法。

第二条 地方政府一般债券（以下简称一般债券）是指省、自治区、直辖市政府（含经省级政府批准自办债券发行的计划单列市政府）为没有收益的公益性项目发行的、约定一定期限内主要以一般公共预算收入还本付息的政府债券。

一般债券采用记账式固定利率附息形式。

第三条 省、自治区、直辖市依照国务院下达的限额举借的债务，列入本级预算调整方案，报本级人民代表大会常务委员会批准。债券资金收支列入一般公共预算管理。

第四条 一般债券期限为 1 年、3 年、5 年、7 年和 10 年，由各地根据资金需求和债券市场状况等因素合理确定，但单一期限债券的发行规模不得超过一般债券当年发行规模的 30%。

第五条　一般债券由各地按照市场化原则自发自还，遵循公开、公平、公正的原则，发行和偿还主体为地方政府。

第六条　各地按照有关规定开展一般债券信用评级，择优选择信用评级机构，与信用评级机构签署信用评级协议，明确双方权利和义务。

第七条　信用评级机构按照独立、客观、公正的原则开展信用评级工作，遵守信用评级规定与业务规范，及时发布信用评级报告。

第八条　各地应及时披露一般债券基本信息、财政经济运行及债务情况等。

第九条　信息披露遵循诚实信用原则，不得有虚假记载、误导性陈述或重大遗漏。

投资者对披露信息进行独立分析，独立判断一般债券的投资价值，自行承担投资风险。

第十条　各地组建一般债券承销团，承销团成员应当是在中国境内依法成立的金融机构，具有债券承销业务资格，资本充足率、偿付能力或者净资本状况等指标达到监管标准。

第十一条　地方政府财政部门与一般债券承销商签署债券承销协议，明确双方权利和义务。承销商可以书面委托其分支机构代理签署并履行债券承销协议。

第十二条　各地可以在一般债券承销商中择优选择主承销商，主承销商为一般债券提供发行定价、登记托管、上市交易等咨询服务。

第十三条　一般债券发行利率采用承销、招标等方式确定。采用承销或招标方式的，发行利率在承销或招标日前 1 至 5 个工作日相同待偿期记账式国债的平均收益率之上确定。

承销是指地方政府与主承销商商定债券承销利率（或利率区间），要求各承销商（包括主承销商）在规定时间报送债券承销额（或承销利率及承销额），按市场化原则确定债券发行利率及各承销商债券承销额的发债机制。

招标是指地方政府通过财政部国债发行招投标系统或其他电子招标系统，要求各承销商在规定时间报送债券投标额及投标利率，按利率从低到高原则确定债券发行利率及各承销商债券中标额的发债机制。

第十四条　各地采用承销方式发行一般债券时，应与主承销商协商确定承销规则，明确承销方式和募集原则等。

各地采用招标方式发行一般债券时，应制定招标规则，明确招标方式和中标原则等。

第十五条　各地应当加强发债定价现场管理，确保在发行定价过程中，不得有违反公平竞争、进行利益输送、直接或间接谋取不正当利益以及其他破坏市场秩序的行为。

第十六条　各地应积极扩大一般债券投资者范围，鼓励社会保险基金、住房公积金、企业年金、职业年金、保险公司等机构投资者和个人投资者在符合法律法规等相关规定的前提下投资一般债券。

第十七条　各地应当在一般债券发行定价结束后，通过中国债券信息网和本地区门户网站等媒体，及时公布债券发行结果。

第十八条　一般债券应当在中央国债登记结算有限责任公司办理总登记托管，在国家规定的证券登记结算机构办理分登记托管。一般债券发行结束后，符合条件的应按有关规定及时在全国银行间债券市场、证券交易所债券市场等上市交易。

第十九条　企业和个人取得的一般债券利息收入，按照《财政部 国家税务总局关于地方政府债券利息免征所得税问题的通知》（财税〔2013〕5号）规定，免征企业所得税和个人所得税。

第二十条　各地应切实履行偿债责任，及时支付债券本息、发行费等资金，维护政府信誉。

第二十一条　登记结算机构、承销机构、信用评级机构等专业机构和人员应当勤勉尽责，严格遵守职业规范和相关规则。对弄虚作假、存在违法违规行为的，列入负面名单并向社会公示。涉嫌犯罪的，移送司法机关处理。

第二十二条　财政部驻各地财政监察专员办事处加强对一般债券的监督检查，规范一般债券的发行、资金使用和偿还等行为。

第二十三条　各地应将本地区一般债券发行安排、信用评级、信息披露、承销团组建、发行兑付等有关规定及时报财政部备案。一般债券发行兑付过程中出现重大事项及时向财政部报告。一般债券每次发行工作完成后，应在15个工作日内将债券发行情况向财政部及财政部驻当地财政监察专员办事处报告；全年发行工作完成后，应在20个工作日内将年度发行情况向财政部及财政部驻当地财政监察专员办事处报告。

第二十四条　本办法自印发之日起施行。

财政部关于印发《地方政府专项债券发行管理暂行办法》的通知

财库〔2015〕83号

各省、自治区、直辖市、计划单列市财政厅（局、委）：

为加强地方政府债务管理，规范地方政府专项债券发行行为，保护投资者等合法权益，根据《预算法》、《国务院关于加强地方政府性债务管理的意见》（国发〔2014〕43号）和《财政部关于印发〈2015年地方政府专项债券预算管理办法〉的通知》（财预〔2015〕32号），我们制定了《地方政府专项债券发行管理暂行办法》。现印发给你们，请遵照执行。

财政部

2015年4月2日

地方政府专项债券发行管理暂行办法

第一条　加强地方政府债务管理，规范地方政府专项债券发行行为，保护投资者等合法权益，根据《预算法》、《国务院关于加强地方政府性债务管理的意见》（国发〔2014〕43号）和国家有关规定，制定本办法。

第二条　地方政府专项债券（以下简称专项债券）是指省、自治区、直辖市政府（含经省级政府批准自办债券发行的计划单列市政府）为有一定收益的公益性项目发行的、约定一定期限内以公益性项目对应的政府性基金或专项收入还本付息的政府债券。

第三条　专项债券采用记账式固定利率附息形式。

第四条　单只专项债券应当以单项政府性基金或专项收入为偿债来源。单只专项债券可以对应单一项目发行，也可以对应多个项目集合发行。

第五条 专项债券期限为 1 年、2 年、3 年、5 年、7 年和 10 年，由各地综合考虑项目建设、运营、回收周期和债券市场状况等合理确定，但 7 年和 10 年期债券的合计发行规模不得超过专项债券全年发行规模的 50%。

第六条 专项债券由各地按照市场化原则自发自还，遵循公开、公平、公正的原则，发行和偿还主体为地方政府。

第七条 各地按照有关规定开展专项债券信用评级，择优选择信用评级机构，与信用评级机构签署信用评级协议，明确双方权利和义务。

第八条 信用评级机构按照独立、客观、公正的原则开展信用评级工作，遵守信用评级规定与业务规范，及时发布信用评级报告。

第九条 各地应当按照有关规定及时披露专项债券基本信息、财政经济运行及相关债务情况、募投项目及对应的政府性基金或专项收入情况、风险揭示以及对投资者做出购买决策有重大影响的其他信息。

第十条 专项债券存续期内，各地应按有关规定持续披露募投项目情况、募集资金使用情况、对应的政府性基金或专项收入情况以及可能影响专项债券偿还能力的重大事项等。

第十一条 信息披露遵循诚实信用原则，不得有虚假记载、误导性陈述或重大遗漏。

投资者对披露信息进行独立分析，独立判断专项债券的投资价值，自行承担投资风险。

第十二条 各地组建专项债券承销团，承销团成员应当是在中国境内依法成立的金融机构，具有债券承销业务资格，资本充足率、偿付能力或者净资本状况等指标达到监管标准。

第十三条 地方政府财政部门与专项债券承销商签署债券承销协议，明确双方权利和义务。承销商可以书面委托其分支机构代理签署并履行债券承销协议。

第十四条 各地可以在专项债券承销商中择优选择主承销商，主承销商为专项债券提供发行定价、登记托管、上市交易等咨询服务。

第十五条 专项债券发行利率采用承销、招标等方式确定。采用承销或招标方式的，发行利率在承销或招标日前 1 至 5 个工作日相同待偿期记账式国债的平均收益率之上确定。

承销是指地方政府与主承销商商定债券承销利率（或利率区间），要求各承销商（包括主承销商）在规定时间报送债券承销额（或承销利率及承销额），按市场化原则确定债券发行利率及各承销商债券承销额的发债机制。

招标是指地方政府通过财政部国债发行招投标系统或其他电子招标系统，要求各承销商在规定时间报送债券投标额及投标利率，按利率从低到高原则确定债券发行利率及各承销商债券中标额的发债机制。

第十六条 各地采用承销方式发行专项债券时，应与主承销商协商确定承销规则，明确承销方式和募集原则等。

各地采用招标方式发行专项债券时，应制定招标规则，明确招标方式和中标原则等。

第十七条 各地应当加强发债定价现场管理，确保在发行定价和配售过程中，不得有违反公平竞争、进行利益输送、直接或间接谋取不正当利益以及其他破坏市场秩序的行为。

第十八条 各地应积极扩大专项债券投资者范围，鼓励社会保险基金、住房公积金、企业年金、职业年金、保险公司等机构投资者和个人投资者在符合法律法规等相关规定的前提下投资专项债券。

第十九条 各地应当在专项债券发行定价结束后，通过中国债券信息网和本地区门户网站等媒体，及时公布债券发行结果。

第二十条 专项债券应当在中央国债登记结算有限责任公司办理总登记托管，在国家规定的证券登记结算机构办理分登记托管。专项债券发行结束后，符合条件的应按有关规定及时在全国银行间债券市场、证券交易所债券市场等上市交易。

第二十一条 企业和个人取得的专项债券利息收入，按照《财政部 国家税务总局关于地方政府债券利息免征所得税问题的通知》（财税〔2013〕5号）规定，免征企业所得税和个人所得税。

第二十二条 各地应切实履行偿债责任，及时支付债券本息、发行费等资金，维护政府信誉。

第二十三条 登记结算机构、承销机构、信用评级机构等专业机构和人员应当勤勉尽责，严格遵守职业规范和相关规则。对弄虚作假、存在违法违规行为的，列入负面名单并向社会公示。涉嫌犯罪的，移送司法机关处理。

第二十四条 财政部驻各地财政监察专员办事处加强对专项债券的监督检查，规范专项债券的发行、资金使用和偿还等行为。

第二十五条 各地应当将本地区专项债券发行安排、信用评级、信息披露、承销团组建、发行兑付等有关规定及时报财政部备案。专项债券发行兑付过程中出现重大事项应当及时向财政部报告。专项债券每次发行工作完成后，应当在15

个工作日内将债券发行情况向财政部及财政部驻当地财政监察专员办事处报告；全年发行工作完成后，应当在 20 个工作日内将年度发行情况向财政部及财政部驻当地财政监察专员办事处报告。

第二十六条　本办法自印发之日起施行。

关于印发《地方政府土地储备专项债券
管理办法（试行）》的通知

财预〔2017〕62号

各省、自治区、直辖市、计划单列市财政厅（局）、各省级国土资源主管部门：

根据《中华人民共和国预算法》和《国务院关于加强地方政府性债务管理的意见》（国发〔2014〕43号）等有关规定，为完善地方政府专项债券管理，逐步建立专项债券与项目资产、收益对应的制度，有效防范专项债务风险，2017年先从土地储备领域开展试点，发行土地储备专项债券，规范土地储备融资行为，促进土地储备事业持续健康发展，今后逐步扩大范围。为此，我们研究制订了《地方政府土地储备专项债券管理办法（试行）》。

2017年土地储备专项债券额度已经随同2017年分地区地方政府专项债务限额下达，请你们在本地区土地储备专项债券额度内组织做好土地储备专项债券额度管理、预算编制和执行等工作，尽快发挥债券资金效益。

现将《地方政府土地储备专项债券管理办法（试行）》印发给你们，请遵照执行。

附件：地方政府土地储备专项债券管理办法（试行）

财政部　国土资源部
2017年5月16日

地方政府土地储备专项债券管理办法（试行）

第一章 总 则

第一条 为完善地方政府专项债券管理，规范土地储备融资行为，建立土地储备专项债券与项目资产、收益对应的制度，促进土地储备事业持续健康发展，根据《中华人民共和国预算法》和《国务院关于加强地方政府性债务管理的意见》（国发〔2014〕43号）等有关规定，制订本办法。

第二条 本办法所称土地储备，是指地方政府为调控土地市场、促进土地资源合理利用，依法取得土地，进行前期开发、储存以备供应土地的行为。

土地储备由纳入国土资源部名录管理的土地储备机构负责实施。

第三条 本办法所称地方政府土地储备专项债券（以下简称土地储备专项债券）是地方政府专项债券的一个品种，是指地方政府为土地储备发行，以项目对应并纳入政府性基金预算管理的国有土地使用权出让收入或国有土地收益基金收入（以下统称土地出让收入）偿还的地方政府专项债券。

第四条 地方政府为土地储备举借、使用、偿还债务适用本办法。

第五条 地方政府为土地储备举借债务采取发行土地储备专项债券方式。省、自治区、直辖市政府（以下简称省级政府）为土地储备专项债券的发行主体。设区的市、自治州，县、自治县、不设区的市、市辖区级政府（以下简称市县级政府）确需发行土地储备专项债券的，由省级政府统一发行并转贷给市县级政府。经省级政府批准，计划单列市政府可以自办发行土地储备专项债券。

第六条 发行土地储备专项债券的土地储备项目应当有稳定的预期偿债资金来源，对应的政府性基金收入应当能够保障偿还债券本金和利息，实现项目收益和融资自求平衡。

第七条 土地储备专项债券纳入地方政府专项债务限额管理。土地储备专项债券收入、支出、还本、付息、发行费用等纳入政府性基金预算管理。

第八条　土地储备专项债券资金由财政部门纳入政府性基金预算管理，并由纳入国土资源部名录管理的土地储备机构专项用于土地储备，任何单位和个人不得截留、挤占和挪用，不得用于经常性支出。

第二章　额度管理

第九条　财政部在国务院批准的年度地方政府专项债务限额内，根据土地储备融资需求、土地出让收入状况等因素，确定年度全国土地储备专项债券总额度。

第十条　各省、自治区、直辖市年度土地储备专项债券额度应当在国务院批准的分地区专项债务限额内安排，由财政部下达各省级财政部门，抄送国土资源部。

第十一条　省、自治区、直辖市年度土地储备专项债券额度不足或者不需使用的部分，由省级财政部门会同国土资源部门于每年 8 月底前向财政部提出申请。财政部可以在国务院批准的该地区专项债务限额内统筹调剂额度并予批复，抄送国土资源部。

第三章　预算编制

第十二条　县级以上地方各级土地储备机构应当根据土地市场情况和下一年度土地储备计划，编制下一年度土地储备项目收支计划，提出下一年度土地储备资金需求，报本级国土资源部门审核、财政部门复核。市县级财政部门将复核后的下一年度土地储备资金需求，经本级政府批准后于每年 9 月底前报省级财政部门，抄送省级国土资源部门。

第十三条　省级财政部门会同本级国土资源部门汇总审核本地区下一年度土地储备专项债券需求，随同增加举借专项债务和安排公益性资本支出项目的建议，经省级政府批准后于每年 10 月底前报送财政部。

第十四条　省级财政部门在财政部下达的本地区土地储备专项债券额度内，根据市县近三年土地出让收入情况、市县申报的土地储备项目融资需求、专项债务风险、项目期限、项目收益和融资平衡情况等因素，提出本地区年度土地储备专项债券额度分配方案，报省级政府批准后将分配市县的额度下达各市县级财政部门，并抄送省级国土资源部门。

第十五条　市县级财政部门应当在省级财政部门下达的土地储备专项债券额度内，会同本级国土资源部门提出具体项目安排建议，连同年度土地储备专项债券发行建议报省级财政部门备案，抄送省级国土资源部门。

第十六条 增加举借的土地储备专项债券收入应当列入政府性基金预算调整方案。包括：

（一）省级政府在财政部下达的年度土地储备专项债券额度内发行专项债券收入；

（二）市县级政府收到的上级政府转贷土地储备专项债券收入。

第十七条 增加举借土地储备专项债券安排的支出应当列入预算调整方案，包括本级支出和转贷下级支出。土地储备专项债券支出应当明确到具体项目，在地方政府债务管理系统中统计，纳入财政支出预算项目库管理。

地方各级国土资源部门应当建立土地储备项目库，项目信息应当包括项目名称、地块区位、储备期限、项目投资计划、收益和融资平衡方案、预期土地出让收入等情况，并做好与地方政府债务管理系统的衔接。

第十八条 土地储备专项债券还本支出应当根据当年到期土地储备专项债券规模、土地出让收入等因素合理预计、妥善安排，列入年度政府性基金预算草案。

第十九条 土地储备专项债券利息和发行费用应当根据土地储备专项债券规模、利率、费率等情况合理预计，列入政府性基金预算支出统筹安排。

第二十条 土地储备专项债券收入、支出、还本付息、发行费用应当按照《地方政府专项债务预算管理办法》（财预〔2016〕155号）规定列入相关预算科目。

第四章 预算执行和决算

第二十一条 省级财政部门应当根据本级人大常委会批准的预算调整方案，结合市县级财政部门会同本级国土资源部门提出的年度土地储备专项债券发行建议，审核确定年度土地储备专项债券发行方案，明确债券发行时间、批次、规模、期限等事项。

市县级财政部门应当会同本级国土资源部门、土地储备机构做好土地储备专项债券发行准备工作。

第二十二条 地方各级国土资源部门、土地储备机构应当配合做好本地区土地储备专项债券发行准备工作，及时准确提供相关材料，配合做好信息披露、信用评级、土地资产评估等工作。

第二十三条 土地储备专项债券应当遵循公开、公平、公正原则采取市场化方式发行，在银行间债券市场、证券交易所市场等交易场所发行和流通。

第二十四条　土地储备专项债券应当统一命名格式，冠以"××年××省、自治区、直辖市（本级或××市、县）土地储备专项债券（×期）——×年××省、自治区、直辖市政府专项债券（×期）"名称，具体由省级财政部门商省级国土资源部门确定。

第二十五条　土地储备专项债券的发行和使用应当严格对应到项目。根据土地储备项目区位特点、实施期限等因素，土地储备专项债券可以对应单一项目发行，也可以对应同一地区多个项目集合发行，具体由市县级财政部门会同本级国土资源部门、土地储备机构提出建议，报省级财政部门确定。

第二十六条　土地储备专项债券期限应当与土地储备项目期限相适应，原则上不超过 5 年，具体由市县级财政部门会同本级国土资源部门、土地储备机构根据项目周期、债务管理要求等因素提出建议，报省级财政部门确定。

土地储备专项债券发行时，可以约定根据土地出让收入情况提前偿还债券本金的条款。鼓励地方政府通过结构化创新合理设计债券期限结构。

第二十七条　省级财政部门应当按照合同约定，及时偿还土地储备专项债券到期本金、利息以及支付发行费用。市县级财政部门应当及时向省级财政部门缴纳本地区或本级应当承担的还本付息、发行费用等资金。

第二十八条　土地储备项目取得的土地出让收入，应当按照该项目对应的土地储备专项债券余额统筹安排资金，专门用于偿还到期债券本金，不得通过其他项目对应的土地出让收入偿还到期债券本金。

因储备土地未能按计划出让、土地出让收入暂时难以实现，不能偿还到期债券本金时，可在专项债务限额内发行土地储备专项债券周转偿还，项目收入实现后予以归还。

第二十九条　年度终了，县级以上地方各级财政部门应当会同本级国土资源部门、土地储备机构编制土地储备专项债券收支决算，在政府性基金预算决算报告中全面、准确反映土地储备专项债券收入、安排的支出、还本付息和发行费用等情况。

第五章　监督管理

第三十条　地方各级财政部门应当会同本级国土资源部门建立和完善相关制度，加强对本地区土地储备专项债券发行、使用、偿还的管理和监督。

第三十一条　地方各级国土资源部门应当加强对土地储备项目的管理和监督，保障储备土地按期上市供应，确保项目收益和融资平衡。

第三十二条 地方各级政府不得以土地储备名义为非土地储备机构举借政府债务，不得通过地方政府债券以外的任何方式举借土地储备债务，不得以储备土地为任何单位和个人的债务以任何方式提供担保。

第三十三条 地方各级土地储备机构应当严格储备土地管理，切实理清土地产权，按照有关规定完成土地登记，及时评估储备土地资产价值。县级以上地方各级国土资源部门应当履行国有资产运营维护责任。

第三十四条 地方各级土地储备机构应当加强储备土地的动态监管和日常统计，及时在土地储备监测监管系统中填报相关信息，获得相应电子监管号，反映土地储备专项债券运行情况。

第三十五条 地方各级土地储备机构应当及时在土地储备监测监管系统填报相关信息，反映土地储备专项债券使用情况。

第三十六条 财政部驻各地财政监察专员办事处对土地储备专项债券额度、发行、使用、偿还等进行监督，发现违反法律法规和财政管理、土地储备资金管理等政策规定的行为，及时报告财政部，抄送国土资源部。

第三十七条 违反本办法规定情节严重的，财政部可以暂停其地方政府专项债券发行资格。违反法律、行政法规的，依法追究有关人员责任；涉嫌犯罪的，移送司法机关依法处理。

第六章 职责分工

第三十八条 财政部负责牵头制定和完善土地储备专项债券管理制度，下达分地区土地储备专项债券额度，对地方土地储备专项债券管理实施监督。

国土资源部配合财政部加强土地储备专项债券管理，指导和监督地方国土资源部门做好土地储备专项债券管理相关工作。

第三十九条 省级财政部门负责本地区土地储备专项债券额度管理和预算管理、组织做好债券发行、还本付息等工作，并按照专项债务风险防控要求审核项目资金需求。

省级国土资源部门负责审核本地区土地储备规模和资金需求（含成本测算等），组织做好土地储备项目库与地方政府债务管理系统的衔接，配合做好本地区土地储备专项债券发行准备工作。

第四十条 市县级财政部门负责按照政府债务管理要求并根据本级国土资源部门建议以及专项债务风险、土地出让收入等因素，复核本地区土地储备资金需求，做好土地储备专项债券额度管理、预算管理、发行准备、资金监管等工作。

　　市县级国土资源部门负责按照土地储备管理要求并根据土地储备规模、成本等因素，审核本地区土地储备资金需求，做好土地储备项目库与政府债务管理系统的衔接，配合做好土地储备专项债券发行各项准备工作，监督本地区土地储备机构规范使用土地储备专项债券资金，合理控制土地出让节奏并做好与对应的专项债券还本付息的衔接，加强对项目实施情况的监控。

　　第四十一条　土地储备机构负责测算提出土地储备资金需求，配合提供土地储备专项债券发行相关材料，规范使用土地储备专项债券资金，提高资金使用效益。

第七章　附　则

　　第四十二条　省、自治区、直辖市财政部门可以根据本办法规定，结合本地区实际制定实施细则。

　　第四十三条　本办法由财政部会同国土资源部负责解释。

　　第四十四条　本办法自印发之日起实施。

国务院办公厅关于印发地方政府性债务风险应急处置预案的通知

国办函〔2016〕88号

各省、自治区、直辖市人民政府，国务院各部委、各直属机构：

经国务院同意，现将《地方政府性债务风险应急处置预案》印发给你们，请认真组织实施。

国务院办公厅

2016年10月27日

地方政府性债务风险应急处置预案

1 总则

1.1 目的

1.2 工作原则

1.3 编制依据

1.4 适用范围

2 组织指挥体系及职责

2.1 应急组织机构

2.2 部门职责

3 预警和预防机制

3.1 预警监测

3.2 信息报告

3.3 分类处置

3.4 债务风险事件级别

4 应急响应

4.1 分级响应和应急处置

1　总则

1.1　目的

建立健全地方政府性债务风险应急处置工作机制，坚持快速响应、分类施策、各司其职、协同联动、稳妥处置，牢牢守住不发生区域性系统性风险的底线，切实防范和化解财政金融风险，维护经济安全和社会稳定。

1.2　工作原则

1.2.1　分级负责

省级政府对本地区政府性债务风险应急处置负总责，省以下地方各级政府按照属地原则各负其责。国务院有关部门在国务院统一领导下加强对地方政府性债务风险应急处置的指导。跨省（区、市）政府性债务风险应急处置由相关地区协商办理。

1.2.2 及时应对

地方各级政府应当坚持预防为主、预防和应急处置相结合，加强对政府性债务风险的监控，及时排查风险隐患，妥善处置风险事件。

1.2.3 依法处置

地方政府性债务风险事件应急处置应当依法合规，尊重市场化原则，充分考虑并维护好各方合法权益。

1.3 编制依据

《中华人民共和国预算法》、《中华人民共和国突发事件应对法》、《国务院关于加强地方政府性债务管理的意见》（国发〔2014〕43号）、《国务院办公厅关于印发突发事件应急预案管理办法的通知》（国办发〔2013〕101号）等。

1.4 适用范围

本预案所称地方政府性债务风险事件，是指地方政府已经或者可能无法按期支付政府债务本息，或者无力履行或有债务法定代偿责任，容易引发财政金融风险，需要采取应急处置措施予以应对的事件。

本预案所称存量债务，是指清理甄别认定的2014年末地方政府性债务，包括存量政府债务和存量或有债务。

1.4.1 政府债务风险事件

（1）政府债券风险事件：指地方政府发行的一般债券、专项债券还本付息出现违约。

（2）其他政府债务风险事件：指除地方政府债券外的其他存量政府债务还本付息出现违约。

1.4.2 或有债务风险事件

（1）政府提供担保的债务风险事件：指由企事业单位举借、地方政府及有关部门提供担保的存量或有债务出现风险，政府需要依法履行担保责任或相应民事责任却无力承担。

（2）政府承担救助责任的债务风险事件：指企事业单位因公益性项目举借、由非财政性资金偿还，地方政府在法律上不承担偿债或担保责任的存量或有债务出现风险，政府为维护经济安全或社会稳定需要承担一定救助责任却无力救助。

2　组织指挥体系及职责

2.1　应急组织机构

县级以上地方各级政府设立政府性债务管理领导小组（以下简称债务管理领导小组），作为非常设机构，负责领导本地区政府性债务日常管理。当本地区出现政府性债务风险事件时，根据需要转为政府性债务风险事件应急领导小组（以下简称债务应急领导小组），负责组织、协调、指挥风险事件应对工作。

债务管理领导小组（债务应急领导小组）由本级政府主要负责人任组长，成员单位包括财政、发展改革、审计、国资、地方金融监管等部门、单位以及人民银行分支机构、当地银监部门，根据工作需要可以适时调整成员单位。

2.2　部门职责

2.2.1　财政部门是政府性债务的归口管理部门，承担本级债务管理领导小组（债务应急领导小组）办公室职能，负责债务风险日常监控和定期报告，组织提出债务风险应急措施方案。

2.2.2　债务单位行业主管部门是政府性债务风险应急处置的责任主体，负责定期梳理本行业政府性债务风险情况，督促举借债务或使用债务资金的有关单位制定本单位债务风险应急预案；当出现债务风险事件时，落实债务还款资金安排，及时向债务应急领导小组报告。

2.2.3　发展改革部门负责评估本地区投资计划和项目，根据应急需要调整投资计划，牵头做好企业债券风险的应急处置工作。

2.2.4　审计部门负责对政府性债务风险事件开展审计，明确有关单位和人员的责任。

2.2.5　地方金融监管部门负责按照职能分工协调所监管的地方金融机构配合开展政府性债务风险处置工作。

2.2.6　人民银行分支机构负责开展金融风险监测与评估，牵头做好区域性系统性金融风险防范和化解工作，维护金融稳定。

2.2.7　当地银监部门负责指导银行业金融机构等做好风险防控，协调银行业金融机构配合开展风险处置工作，牵头做好银行贷款、信托、非法集资等风险处置工作。

2.2.8 其他部门（单位）负责本部门（单位）债务风险管理和防范工作，落实政府性债务偿还化解责任。

3 预警和预防机制

3.1 预警监测

财政部建立地方政府性债务风险评估和预警机制，定期评估各地区政府性债务风险情况并作出预警，风险评估和预警结果应当及时通报有关部门和省级政府。省级财政部门应当按照财政部相关规定做好本地区政府性债务风险评估和预警工作，及时实施风险评估和预警，做到风险早发现、早报告、早处置。

此外，地方各级政府及其财政部门应当将政府及其部门与其他主体签署协议承诺用以后年度财政资金支付的事项，纳入监测范围，防范财政风险。

地方各级政府应当定期排查风险隐患，防患于未然。

3.2 信息报告

地方各级政府应当建立地方政府性债务风险事件报告制度，发现问题及时报告，不得瞒报、迟报、漏报、谎报。

3.2.1 政府债务风险事件报告

设区的市级、县级政府（以下统称市县政府）预计无法按期足额支付到期政府债务本息的，应当提前 2 个月以上向上级或省级政府报告，并抄送上级或省级财政部门。发生突发或重大情况，县级政府可以直接向省级政府报告，并抄送省级财政部门。省级财政部门接报后应当立即将相关情况通报债务应急领导小组各成员单位，并抄送财政部驻本地区财政监察专员办事处。

3.2.2 或有债务风险事件报告

地方政府或有债务的债务人预计无法按期足额支付或有债务本息的，应当提前 1 个月以上向本级主管部门和财政部门报告，经财政部门会同主管部门确认无力履行法定代偿责任或必要救助责任后，由本级政府向上级或省级政府报告，并抄送上级或省级财政部门。遇突发或重大事件，县级政府可以直接向省级政府报告，并抄送省级财政部门。省级财政部门接报后应当立即将相关情况通报债务应急领导小组各成员单位，并抄送财政部驻本地区财政监察专员办事处。

3.2.3　报告内容

包括预计发生违约的地方政府性债务类别、债务人、债权人、期限、本息、原定偿还安排等基本信息，风险发生原因，事态发展趋势，可能造成的损失，已采取及拟采取的应对措施等。

3.2.4　报告方式

一般采取书面报告形式。紧急情况下可采取先电话报告、后书面报告的方式。

3.3　分类处置

3.3.1　地方政府债券

对地方政府债券，地方政府依法承担全部偿还责任。

3.3.2　非政府债券形式的存量政府债务

对非政府债券形式的存量政府债务，经地方政府、债权人、企事业单位等债务人协商一致，可以按照《中华人民共和国合同法》第八十四条等有关规定分类处理：

（1）债权人同意在规定期限内置换为政府债券的，地方政府不得拒绝相关偿还义务转移，并应承担全部偿还责任。地方政府应当通过预算安排、资产处置等方式积极筹措资金，偿还到期政府债务本息。

（2）债权人不同意在规定期限内置换为政府债券的，仍由原债务人依法承担偿债责任，对应的地方政府债务限额由中央统一收回。地方政府作为出资人，在出资范围内承担有限责任。

3.3.3　存量或有债务

（1）存量担保债务。存量担保债务不属于政府债务。按照《中华人民共和国担保法》及其司法解释规定，除外国政府和国际经济组织贷款外，地方政府及其部门出具的担保合同无效，地方政府及其部门对其不承担偿债责任，仅依法承担适当民事赔偿责任，但最多不应超过债务人不能清偿部分的二分之一；担保额小于债务人不能清偿部分二分之一的，以担保额为限。

具体金额由地方政府、债权人、债务人参照政府承诺担保金额、财政承受能力等协商确定。

（2）存量救助债务。存量救助债务不属于政府债务。对政府可能承担一定救助责任的存量或有债务，地方政府可以根据具体情况实施救助，但保留对债务人的追偿权。

3.3.4　新发生的违法违规担保债务

对 2014 年修订的《中华人民共和国预算法》施行以后地方政府违法违规提供担保承诺的债务，参照 3.3.3 第（1）项依法处理。

3.3.5　其他事项

地方政府性债务风险分类处置的具体办法由财政部另行制定，作为本预案的配套文件，经国务院同意后实施。

3.4　债务风险事件级别

按照政府性债务风险事件的性质、影响范围和危害程度等情况，划分为Ⅰ级（特大）、Ⅱ级（重大）、Ⅲ级（较大）、Ⅳ级（一般）四个等级。当政府性债务风险事件等级指标有交叉、难以判定级别时，按照较高一级处置，防止风险扩散；当政府性债务风险事件等级随时间推移有所上升时，按照升级后的级别处置。

政府性债务风险事件监测主体为省级、设区的市级、县级政府。经济开发区管委会等县级以上政府派出机构的政府性债务风险事件按照行政隶属关系由所属政府负责监测。

3.4.1　Ⅰ级（特大）债务风险事件，是指出现下列情形之一：

（1）省级政府发行的地方政府债券到期本息兑付出现违约；

（2）省级或全省（区、市）15%以上的市县政府无法偿还地方政府债务本息，或者因偿还政府债务本息导致无法保障必要的基本民生支出和政府有效运转支出；

（3）省级或全省（区、市）15%以上的市县政府无法履行或有债务的法定代偿责任或必要救助责任，或者因履行上述责任导致无法保障必要的基本民生支出和政府有效运转支出；

（4）全省（区、市）地方政府债务本金违约金额占同期本地区政府债务应偿本金 10%以上，或者利息违约金额占同期应付利息 10%以上；

（5）省级政府需要认定为Ⅰ级债务风险事件的其他情形。

3.4.2　Ⅱ级（重大）债务风险事件，是指出现下列情形之一：

（1）省级政府连续 3 次以上出现地方政府债券发行流标现象；

（2）全省（区、市）或设区的市级政府辖区内 10%以上（未达到 15%）的市级或县级政府无法支付地方政府债务本息，或者因兑付政府债务本息导致无法保障必要的基本民生支出和政府有效运转支出；

（3）全省（区、市）或设区的市级政府辖区内 10% 以上（未达到 15%）的市级或县级政府无法履行或有债务的法定代偿责任或必要救助责任，或者因履行上述责任导致无法保障必要的基本民生支出和政府有效运转支出；

（4）县级以上地方政府债务本金违约金额占同期本地区政府债务应偿本金 5% 以上（未达到 10%），或者利息违约金额占同期应付利息 5% 以上（未达到 10%）；

（5）因到期政府债务违约，或者因政府无法履行或有债务的法定代偿责任或必要救助责任，造成重大群体性事件，影响极为恶劣；

（6）县级以上地方政府需要认定为 II 级债务风险事件的其他情形。

3.4.3　III级（较大）债务风险事件，是指出现下列情形之一：

（1）全省（区、市）或设区的市级政府辖区内 2 个以上但未达到 10% 的市级或县级政府无法支付地方政府债务本息，或者因兑付政府债务本息导致无法保障必要的基本民生支出和政府有效运转支出；

（2）全省（区、市）或设区的市级政府辖区内 2 个以上但未达到 10% 的市级或县级政府无法履行或有债务的法定代偿责任或必要救助责任，或者因履行上述责任导致无法保障必要的基本民生支出和政府有效运转支出；

（3）县级以上地方政府债务本金违约金额占同期本地区政府债务应偿本金 1% 以上（未达到 5%），或者利息违约金额占同期应付利息 1% 以上（未达到 5%）；

（4）因到期政府债务违约，或者因政府无法履行或有债务的法定代偿责任或必要救助责任，造成较大群体性事件；

（5）县级以上地方政府需要认定为 III 级债务风险事件的其他情形。

3.4.4　IV级（一般）债务风险事件，是指出现下列情形之一：

（1）单个市县政府本级偿还政府债务本息实质性违约，或因兑付政府债务本息导致无法保障必要的基本民生支出和政府有效运转支出；

（2）单个市县政府本级无法履行或有债务的法定代偿责任或必要救助责任，或因履行上述责任导致无法保障必要的基本民生支出和政府有效运转支出；

（3）因到期政府债务违约，或者因政府无法履行或有债务的法定代偿责任或必要救助责任，造成群体性事件；

（4）县级以上地方政府需要认定为Ⅳ级债务风险事件的其他情形。

4　应急响应

4.1　分级响应和应急处置

地方政府对其举借的债务负有偿还责任，中央实行不救助原则。地方政府要加强日常风险管理，按照财政部《地方政府性债务风险分类处置指南》，妥善处理政府性债务偿还问题。同时，要加强财政资金流动性管理，避免出现因流动性管理不善导致政府性债务违约。对因无力偿还政府债务本息或无力承担法定代偿责任等引发风险事件的，根据债务风险等级，相应及时实行分级响应和应急处置。

4.1.1　Ⅳ级债务风险事件应急响应

（1）相关市县债务管理领导小组应当转为债务应急领导小组，对风险事件进行研判，查找原因，明确责任，立足自身化解债务风险。

①以一般公共预算收入作为偿债来源的一般债务违约的，在保障必要的基本民生支出和政府有效运转支出前提下，可以采取调减投资计划、统筹各类结余结转资金、调入政府性基金或国有资本经营预算收入、动用预算稳定调节基金或预备费等方式筹措资金偿还，必要时可以处置政府资产。对政府提供担保或承担必要救助责任的或有债务，政府无力承担相应责任时，也按照上述原则处理。

②以政府性基金收入作为偿债来源的专项债务，因政府性基金收入不足造成债务违约的，在保障部门基本运转和履职需要的前提下，应当通过调入项目运营收入、调减债务单位行业主管部门投资计划、处置部门和债务单位可变现资产、调整部门预算支出结构、扣减部门经费等方式筹集资金偿还债务。对部门提供担保形成的或有债务，政府无力承担相应责任时，也按照上述原则处理。

③因债权人不同意变更债权债务关系或不同意置换，导致存量政府债务无法在规定期限内依法转换成政府债券的，原有债权债务关系不变，由债务单位通过安排单位自有资金、处置资产等方式自筹资金偿还。若债务单位无力自筹资金偿还，可按市场化原则与债权人协商进行债务重组或依法破产，政府在出资范围内承担有限责任。对政府或有债务，也按照上述原则处理。

④市县政府出现债务风险事件后，在恢复正常偿债能力前，除国务院确定的重点项目外，原则上不得新上政府投资项目。在建政府投资项目能够缓建的，可以暂停建设，腾出资金依法用于偿债。

（2）市县债务管理领导小组或债务应急领导小组认为确有必要时，可以启动财政重整计划。市县政府年度一般债务付息支出超过当年一般公共预算支出10%的，或者专项债务付息支出超过当年政府性基金预算支出10%的，债务管理领导小组或债务应急领导小组必须启动财政重整计划。

（3）市县政府应当将债务风险应急处置情况向省级政府报备。

4.1.2　Ⅲ级债务风险事件应急响应

除采取Ⅳ级债务风险事件应对措施外，还应当采取以下升级应对措施：

（1）相关地区债务管理领导小组应当转为债务应急领导小组，将债务风险情况和应急处置方案专题向上级债务管理领导小组报告。

（2）上级债务管理领导小组应当密切关注事态变化，加强政策指导，及时组织召开专题会议通报风险处置情况，必要时可以成立工作组进驻风险地区，指导支持债务风险处置工作。

（3）市县政府偿还省级政府代发的到期地方政府债券（包括一般债券和专项债券）有困难的，可以申请由上级财政先行代垫偿还，事后扣回。

（4）市县政府应当将债务风险应急处置进展情况和处置结果上报省级政府，并抄送省级财政部门。

4.1.3　Ⅱ级债务风险事件应急响应

除采取Ⅳ级、Ⅲ级债务风险事件应对措施外，还应当采取以下升级应对措施：

（1）省级债务管理领导小组应当转为债务应急领导小组，汇总有关情况向省级政府报告，动态监控风险事件进展，指导和支持市县政府化解债务风险。

（2）市县政府统筹本级财力仍无法解决到期债务偿债缺口并且影响政府正常运转或经济社会稳定的，可以向省级债务应急领导小组申请救助，申请内容主要包括债务风险情况说明、本级政府应急方案及已采取的应急措施、需上级政府帮助解决的事项等。

（3）省级债务应急领导小组对市县政府救助申请提出审核意见，报省级政府批准后实施，并立即启动责任追究程序。

（4）省级政府适当扣减Ⅱ级债务风险事件涉及市县新增地方政府债券规模。

（5）省级债务应急领导小组督促市县政府落实债务风险应急处置措施，跟踪债务风险化解情况。必要时，省级政府可以成立工作组进驻风险地区，帮助或者接管风险地区财政管理，帮助制定或者组织实施风险地区财政重整计划。

4.1.4 Ⅰ级债务风险事件应急响应

除采取Ⅳ级、Ⅲ级、Ⅱ级债务风险事件应对措施外，还应当采取以下升级应对措施：

（1）省级债务应急领导小组应当及时将债务风险情况和应急处置方案向财政部报告，必要时由财政部向国务院报告。

（2）省级政府偿还到期地方政府债券本息有困难的，国务院可以对其提前调度部分国库资金周转，事后扣回。必要时国务院可以成立工作组进驻风险地区，予以指导和组织协调。

（3）市县政府建立债务风险处置信息定期向省级债务应急领导小组报告的机制，重大事项必须立即报告。

（4）省级债务应急领导小组报请省级政府通报Ⅰ级债务风险事件涉及市县名单，启动债务风险责任追究机制。

（5）省级政府暂停Ⅰ级债务风险事件涉及市县新增地方政府债券的资格。

4.2 地方政府财政重整计划

实施地方政府财政重整计划必须依法履行相关程序，保障必要的基本民生支出和政府有效运转支出，要注重与金融政策协调，加强与金融机构的沟通，不得因为偿还债务本息影响政府基本公共服务的提供。财政重整计划包括但不限于以下内容：

（1）拓宽财源渠道。依法加强税收征管，加大清缴欠税欠费力度，确保应收尽收。落实国有资源有偿使用制度，增加政府资源性收入。除法律、行政法规和国务院规定的财税优惠政策之外，可以暂停其他财税优惠政策，待风险解除后再行恢复。

（2）优化支出结构。财政重整期内，除必要的基本民生支出和政府有效运转支出外，视债务风险事件等级，本级政府其他财政支出应当保持"零增长"或者大力压减。一是压缩基本建设支出。不得新批政府投资计划，不得新上政府投资项目；不得设立各类需要政府出资的投资基金等，已设立的应当制定分年退出计划并严格落实。二是压缩政府公用经费。实行公务出国（境）、培训、公务接待等项目"零支出"，大力压缩政府咨询、差旅、劳务等各项支出。三是控制人员福利开支。机关事业单位暂停新增人员，必要时采取核减机构编制、人员等措施；暂停地方自行出台的机关事业单位各项补贴政策，压减直至取消编制外聘用人员支出。四是清理各类对企事业单位的补助补贴。暂停或取消地方出台的各类奖励、对企业的政策性补贴和贴息、非基本民生类补贴等。五是调整过高支出标准，优先保障国家出台的教育、社保、医疗、卫生等重大支出政策，地方支出政策标准不得超过国家统一标准。六是暂停土地出让收入各项政策性计提。土地出让收入扣除成本性支出后应全部用于偿还债务。

（3）处置政府资产。指定机构统一接管政府及其部门拥有的各类经营性资产、行政事业单位资产、国有股权等，结合市场情况予以变现，多渠道筹集资金偿还债务。

（4）申请省级救助。采取上述措施后，风险地区财政收支仍难以平衡的，可以向省级政府申请临时救助，包括但不限于：代偿部分政府债务，加大财政转移支付力度，减免部分专项转移支付配套资金。待财政重整计划实施结束后，由省级政府自行决定是否收回相关资金。

（5）加强预算审查。实施财政重整计划以后，相关市县政府涉及财政总预算、部门预算、重点支出和重大投资项目、政府债务等事项，在依法报本级人民代表大会或其常委会审查批准的同时，必须报上级政府备案。上级政府对下级政府报送备案的预算调整方案要加强审核评估，认为有不适当之处需要撤销批准预算的决议的，应当依法按程序提请本级人民代表大会常委会审议决定。

（6）改进财政管理。相关市县政府应当实施中期财政规划管理，妥善安排财政收支预算，严格做好与化解政府性债务风险政策措施的衔接。

4.3　舆论引导

根据处置债务风险事件的需要，启动应急响应的地方政府或其债务风险应急领导小组应当及时跟踪和研判舆情，健全新闻发布制度，指定专门的新闻发言人，统一对外发布信息，正确引导舆论。

4.4　应急终止

地方政府性债务风险得到缓解、控制，地方政府实现财政重整目标，经上级政府债务管理领导小组或债务应急领导小组同意，终止应急措施。

5 后期处置

5.1 债务风险事件应急处置记录及总结

在债务风险事件应急处置过程中，相关地方政府应当详尽、具体、准确地做好工作记录，及时汇总、妥善保管有关文件资料。应急处置结束后，要及时形成书面总结，向本级人民代表大会常委会和上级政府报告。

5.2 评估分析

债务风险事件应急处置结束后，有关地方政府及其财政部门要对债务风险事件应急处置情况进行评估。评估内容主要包括：债务风险事件形成原因、应急响应过程、应急处置措施、应急处置效果以及对今后债务管理的持续影响等。相关地区应当根据评估结果，及时总结经验教训，改进完善应急处置预案。

6 保障措施

6.1 通信保障

启动应急响应的地方政府应当保持应急指挥联络畅通，有关部门应当指定联络员，提供单位地址、办公电话、手机、传真、电子邮箱等多种联系方式。

6.2 人力保障

各地要加强地方政府性债务管理队伍建设，提高相关人员政策理论、日常管理、风险监测、应急处置、舆情应对等业务能力。启动应急响应的地方政府应当部署各有关部门安排人员具体落实相关工作。

6.3 资源保障

发生地方政府性债务风险事件的地方政府要统筹本级财政资金、政府及其部门资产、政府债权等可偿债资源，为偿还债务提供必要保障。

6.4 安全保障

应急处置过程中，对可能影响公共安全和社会稳定的事件，要提前防范、及时控制、妥善处理；遵守保密规定，对涉密信息要加强管理，严格控制知悉范围。

6.5　技术储备与保障

债务应急领导小组可以根据需要，建立咨询机制，抽调有关专业人员组成债务风险事件应急专家组，参加应急处置工作，提供技术、法律等方面支持。

6.6　责任追究

6.6.1　违法违规责任范围

（1）违反《中华人民共和国预算法》、《中华人民共和国银行业监督管理法》等法律规定的下列行为：

政府债务余额超过经批准的本地区地方政府债务限额；

政府及其部门通过发行地方政府债券以外的方式举借政府债务，包括但不限于通过企事业单位举借政府债务；

举借政府债务没有明确的偿还计划和稳定的偿还资金来源；

政府或其部门违反法律规定，为单位和个人的债务提供担保；

银行业金融机构违反法律、行政法规以及国家有关银行业监督管理规定的；

政府债务资金没有依法用于公益性资本支出；

增加举借政府债务未列入预算调整方案报本级人民代表大会常委会批准；

未按规定对举借政府债务的情况和事项作出说明、未在法定期限内向社会公开；

其他违反法律规定的行为。

（2）违反《国务院关于加强地方政府性债务管理的意见》（国发〔2014〕43号）等有关政策规定的下列行为：

政府及其部门在预算之外违法违规举借债务；

金融机构违法违规向地方政府提供融资，要求地方政府违法违规提供担保；

政府及其部门挪用债务资金或违规改变债务资金用途；

政府及其部门恶意逃废债务；

债务风险发生后，隐瞒、迟报或授意他人隐瞒、谎报有关情况；

其他违反财政部等部门制度规定的行为。

6.6.2　追究机制响应

发生Ⅳ级以上地方政府性债务风险事件后，应当适时启动债务风险责任追究机制，地方政府应依法对相关责任人员进行行政问责；银监部门应对银行业金融机构相关责任人员依法追责。

6.6.3 责任追究程序

（1）省级债务管理领导小组组织有关部门，对发生地方政府性债务风险的市县政府开展专项调查或专项审计，核实认定债务风险责任，提出处理意见，形成调查或审计报告，报省级政府审定。

（2）有关任免机关、监察机关、银监部门根据有关责任认定情况，依纪依法对相关责任单位和人员进行责任追究；对涉嫌犯罪的，移交司法机关进行处理。

（3）省级政府应当将地方政府性债务风险处置纳入政绩考核范围。对实施财政重整的市县政府，视债务风险事件形成原因和时间等情况，追究有关人员的责任。属于在本届政府任期内举借债务形成风险事件的，在终止应急措施之前，政府主要领导同志不得重用或提拔；属于已经离任的政府领导责任的，应当依纪依法追究其责任。

7 附则

7.1 预案管理

本预案由财政部制订，报国务院批准后实施。本预案实施后，财政部应会同有关部门组织宣传、培训，加强业务指导，并根据实施情况适时进行评估和修订。县级以上地方各级人民政府要结合实际制定当地债务风险应急处置预案。

7.2 预案解释

本预案由财政部负责解释。

7.3 预案实施时间

本预案自印发之日起实施。

后 记

　　自 2008 年开始就读经济法专业硕士研究生，至今已有十余载。2011 年，我研究生毕业之后，在山东省莱芜市中级人民法院当了三年的法官，但是虽然身处司法一线，对于经济法的学术追求一刻都没有放弃过。2014 年，我离开了工作了三年的岗位，赴中国人民大学法学院攻读经济法专业博士学位。在人大读书期间，我有幸成为《人大法律评论》的责编、主编，这让我结识了很多志同道合的伙伴。虽然春秋时叔孙豹就提出了"立德、立功、立言"的"三不朽"境界，北宋理学家张载提出的著名的"四为句"中也包含"为往圣继绝学"的思想，但践行这些理念的过程中也伴随着辛酸和无奈。当初立志做高校教师的时候，总是特别羡慕老师这个职业拥有漫长的寒暑假，但是自己真地成为一名"青椒"的时候，才发现寒暑假才是加班加点忙自己的学术的时候。可以说，成为一名高校老师源于我对这个职业最初的误解。也许如果我继续留在法院工作可能会有更好的政治前途，也许我毕业后投入到律师队伍里会有更好的经济收益，但是人的选择往往就是这样，自己最中意的选择并不是最完美的选择。做法官有做法官的苦楚，当律师有当律师的辛酸，当高校青年教师也有当"青椒"的无奈。但是当你心中更希望自己成为一名老师的时候，你对当"青椒"要承受的这些压力就会有更强的耐受力，至少到目前为止，选择这条道路，我并不后悔。

　　博一的时候，有一段时间我陷入了焦虑状态。师门贤者众矣，在我的前几届师兄师姐年年都可以拿到各种奖学金和荣誉称号，工作也很理想，我生怕自己拉低了师门的平均水平。我的导师朱大旗教授用《礼记·中庸》中的话告诫我："人一能之，己百之；人十能之，己千之。果能此道矣，虽愚必明，虽柔必强。"我一直以来都用这句话来勉励自己，在整个博士阶段都用这句话作为我的微信签名。感谢朱大旗老师，感谢师门的各位兄弟姐妹，让我变成了更好的自己。

　　这本书可以看作是我对以往研究的一个总结，未来我还将在本领域持续深耕下去。衷心感谢在本书研究过程中参与其中或给予帮助的各位老师和同学。天津工业大学付大学老师、河南财政金融学院丁珊老师等在本书的研究过程中付出了辛勤的努力，并对书稿提出了许多非常有见地的修改建议，华东师范大学黄颖同学、张弘同学、刘亦艾同学等在假期帮我收集材料、校对文字，你们给予了我极大的支持和帮助。感谢我的女儿李甜韵、李甜语，你们的出现让我更有努力的动力，你们给我带来的幸福感可以让我在这条路上走得更加坦然，当然如果你们能更听话一点也许去年这本书就已经出版了。感谢中国政法大学出版社的编辑同志，正是他们的辛勤付出，本书才得以顺利出版。

李　帅

2019 年 3 月于大木仓胡同 37 号